感动你一生的
人物全集 最新版

◎主　编:张采鑫　连凌云

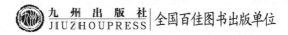
九州出版社 JIUZHOUPRESS 全国百佳图书出版单位

图书在版编目（CIP）数据

感动你一生的人物全集:最新版/张采鑫,连凌云主编.

–北京:九州出版社, 2009.9(2021.7 重印)

ISBN 978-7-5108-0161-7

Ⅰ.感… Ⅱ.①张…②连… Ⅲ.名人–生平事迹–世界

Ⅳ.K811

中国版本图书馆 CIP 数据核字（2009）第 162474 号

感动你一生的人物全集(最新版)

作　　者	张采鑫　连凌云　主编
出版发行	九州出版社
地　　址	北京市西城区阜外大街甲 35 号（100037）
发行电话	(010)68992190/2/3/5/6
网　　址	www.jiuzhoupress.com
电子信箱	jiuzhou@jiuzhoupress.com
印　　刷	北京一鑫印务有限责任公司
开　　本	720 毫米 × 1020 毫米　16 开
印　　张	20
字　　数	270 千字
版　　次	2009 年 10 月第 1 版
印　　次	2021 年 7 月第 2 次印刷
书　　号	ISBN 978-7-5108-0161-7
定　　价	78.00 元

第一辑 有一种成熟叫独特

无论是年轻蓬勃的偶象，还是成熟睿智的前行者，他们都无比严格地约束着自己，用独特而光芒四射的表现和成绩，告诉那些还在起点上的学子们，我们的时代允许我们自由地发展，我们的明天，从来都是由我们自己掌握。独特可以成为我们今天的标签，但我们的明天，总是一种成熟的金黄色。

001

第二辑 有一个舞台叫体坛

在万众期待中，2008年夏天，第29届北京奥运会终于华丽降临。北京用热情、中国风、宽容和奇迹把"更高、更快、更强"的奥运理念全新演绎。于是，耀眼的光环呈现给世界，宽阔的胸怀容纳了世界，圆满的结局留给了世界——而那个叫体坛的舞台，一直在重播着那些最绚丽的记忆画面……

第三辑　有一种光芒全球聚焦

无论地球如何转动,总有一些人是焦点,他们的光芒不受公转和自转的影响,在心灵敞开的地方,都有信号笼罩。我们也许只能仰望,我们也许只有敬仰,但是只要目标明晰,梦想永远都在那里,静静等待我们前进的脚步。即使距离宏大到遥远的程度,只要我们足够努力,我们就在无限接近……

第四辑　有一种前进叫先锋

我们的理想繁多闪烁,但是每个人的第一步,其实都一样。即使那些现在远远走在我们前面的带头人,他们财富的光芒也是一天一天一步一步积累的。他们之所以站在高高的财富数字之上,被称为财富先

第五辑　有一个世界叫文学

文字真是一个无比奇妙的东西,它是历史,它是文明,它是时光——它组成的世界,是一个无比迷人的花园,进去的人流连忘返,出来的人还一再重温。当文字世界的喜、怒、哀、乐有了自己的生命,那么,这个世界也就有了自己的秩序。而创造这个世界的人,我们一般尊称为作家。

003

第六辑　有一种爱叫娱乐

也许灯光太多光怪陆离,也许花边新闻太多眼花缭乱。这个叫"圈子"的地方,总是吸引着最多的目光,承受着最多的非议。但是,所谓爱无处不在,总是有一些人用爱的力量和温度,慢慢转变着环境的冷酷和

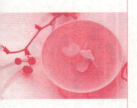

目光的质疑。而转变的武器,就是那个"爱"字。

Mu Lu

第七辑　有一位老师叫历史

那些远去的人和事,像镜子被时光埋在尘土里,需要寻找的眼睛,智慧的双手去寻找。当我们发现那些音容笑貌时,镜子里的过去有时让我们惊讶不已,有时让我们会心一笑。那么历史这面镜子用的好还是不好,全看我们怎么去看待,怎么去吸取。以史为鉴的古训,永远会让我们多一位老师。

第八辑　有一朵花叫自己

我们总能惊喜地发现,越是无人关注的角落里,小草生长得越是坚强而茂盛。芸芸众生何尝不是如此，大家在每个人各自的世界里日出日落，晨出暮归。生活平淡得不能再平淡，生命平常得不能再平常。但所有人都有属于自己的梦想，于是，在最低的尘埃里，每个人都努力开出一朵叫"自己"的花……

005

成功从来不是一蹴而就的。走过了荆棘丛生的岁月，当成功的光环笼罩着我们时，别忘了体味额角残留的汗水的苦涩；也别忘了告诫自己，尘埃落定，最大的收获，乃是清风甘露的沐浴和那一份从容不迫的淡定。

有一种成熟叫独特

第一辑

无论是年轻蓬勃的偶像，还是成熟睿智的前行者，他们都无比严格地约束着自己，用独特而光芒四射的表现和成绩，告诉那些还在起点上的学子们，我们的时代允许我们自由地发展，我们的明天，从来都是由我们自己掌握。独特可以成为我们今天的标签，但我们的明天，总是一种成熟的金黄色。

汶川向世界报道 张泉灵

编者按:2008 年 5 月 12 日,汶川成为全世界新闻媒体报道的焦点。很多记者深入灾区,在第一时间把消息传达给了社会大众。这篇文章节选自中央电视台记者张泉灵在抗震英模报告中的演讲。感人至深,甚至让我们泪流满面。

2008 年 5 月 12 号,在珠峰待了一个月之后我回到了拉萨,还沉浸在奥运火炬珠峰传递报道成功的喜悦中,大地震发生了。北京、台湾、日本都有震感! 我的第一反应是:唐山大地震影响到了 14 个省,这可能是比 32 年前更大的一次灾难,而且前方灾情不明! 情况不明的时候是最需要记者的时候! 我得去现场! 我知道从高原下撤以后的第一原则是休息,我也很想家,想不满两岁的儿子。但是这时候到一线去,不是我个人的选择而是一种职业的天性。经批准,5 月 13 号,我挤上了震后拉萨飞往成都的第一班飞机。

帮助外面的人弄清灾区的情况是这个时候记者的第一责任。太多太多灾区的情况,抢险救灾的人要知道,受灾的群众要知道,党中央要知道。我觉得自己肩上的担子是从未有过的沉重。到达四川的当天下午,我们报道组立即动身前往受灾最严重的北川。

交通断了,通讯断了,余震不断。尽管做了心理准备,灾难还是击碎

了我的想象。要快，要让外面尽快了解灾区的情况。强迫自己冷静下来，雨中发回了我在灾区的第一条报道。

路，是生命线，也是抢险救灾的关键。奔向震中的途中我不停地问自己：灾区的路到底怎么了？通向震中汶川的路为什么还不能打通？这个时候，我们必须把镜头对准这条路，去引导人们的视线。

5月14号，我沿着汶川方向，奔向213国道，踏进了打通道路的现场。观众看到了这样的情景：几乎半座山塌下来，路不见了。而这条路原本只有七八米宽，一边在塌方，一边是临着岷江的悬崖。工作人员上得去，但是展不开。这条报道，也许不那么惊心动魄，但是它把大家的疑问解开了，责难不见了，人们焦急的心情也冷静下来，开始积极地帮着出主意，怎样才能使修路的进展快一些。

在灾区的人民处在惊恐与悲伤中的时候，特别需要鼓起勇气，在废墟上没有比活着把人救出来更让人振奋的了。5月14号，都江堰的幸福小区发现了幸存者，救援人员开始与死神搏斗。我想虽然压在废墟下的人我们连姓名都不知道，但电视机前有无数的人关心着她注视着她。我想让他们看到：坚持，奋斗，我们就一定能获得重生！我向现场的领导建议直播救援过程。那天晚上，我知道很多人都守在电视机前，他们的心通过我们的直播与灾区紧紧地连在了一起。

那一片废墟有三层楼高，里面充满了空洞和尖利的钢筋，随时都有坍塌的可能。整个直播过程中，我被指定站在一个巴掌大的位置，只能说不能动。四川台的摄像张业伟在黑暗中拍摄一刻也不能停止，他要紧盯着寻像器里的画面，余光还要观察周围的情况，根本顾不上脚底下。在起吊一块水泥板时，我们脚下的断梁被拉动了，原本安全的地方变得很危险。但消防官兵继续救人，我们也继续报道，没有人离开。战士们紧张有序又小心翼翼，我们的镜头尽量地靠近跟随。几个小时后，受困者终于被抬出来了，她活着！现场一片欢呼声，我的耳机里也传来北京演播室里的欢呼声。我知道，电视机前守候的人们也会欢呼。我在现场用最大的力气喊着："这次欢呼是对生命的礼赞！"外面的人不抛弃，里面的人不放弃！救人的是英雄，被救的同样是英雄！这，就是我们一线记者要传递的精神——以人为本。

5月15号，我们跟着部队徒步奔向震中，因为两件事情要让观众搞明白：第一，震中的乡亲们情况到底怎么样？他们最需要什么？第二，进去救援的战士们要面临什么样的困难？怎么解决这些困难？

行进的路，有时候我觉得比在珠峰还难。那不是一条安静地等你踏上去的路，不断的余震、松软的塌方层、滚落的石块，危险无处不在。一个滚石区，我们刚通过不久就再次塌方，半个山体扑下来，覆盖了我们经过的道路。我们没停下脚步，边走边拍。

经过不停顿的9个小时，我们紧随部队到达漩口镇，那已经是5月16号的凌晨一点。紧张、饥饿、劳累，我真的想躺下什么也不做，但一想那么多人等着里面的消息，我们立即投入采访工作。天蒙蒙亮的时候，我看到了这样一幅画面：几根从废墟里捡来的木头蒙上一块塑料布就是帐篷了，外面整整齐齐放着3块牌子：漩口镇党委、漩口镇人大、漩口镇政府。旁边，战士们已经展开了救援，当地的乡亲们给部队送来了他们仅有的蔬菜。那场景，在我的头脑中定格了，那画面让我震撼：灾难降临了，但我们有党在、有政府在、有人民军队在，老百姓就有信心在！于是，我们用了一个长长的镜头。我要用这个画面把这样的信心传递给全世界。

5月17号，我们进入汶川亟待救援的"孤岛"耿达乡。面对满目疮痍，无论谁到现场都会有一种揪心的痛。可当问到受灾群众缺什么，需要什么帮助的时候，有一位受灾的群众对我说："给我们送点玉米种子来吧，赶着现在种下去，秋天我们就有吃的了。"那不是一句当时就会让人热泪盈眶的话，却让我心里反复回味。这就是我们最质朴的乡亲，遭受了那么大的灾害，失去了那么多亲人，但他们想要的却是种子！种子不就是希望吗？这就是我们那么多人奔赴灾区的原因啊！我就是要把这希望的声音传递出去，让全世界都看到中国人民的伟大与坚强！

观众打电话给我，说：你真棒，在镜头里总是那么冷静。其实我也哭过，面对那样的灾情，面对受灾的乡亲，面对满目的英雄，泪水有时是控制不了的。5月20号我到都江堰去拍摄寻找处理遗体的情况，虽然

救援人员很早就知道遗体在哪里，但是为了死者的尊严，战士们都是用手扒手挖。当听说遇难考是一位母亲和她的孩子，母亲在灾难来临时跪着用身体保护孩子，我完全失控了，转身躲进一个帐篷里放纵泪水喷涌而出，我要把我心里的痛哭出去，我要把所有的积郁都哭出去，擦干了眼泪，我才走出帐篷。在镜头面前我努力保持着坚强和理性。不哭，在心里，我始终这样提醒自己，灾区不需要眼泪，灾区需要我们的坚强去支撑，需要我们的关爱去抚慰，需要我们去尽记者的天职。

在灾区可能有数千名记者，中央电视台先后有数百名记者前往一线，我只是其中普通的一员。

和我一起行军 9 小时的摄像张春喜已经 51 岁了。为了多带设备，他必须少带水和食物。战士走，他边走边拍，战士停下休息他还在拍。进入震中因为胸闷他一直不敢躺下，他有心脏病，还是平足！

我的同事冀惠彦大校，55 岁了，从战场到各种抢险救灾都冲在前面。他在灾区是靠着临时从办公桌上抓来的一把降压药支撑着。在从水上冲击映秀时，滚石的涌浪打翻了冲锋舟，落水后他始终没有放掉手里的摄像机，死里逃生，一上岸就去发消息，为的是让观众和受灾群众看到：又一条生命线打通了！

我的 4 个进行航拍的同事曾经被困在海拔 2000 多米的山上两天多的时间，靠吃野果坚持着。天气多变，地形复杂，山谷里各种切变风对他们简单的飞行器形成了巨大的威胁，他们是冒着生命危险为抢险救灾进行航空拍摄！

一份帮助，乘以 13 亿就能帮灾区渡过难关！一份关爱，乘以 13 亿就会变成爱的海洋！一份信心，乘以 13 亿就是中国人的脊梁！

而在灾区奋战的记者就是要用手中的笔、手中的话筒、手中的镜头去做好这个乘法！

大灾难中，我们用最快的速度，让全世界都看到了，一个古老而又新生的民族，万众一心，共赴国难！

大灾难中，我们用最人性的方式，让全世界都看到了，一个国家的坚韧与大爱！

这就是最真实的中国,我的祖国!

人 生 悟 语

汶川地震虽然已经过去了,但我们无法忘怀那场惊心动魄的灾难带给我们的巨大伤痛;我们更加无法忘怀,在那场大灾难面前我们民族所表现出的众志成城与顽强英勇。而在整个故事中,我们也不该忘记,有那么一群人,及时架起了整个民族心与心的桥梁,他们的名字叫记者。

(王立淇)

当你真正"不差钱"的时候,该怎么花掉它呢?从"全球首富"到"全球首善"的比尔·盖茨决定捐出自己的全部身家,用最正确的方式去花这笔钱。

比尔·盖茨: 做善事不能等 二 强

"我不是对王朝财富的热衷者,特别是当世界上60亿人还比我们穷得多的时候?"当巴菲特说这话时,比尔·盖茨则在旁边点头微笑。这一天,巴菲特准备将捐款中的绝大部分约300亿美元捐给比尔·盖茨及其妻子建立的"比尔与梅琳达·盖茨基金会",使得该基金成为世界上最大的慈善基金。

而就在不久前,盖茨宣布他将在今年内逐步淡出微软公司日常事务,以便把主要精力用在卫生及教育慈善事业上。

至今,盖茨夫妇已为他们的基金会捐赠近300亿美元,用于贫困国家的卫生和教育事业。

改变了世界两次

每天,在这世上有些人,一天只有 1 美元的收入,却因买不起 2 美元的药治病而丧命。他们可能很年轻,年轻到来不及实现自己的梦想,看不清楚世间的模样便离去。明明有药可医,却因贫穷而死的人,时时刻刻,无所不在。"这些生命所受到的对待,仿若他们的生命毫无价值",对于自己在事业高潮的时候退下来做慈善,比尔·盖茨如此解释:"当你拥有资源,而这资源得以创造巨大影响力时,你不能置身事外对自己说,'好吧,等我 60 岁再来做善事,先等等吧'。"

取之于社会,用之于社会。秉持这样的理念,比尔·盖茨已投下近300 亿美元,将近他总资产的 3/5,创立出世界最大的慈善机构——比尔与梅琳达·盖茨基金会。"这是世界上最重要的组织"。美国前总统卡特赞叹。今天,这个基金会已经拯救了至少 70 万条人命。"比尔·盖茨改变了世界两次",与比尔·盖茨夫妇同获《时代》2005 年度风云人物的摇滚巨星波诺说,"而这次的改变,将使比尔·盖茨更为后人景仰。"就在获奖这一年,比尔·盖茨夫妇即捐出高达 60 亿美元的善款,刷新人类史上捐款的纪录,与世界卫生组织 WHO 的年度开销不相上下。而其中有 5 亿美元是用在研发像开发无须针头、无须冷藏的疫苗。因为,比尔·盖茨要救人,而且要用更有效率的方式救人。

偕妻步入印度泥屋

在滚滚黄沙不断吹袭的印度北部,一间快要倒塌且没窗户的泥屋中,来了一对白人夫妇,探望一对印度夫妻和他们的两个孩子,一个 3 岁的幼童和一个新生儿。穿着卡其裤的白人丈夫环视四周,他朴素的妻子微笑抱着婴儿,开心地与印度夫妇对谈。那对印度夫妇压根没想到,站在他们眼前的是全球最有钱的人:比尔·盖茨夫妇。相信许多人也没想到,一分钟能赚上 1 万美元的比尔·盖茨,竟愿意花时间飞越半个地球，出现在印度的贫民窟中。

为了解真实世界，比尔·盖茨夫妇一年至少拨出一段时间，做这样的"学习之旅"，用双眼去看，用双耳去听，用手心的温度去感觉这世界上最艰苦的人们是如何与生命搏斗。而不是坐在办公室中，看着纪录片，读着报表，然后草草拨款。"这些旅程，令我感动不已，让我深感我必须为这些沉默的人们发声，"比尔·盖茨的妻子梅琳达说出她的感想。1996年因为怀了第一胎即退出微软经营的梅琳达，是基金会的主力，也是比尔·盖茨慈善事业的助力，在基金会中，她的地位等同比尔·盖茨，许多慈善事务由她一手操刀。

他们夫妇之所以如此投入，是因为他们深信，他们正活在历史的转折点：医学的突破性进展能拯救成千上万的性命。而他们也了解：自己并不是解决所有困难的万灵丹，而只是个媒介——催化科学研究解救众生的媒介。触发有能力者共同投入慈善事业的媒介。

用影响力改变

事实上，尽管有着500多亿美元身价的比尔·盖茨是全球首富，但在茫茫人海中，就算倾家荡产，他一年也只能救世界上0.2%的人。因为根据世界卫生组织估计，每年要救800万条人命的代价是250亿美元。除了金钱外，比尔·盖茨还有一个最大资本就是他的影响力，而比尔·盖茨更早已悄悄运用自己巨大的影响力开展慈善事业。像是比尔·盖茨特别在华府设立办公室，广邀富国政要们会谈，包括英国前首相布莱尔、法国前总统希拉克、德国前总理施罗德等。某种程度上，这也是为何去年欧洲各国承诺，分10年投入40亿美元巨额资金给穷国孩童接种疫苗的原因。而此前比尔·盖茨避之唯恐不及的媒体，也变成是他对外宣传的最佳工具。

比尔·盖茨也承诺，分10年捐助15亿美元给穷国孩童预防接种，而当他接受采访时，必定提及"挪威也愿意分5年捐助2.9亿美元给那些孩子。"媒体报道后，让相形见绌的挪威政府，一口气加码为10年10亿美元。

> "我真正体会到的是'只能成功,不能失败',这八个字常常挂在嘴边,在这个事情上真是千真万确。"

张艺谋:我们真的很运气
乌力斯

张艺谋的奥运时间从 8 年前开始。2000 年 4 月 29 日,他为北京申奥拍了宣传片《新北京 - 新奥运》,何振梁说,它"不概念、不卖弄、真实、亲切、自然,是部让人动心的作品"。申奥成功后,2003 年,张艺谋再拍了一部宣传片:《中国印 - 舞动的北京》,被誉为是"奥林匹克精神与东方艺术完美结合"。

2004 年雅典奥运会闭幕式上,张艺谋负责的 8 分钟文艺表演《中国 8 分钟》亮相,赢得西方观众一片好评,却在中国引发批评。2006 年,张艺谋击败了李安、陈凯歌、崔健等创作对手,通过 11 轮考验,最后成为奥运会开幕式闭幕式总导演。

这是一场漫长的考试。张艺谋和他的团队,是我们共同推出的答题者。他们,终于交出了一份令人满意的答卷。

开幕式不能孤芳自赏

记者：开幕式的整个创意阶段持续一年，从 2006 年到 2007 年 4 月份，然后开始制作，这一年的时间是天然形成的吗？

张艺谋：天然形成的。如果那时候你还不开始制作，就来不及了，有很多想法来不及了。我们不会随便搞个创意扔给技术团队，你去弄，反馈回来说弄不了怎么办？实际上我们在创意阶段就已经在一块儿了，只是等最后的决定。

记者：开幕式里有多少创意是你的？

张艺谋：我还是不想谈我个人有什么创意，怎么贯彻，我还是强调团队。实际上所有的创意都是经过无数次的整合，没有一个创意是拿来就用的，没有一个创意是无懈可击的，都要整合。首先要进行理念整合，是否符合整个要表达的东西，其次是可操作性和视觉效果。有很多理念想得挺好的，视觉效果却不好。说心里话，我就属于实战型的导演。别人对我讲任何一个创意，在脑子中呈现的是那种实施之后的画面的感觉。

记者：看得见，摸得着的。

张艺谋：特别实在的一个形象感觉，形象没有美感、没有魅力，征服不了人。因为它在形象上、视觉上没有美感，你的理念就一点儿不值钱，理念是什么？理念一定是在现场的视觉，一定要首先产生美感。外国传媒问的时候我也这么说，我说我们是介绍自己的文化，但是对你们来说看不懂没关系，今天晚上你是不是看到了美？你看到了某种梦幻般的美，行了，这是可以统一所有人类的一个点。很多创意，不能建立在现场的美感，就根本没有价值。

记者：好像你自己有过一个和现在不同的方案。

张艺谋：当时我在纽约排秦始皇主题的歌剧，突然有了一个想法：我们要打破晚会式的结构——历史、今天、未来，要换一个结构。当时就取了四个章节，就是四大发明，一个章节演纸、一个章节演火药、一

个章节演水（指南针）、一个章节演文字，用四个章节来演，把当代、未来和历史混在一起演，而且用很现代的手法来演，不分历史和今天。水的听觉、水的视觉，火的听觉、火的视觉，我觉得特别可以入画的，特别可以入境的，特别可以上舞台的是中国文字，特别美。我觉得特别有意思，打电话给北京团队，他们都特别兴奋。但审查委员会没通过，结构上还是沿用大家习惯的结构。

我觉得那个想法会比现在的还现代，还时尚，那叫超凡脱俗。现在的结果比较传统一些。很遗憾当初没通过。

记者：从 2006 年 4 月到 2007 年 4 月这一年中，类似这样的变化有哪些？

张艺谋：太多了。换来换去的东西太多了。真正开始动工以后，有些东西能换还尽量换，除非不能再改的，那就算了。后来人家也说创意无限，要是睡一觉觉得不踏实，你完全可以改。

记者：奥运会开幕式的限制，会不会减少你个人的表达？

张艺谋：其他创作大可以坚持艺术家的个性，大可以走孤芳自赏的道路，大可以叛逆，就只有这一件事情不是这样。这个道理不承认是不行的，一定是这样的。在外国，他们办奥运会的时候，我相信也有这样的压力。每个国家费了半天劲，几十年申奥，终于拿了一届来了，全世界那天，它是焦点，那个导演导一台开幕式，特艺术家、特个性，最后人人都不喜欢，他恐怕也不能肆无忌惮吧，无视于所有压力恐怕也不行，那个国家的人，老百姓恐怕也不干。所以（开幕式创作）这个事情本身的意义已经超出了普通的创作基本规律了。

记者：可能多少比口国好一点，有一点个性化。

张艺谋：对，我觉得会好一点。也许外国人看东西多一些平常心，咱们是过不去的，咱们肯定过不去，一辈子都过不去，而且说不定没有第二次机会，整个一代人在很长时间都没有，这一代人没有第二次机会，再有就是我们下一代，甚至下下一代。你想一想，怎么可能过得去？我真正体会到的是"只能成功，不能失败"，这八个字常常挂在嘴边，在这个事情上真是千真万确。

记者: 宏观的压力从头到尾一直贯穿始终,在运作过程中遇到哪些困难?

张艺谋: 那就很多了,太多了,不能一一列举,各种各样的困难。

这么复杂的大型活动,哪天一切都正常,太难得了。我跟很多这样的导演交流过,都会经常发生事故,不出事才怪呢,不出大事就行了,一万五千多人在那上上下下,你想想看,太难了。结果我们那天……真是很顺利,很有运气。

记者: 彩排的时候取消了秦腔部分,是出于什么考虑?

张艺谋: 最准确的说法,我觉得应该是《长城明月》这一段表演没有征服所有人,也没有征服我自己,尽管是我自己选择的秦腔的曲调。不是表演者不努力,什么都做得很好,但是呈现在你面前时打了很多折扣。因为没有征服大家,对它的意见最多,我就想干脆拿掉。

记者: 那一章节有多大?

张艺谋: 那一章节有六七分钟,干脆拿掉了。拿掉之后,从人情的角度考虑,这些表演者都训练一年了,不能让人家这样打道回府,所以就把所有演员都留用了。留用就要组织一个节目,然后就组织了一个小戏台,那个小戏台原来是秦腔的一个点缀,然后做了一个简短的3分钟过程。我们需要 3 分钟来做转场。短一点,小一点,野心也小一点,大家还不反感。原来那场,野心也大,隆重而正式,但缺点不好去弥补,没有征服人,就不能拿嘴说:我认为这个好,我就认为这个好。我这次不坚持这样的角度。

我们团队有很多人是坚持这样的:我就认为这个好,怎么说我都认为好!但我说,当表演者面对所有人的时候,我们不能去说服别人,我们不能开一个研讨会再分析,当有一半人说觉得不好,就要考虑了。不能说"我认为好",那帮人还是不听你的。那时候时间已经很紧了,怎么办? 拿掉。

记者: 整个创意过程,除了影像,还有其他的形态记录吗?

张艺谋: 没有,影像全过程记录,拍了两三年,拍了多少带子我不知道。除了上厕所和个人隐私不拍,一直跟着拍,到哪儿都拍,两三台机

器拍。

记者：每个国家办奥运会都要弘扬一种价值观，你的价值观呢？

张艺谋：我们对于文化并没有做总结和概括，我觉得没有能力把古人这么多东西总结成一句话说出来，我们大概用的是：你看我们有什么，那些我们曾经有过的。主题应该就是"我和你"，就像主题歌一样的，最平实的一句话，实际上就是告诉你"我们是一家人"，可以讲"和谐"。

看电视还是到现场

记者：你总是对你的核心制作团队说，开幕式不是给鸟巢的几万人看的，而是给电视机前的几千万人、几亿人看的。

张艺谋：不，两头都要顾，完全不能只顾一头，我告诉你贵宾全在鸟巢坐着，哪能只顾一头呢？两边都得顾，侧重是一样的，只是要平衡这种关系，不能说只是为40亿电视观众看。其实有很多人对我说，电视上看的效果还没有现场看的好。可见我们是两边都在兼顾。

记者：开幕式的电视转播还是有些遗憾，有些该用长镜头的用了短镜头，完全反了……

张艺谋：BOB转播公司和NBC转播公司的人一年多里一直跟我开会，我们一个个镜头对他们讲，前面的所有彩排都是拍一版切出来，大家来看，大家开会。但我还是认为，你不能要求他们整个团队上百个摄像师都给点得那么准，"号"机"吊"得那么准，我觉得他们已经算做得很好了。他们的技艺都是很娴熟的，设备都是很好的，只是不能完全做到那种切换的准确。

还有一点，生理带来的人气磁场呈现不出来，镜头还是冷的。还有，镜头一做取舍之后，可以把细节放大，这是没有问题的，但是镜头一取舍就没有一览无余的另外一种美丽。

记者：转播信号是一家，还是各家有各家？

张艺谋：没有，只有两个转播信号，一个是BOB，国际奥委会认定的转播公司，我们是接入它的信号，中央台加上自己的解说，但是不能自己去切什么东西，也没有什么机会；还有一个是 NBC，美国的，因为美国"个儿"够大，自个儿要了一路，说是为了美国人民，要自己导。所以，他们是单独的，就这两家公司。全世界接收的都是 BOB，美国（北美）这一带可能接收的是 NBC 的。BOB 大约有 160 台机器，海陆空各个方位都有，NBC，我估计机器数目在 100 台左右。其他的，我们没有权利转播。

记者：如果解说词文采能好一些，那真的是锦上添花了。

张艺谋：那也没办法了。其实有两个作家，一个刘恒，一个王安忆，都是很好的作家，前期一直参与。刘恒参与了几次创意的讨论，王安忆也讨论了一两次，都来过。但是最后都来不及，因为文稿都修改来修改去的，最后根本没有办法是作家说了算，要经过各级审定，包括国际奥委会的审定，因为要发国际媒体，有些不能咬文嚼字，咬文嚼字翻不出法文、英文，就不行，不能用一个概念解释另一个概念，完全不能这样，所以就把这个词转成普通的词，只是组织好一点。法文、英文、中文三个版本，比如说"夸父追日"，大伙儿听到不用解释了，要解释"夸父"是谁要解释半天，根本就没有时间，所以它就不能用作家那种词汇，很文学性的，完全不适用。

节俭也能讲美学

记者：本次开幕式最大的亮点就是科技方面的投入和各种光影的呈现。

张艺谋：其实没有所谓真正先进的技术，全部得是成熟的技术。如果还是在实验室的技术根本不能用，不可靠。但是呈现出来的是一种观念的表演和一种有现代感觉的表演，这个很重要。

我们的美术总指挥看了表演之后给我写了一封信，我觉得他那几句话说得非常好，他当时只是提醒我注意技术环节，他说雅典的表演把舞台集结的传统性推到了极致，如果那是这种方式的终结，北京奥运会的开幕式则是一个全世界最大的多媒体表演，是一个新的历史纪元，代表着一个新的时代开始。我觉得说得很好，我们也是这个想法。

再过20年、30年，一个导演剧，在广场上演绎多媒体，比这要棒得多，因为技术发展太快，但是我们的观念是代表着一个新世纪的观念。今天我可以毫不惭愧地说，北京奥运会开幕式是全世界最大的广场多媒体表演，还没有人做过这么大，撑死一块大屏幕就完了，撑死大屏幕的影像与传统表演做一点互动就完了，我们已经是最复杂了。

我们"碗"边上有一个环的影像，那是64盏最新的电脑投影灯，相当于64个电影院的高清放映机，64个电影院的高清放映机做联合投射，无缝拼接，相当复杂，也是迄今为止世界上第一次做。

记者：这个技术是成熟技术？

张艺谋：对，这是一个成熟技术，没有人这样做过，这种灯，高流明的投影灯，多影像的投影机，现在大家都用，最新的，一出来有人买。但是撑死了，在你的晚会上用上两三盏，搭一点东西，跟员工做点配合，演一个节目。在大歌厅的演唱会，撑死了弄三五盏灯，再配合LED，热热闹闹完事。还有很多发布会、很多建筑、很多城市景观，一些观念艺术，用几盏这样的灯，把几个楼打出一个什么型，什么花，什么变化，你看到的都是这些灯。但是从来没有把64个灯连在一起，做这么一个大环幕，这是一点都不带夸张的，这是规模最大的。64盏灯，我们实际上是买不起的，就算是奥运会开幕式我们都买不起，光买这点灯也许就得几千万、上亿元。最后我得到国内好几个单位的支持，人家买了借我们用，我们租的。

记者：全国人民想象这台晚会可能花了无数钱，但实际上并没有那么多？

张艺谋：咱的口号就是"节俭办奥运"，4个亿，还没有多哈的开幕式多，钱是一点都不多，我说心里话，有很多都是因为钱，因为"节俭办奥运"，所以都不能实现，舍弃了很多。我们第一轮的方案就是嫌我们的预算太高了。

比如说地面，你看我们铺设的地面大屏幕，现在全部是国产的，在大家看表演之前的三个小时还在那里修，如果我们都是进口的，翻好几番,掏不起这些钱。光是铺 LED,如果都是进口的,得几个亿,往地下整,你能那么花吗?哪有那么多预算?

最简单的一个例子,你看过很多大屏幕的表演,歌星的演唱会,那些屏幕上全部都是点对不对?那是正常的。颗粒最细的,也是最贵的,点再细推上去还是点,那个点就产生一种廉价感,好像没有美学,就是像一个大屏幕,咱们一说"大电视"都是颗粒型的,我们这次就把这个解决了。其实我们的颗粒一点都不密,因为密的贵,我们没有那个钱,我们是节俭办的,所以我们的颗粒其实是挺稀的,比中央电视台春节晚会后面的大屏幕稀多了。

记者:怎么解决的?

张艺谋:说起就话长了。我一开始跟厂家谈,要做一个雾化效果,要让它的影像呈现边缘的模糊性,镜头拍的时候,呈现某种雾化的平面感,不是颗粒的点状,这样子会有一种美学的品位,不是追求它的清晰度怎么样,因为那么大型的广场,是要它像一幅画,中国古代画的渲染,根本就是需要那种效果,其实恰恰是用这样的美学观点去做。所以,这些厂家是专门给我们生产我们要的东西,其实也很节俭,也不贵。但是,你看我们那个屏幕,好像没有那么廉价,好像挺有品位的,其实我们花的钱很少。

记者:这实际上是一个技术和艺术并行的问题。

张艺谋:对,但是当你知道,这是一年多以前就开始的,开弓没有回头箭,工厂8个月全部生产出来,影像全部做出来了以后,味儿不对,不行,我得改,对不起,不可能了,改影像没有3个月,电脑都生成不出来。所以,它完全就是想好了,就成这样了,最后必须接受这个。我也是第一次做这样的尝试。

记者:资金的限制会导致很多创作奇想不能实现?

张艺谋:当然,有很多是不能实现的,光有理念肯定不行,我觉得做大型活动,最大的问题就在这里,它的可实施性,我觉得可实施性有时候比理念还值钱,你找任何人来做的时候,他说奥运会应该怎么演,他的想法多了,但是不可实施,一点价值都没有。

机会,只垂青有准备的头脑。

面　试 曾子墨

"借"身套装去面试

　　我即将面对的是生平第一个面试,期待,兴奋,可想而知。我前所未有地严阵以待,将大家的经验之谈悉数记在心中:

　　千万不能紧张,要落落大方,侃侃而谈。

　　为什么选择达特茅斯,为什么愿意来到美林证券,答案一定要事先准备。面试前几天的《华尔街日报》必须仔细阅读,道琼斯、纳斯达克、恒生指数和主要的外汇汇率也都要熟记在心。

　　握手的力度要适中,太轻了显得不自信,太重了会招致反感。

　　手中最好拿一个可以放笔记本的皮夹,这样显得比较职业。

　　眼睛是心灵的窗户,所以目光不能飘忽游移,只有进行眼神的交流，才会显得充满信心。假如不敢直视对方的眼睛，那就盯着他的鼻梁，这样既不会感到对方目光的咄咄逼人，而在对方看来，你仍然在与他保持目光接触。

套装应该是深色的，最好是黑色和深蓝色，丝袜要随身多备一双，以防面试前突然脱丝……

后来，我知道了投资银行的确有些以貌取人，得体的服饰着装可以让我们在面试中加分不少。

做学生时，我从来都是 T 恤牛仔，外加一个大大的双肩背书包。为了让自己脱胎换骨，向职业女性看齐，到了纽约，一下飞机，我便直奔百货商店的 Bloomingdale 店。

Bloomingdale 店位于曼哈顿中城，里面的套装琳琅满目，每一款都漂亮得让我爱不释手。售货小姐也热情周到，伶牙俐齿地劝说我一件一件试穿，并在我每一次走出试衣间时都瞪大双眼，对我赞不绝口。

试衣镜里的自己果然焕然一新，看上去职业而干练。

"您是只选一套呢，还是多选几套？"售货小姐甜美的声音让我从云端突然回落到地面。我这才意识到，我居然忘记了看价格。

Bloomingdale 店的定位其实只属于中档，但是价格标牌上那一连串的数字还是让我望而生畏。毕竟，我只是一个依靠奖学金生活的学生。我试穿的那几套衣服加上消费税，最贵的有一千多美元，最便宜的也要五百多美元。

"买，还是不买？"我激烈地进行着思想斗争。

"它们真的很适合你！"售货小姐好像也看出了我的困窘，努力做着最后的鼓动。

这时，旁边的收银台突然来了一位要退商品的顾客，看到她，我灵机一动，立刻拿出了信用卡，态度之爽快，仿佛刷卡金额不是 500 美元，而是只有 5 美元。售货小姐笑容可掬地为我结账、包装。她大概并没有想到，24 小时后，等眼前这个对职业化装扮的自己甚为满意的女孩参加完面试，就会原封不动地把这套 EllenTracy 的西装退还给她，一分不少地收回那笔"巨额款项"。

第二天，穿着那套似乎专门为我定制却又并不属于我的深蓝色套装，我镇定自若、胸有成竹地走进了美林的会议室。

面对来自香港的两位银行家，半个小时里，我学着美国人的方式，滔滔不绝地自我推销，把自己说得像爱因斯坦一样聪明，像老黄牛一样勤奋，又像老鼠爱大米那样深深地热爱投资银行。

握手告别时，在他们的脸上，我找到了自己想要的答案：这个女孩，天生就属于投资银行。

把羞怯、谦逊全抛开

在美林度过的那个夏天，我并没有学会太多的金融知识或操作技能，但是，它却为我打开一扇窗户，让我欣赏到投资银行的美丽风景，并且从此立下志愿：我要真正成为华尔街的一分子。

于是，四年级一开学，我便身不由己地卷入了一轮又一轮看不到尽头的面试漩涡里。尽管11月的达特茅斯早已是冰天雪地，而我却在零下20多度的天气里穿着西装短裙和薄薄的丝袜，披着黑色长大衣。汉诺威旅馆是投资银行来学校进行前两轮面试的地点。那阵子，那里天天爆满，每一层的走廊里都挤满了西装革履的学生，或站或坐，不安地等待着房间里面的人叫到自己的名字。

投资银行的面试看上去设着层层关卡、危机四伏，但涉及的问题却多半是"老三样"。

"讲述一下你自己的经历。"

"朋友们会用哪几个词来形容你？"

"为什么我们应该录用你？"

无论提问方式如何变化，我总是喜欢亮出我的"自我表扬一二三四"，以不变应万变：

我聪明好学，能够很快适应新的环境；

我擅长数字和数学，诸多相关科目的A+成绩就是最好的证明；

我勤奋刻苦，一周工作八九十个小时不在话下；

我善于合作，是个很好的团队工作者。

面试的时间再长，也长不过 40 分钟。人人都怕刁钻古怪的问题，我也一样。于是，一旦遇到"正中下怀"的提问，我就伺机大讲特讲、口若悬河，从不易被察觉地"延伸"到我悉心准备的其他答案，直至面试接近尾声，让对方不再有时间也不再有机会来为难我。

军训经历，征服投行副总裁

还有一次面试令我印象深刻，是和第一波士顿的一位副总裁。

第一波士顿为我面试的那位副总裁看上去只有 30 岁出头。那天，他大概已经从早上 8 点到下午 4 点，端坐在酒店房间里那个并不太舒服的沙发上，马不停蹄地见过了十几名学生。轮到我走过去时，他早已满脸疲惫，连握手时的笑容都像挤牙膏一样勉强。

"OK，tell me about yourself."不出所料，他提出的第一个问题中规中矩。我微微一笑，神采奕奕地讲述了自己的经历，又有条不紊地将我的"自我表扬一二三四"暗藏其中。

副总裁斜靠在沙发上，边听边点头。第一个问题，我顺利过关了。

"你怎么证明你善于团队合作呢？"

我故意摆出一副沉思的样子，其实，我的内心是在暗自得意。谁让我又碰到了一个押中的题目呢？不过，我不想让他看出我是有备而来。

略微停顿了几秒，我按照设计好的思路，开始绘声绘色地讲述我的"军旅生涯"。在北京念书时，我曾经先后两次到 38 军军训。这在中国算不上是出众的经历，但到了美国，却是傲人的资本。

四十多天的军旅生活，除了难耐的饥饿和沉积着黄沙的浑水，还留下了什么呢？面对副总裁，我活灵活现地回忆起在军队的大集体里、在团队成员的相互帮助下，我们是如何在泥沙混杂的战壕里匍匐前进，如何在烈日当空时俯卧打靶，如何在黑得令人恐怖的深夜里轮流站岗值班，又如何在睡得昏天黑地时被哨声惊醒，迷迷糊糊地打背包，连滚带爬地紧急集合，再像残兵败将一般，翻山越岭……

听着听着,副总裁的身体坐得越来越直,原本无精打采的眼睛也变得炯炯有神起来。那时候,我就已经知道了,当我走出那个房间后,即便他记不住我的名字,也一定会记住有个中国女孩,曾经在中国军队里摸爬滚打。我还确信,只要被他记住了,百里挑一的第二轮面试我就一定会榜上有名。

果然,他一连说了三个"great",才又接着问:"听上去你各方面都很出色,你有什么缺点吗?"

"英语毕竟不是我的母语,所以和美国同学相比,我想,这是我最大的弱点。"我坦然应对,并没有遮遮掩掩,因为如果能化缺点为优点、化不利为有利,远比一味陈述自己的优秀更有说服力。

"但是,我一直在努力提高自己的英语水平。刚来美国时,我每天除了上课和打工,还要花至少一两个小时的时间守在电视机前看新闻,为的就是练习英语。另外,虽然我在英文写作课上的成绩是 A 或 A-,但我并没有就此停滞不前……"

据说副总裁回到公司后,在办公室里逢人便说,他在达特茅斯发现了一个中国女孩。所以,当我到纽约去参加他们公司的最后一轮面试时,好几个陌生人竟然对我一见如故:"原来你就是那个中国女孩啊!"

后来,我因为选择了摩根斯坦利而婉言谢绝了第一波士顿的聘任,那位副总裁还打来电话,言语中充满遗憾。他说我是他见过的最优秀的应征者,如果在摩根斯坦利做得不开心,随时和他联系,他的大门将会永远向我敞开。

人 生 悟 语

俗话说:"机不可失,时不再来。"我们能抓住机会的时间只有短短的一瞬,但是必须用很长的时间做充分的准备。其实,人的一生,大多时候是处于准备阶段的。正所谓万丈高楼平地起,当你把基石打好了,一切就能顺利地发展。只有这样我们才不会被机会抛弃,才能实现自己的人生价值和理想。

(王立淇)

当有人问她什么时候开始写作，她如是说："我从生下来，就在积极筹备写书了……我希望一直写到200岁。"

蒋方舟：我不过是一只早熟的苹果 格 美

7岁开始写作，9岁出版散文集，11岁成为畅销书作家，12岁在两家有影响的报纸开设专栏；她曾被誉为"神童作家"、"天才美少女作家"，是中国少年作家学会首任主席；她拥有青春靓丽的形象、机敏犀利的谈吐，近年来成了包括中央电视台、美国《时代》周刊甚至著名时尚期刊等媒体竞相追捧的宠儿。面对这些，18岁的襄樊女孩蒋方舟神色淡定，她说：我不过是一只早熟的苹果……

邪童正史

蒋方舟在文学王国的第一个脚印，归功于妈妈的一番"恫吓"：法律规定，小学毕业前必须写一部书，否则会被警察叔叔捉起来。方舟信以为真，吓得赶紧埋头苦写。那时方舟刚上一年级，几乎不会写字，妈妈要求，不会写就查字典，不许用拼音代替。就这样，8小时后，方舟400字的处女作《光荣传统》诞生了，从此一发不可收拾，于是就有了第一本书《打开天窗》。

一次学校组织春游，下午3点就放学。方舟说："我想再玩一会儿。"妈妈问："那你今天写不写？"她答："我保证写。一边玩一边写。"于是拿了圆珠笔和一个小便笺本走了。便笺本的特点是写一张掉一

张，两三个小时后，方舟抓着一大把便笺纸回来了，写了近两千字。妈妈看了又感动又内疚，觉得自己对孩子太狠了。

方舟的妈妈原来也是颇有名气的作家，一次有家杂志约她写篇网恋小说，她半开玩笑地对女儿说："我对恋爱没感觉了，要不你帮我写吧？"当时，方舟正站在梯子上找书，接过妈妈递过的纸笔，坐在高高的梯子上就写起来，半小时完成了小小说《平庸的人》。妈妈暗自赞叹："一般人肯定看不出这是四年级小朋友写的。"

从7岁到11岁，方舟写满了21个大大小小、厚厚薄薄的本子，最厚的写了5万字，最小的就是那个便笺本。这些文字都是信手拈来，在床上、地上、茶几上、膝盖上，全部手写。

小学三年级起，方舟没休过一个假期。她通常是暑假写新书，寒假修改。寒假时间短，她只是坐火车回老家吃年夜饭时休息一下，其余时间都在写作。上高中后的寒假，她连回老家吃年夜饭都不肯了，"寒假只有20天，坐火车来回两天，吃饭1天，回来要慢慢进入情节，酝酿感情，又是1天。我一共耽误了4天……"百般劝说无效，只得依了她。爸妈还是要回老家的，临走前在她身边摆满食物。方舟坐在床上连写了三天，除了上厕所，几乎没下过床，她笑称自己是"空巢老人"。

初中时，方舟在《南方都市报》和《新京报》开设专栏"邪童正史"，以另类的眼光、锋芒毕露的才气以及大胆惊人的话语风格，歪解历史小故事。尤其是每篇的结尾"这个故事告诉我们……"插科打诨，调侃古人，往往令人绝倒。有时候，方舟要在一天内交出4篇稿子，每天翻阅的史书，堆起来有一人高。而她全天都要上课，还有晚自习。

早熟的苹果好卖

"人一结婚，不出5年，男的就不敢仔细地完整地看自己的老婆了，即使看了，也不会仔细看第二遍。我找男朋友的标准，要富贵如比哥(比尔·盖茨)，潇洒如马哥(周润发)，浪漫如李哥(李奥纳多)……"(《正在发育》)11岁的蒋方舟毫不避讳"生猛"话题，一时舆论大哗。她被说成是一个"早熟"、"说大人话的小孩",甚至有人预言:"早熟的苹果不甜","早开的花早谢"。方舟则从容应对:早熟的苹果好卖。

蒋方舟的偶像张爱玲,曾以一篇《天才梦》惊世骇俗。蒋方舟亦坚信自己是天才,她说:"一万个人里,只有一个天才。剩下的人,要想引起别人注意,就只有靠吆喝,靠谄媚,靠装病态……只有确立我的天才,才能满脸安详和傲慢,拒绝叫卖,拒绝装病,拒绝讨好……"只是,天才之花亦需要汗水浇灌。她说:"我很像一个小商贩,我贩卖的是稀奇古怪的小趣味。小商贩只有不停工作才不会被老婆骂,我只有不断写书才不会被人遗忘。"

在生活中,方舟也处处泼洒着锐利、俏皮和机智的珠玉。比如走在路上,一些男女说着话从身边经过,她说:"我发现了,一男一女在一起,如果尽说些过去的事,那就是刚结婚;如果尽说些将来的事,那就是要结婚;如果尽说些别人的事,那就是结婚多年了。"《西游记》看完,她总结:"孙悟空的常用语是'妖精!'唐僧的常用语是'悟空,你在哪里——'猪八戒的常用语是'姐姐——'沙和尚的常用语是'二哥,大哥说得对!大哥二哥,师傅说得对!'——几句话就把人物个性全部概括了。"

最清醒的孩子

方舟刚刚参加了高考,她很理智:"对高考,我想打败它;我不想逃避,也没有地方逃。我是个女孩子,不能去干别的。高考对我是最有利的。"选择了走一条"名门正派"的路,但她"内心还是属于邪教的",还有一些不磨灭的棱角。

方舟上的是武汉著名的高中——华中师大一附中。数学是她的弱项,最初只能考 50 多分,连年级前 1000 名都进不了。当了半年的拼命三郎,她奇迹般地提高到了 143 分,一下子考了全年级第 8 名。

学习语文,方舟更有一套。语文课本发下来,她会抢在老师讲课之前通读一遍,然后找人讨论。有的课文只是一首短诗,或者一句引用,如果她认为有价值,就会把这个作家的作品全部找来看过。方舟说:

"考语文很简单，你一定要搞明白那个出题的人在想什么……聪明人从来不会被考试玩弄。"

高考的压力本来就够大了，方舟却在高中接连推出了两部长篇小说《骑彩虹者》和《第一女生》。写的是学校生活，依旧是文思遄飞，语言幽默机智，情节妙趣横生。

方舟的自控能力超常，喜欢制定精确细致的工作时间表，并严格执行。她天天都上网，却不上瘾，上网处理完事情，大约一小时，马上退出。宿舍的女孩大都恋爱了，只有她坚持独来独往。她说自己像学校里的训导主任，坚决反对"早恋"——"人心就像砚台一样，是有一个个眼儿的，活眼最好，泪眼混浊一些，次之。我讨厌禁闭在爱中的人，他们的心眼都被封堵住了，不是被口香糖，而是被拔丝封住了，看上去是透明清亮的，要闯进去却一身黏腥。"她还特意买了一个"百草堂"牛皮腕饰，样子十分粗犷，上面刻着一个"杀"字。她说是用来挡霉运，其实是用来挡桃花运的。

小时候的同学都是从小一起长大的，没人把蒋方舟当特殊人物，同学之间相处十分正常。但是到了高中，因为方舟的"名人"身份，同学们对她都相当客气，很少有男生主动来搭腔，事务性的对话不超过三回合就结束了。一天，方舟在校园里迷路了，遇到一个有点眼熟的男生，就问："艺术楼怎么走？"男生给她带路，同走了一段路，沉默的男生忽然说："我终于跟你说上话了！"方舟回来后，感觉挺悲凉。

一次方舟跟妈妈逛商场，远远看到同班的男生，男生似乎也看见了她。方舟说："我去跟他打个招呼。"男生忽然转身下电梯，到地下一层的餐厅去了。方舟追到地下一层，发现男生出了餐厅。方舟又追出了几条街，没有追上，她十分纳闷儿："他到底有没有看见我呀？"妈妈说："他正是看见你了，才扭头走了。都是你自己平时艳若桃李、冷若冰霜，同学都不好意思跟你打招呼……"

有时也会感觉孤独，像半夜三更被扔进大海的铁皮箱子一样。然而，方舟在脑子里已"爱"过很多次，可以说身经百战了。她写过各种各样的爱情，会给自己想象一个最好的对象，经历磨合、失望、吵架、分手

之后，再来一轮……《第一女生》是蒋方舟在小说里第一次写初恋，她写到男主角沐垂阳，自己就会脸红起来。跟人谈论起沐垂阳，脸也会红得像番茄。更有甚者，不仅是沐垂阳了，只要是提到什么男孩子的名字，不管跟她有没有关系，她就会慢慢地脸红起来。别人十分诧异，就说："你是不是宋朝的人啊？是不是只要说'男的'，你就会脸红？……嗯，男的！"蒋方舟果然脸红起来。

像许多小女生一样，蒋方舟很迷恋"超级女声"，一度还想报名参加。方舟也追星，追过柏原崇、郑元畅、福山雅治、基努·里维斯，等等，大多是眉清目秀的美少年。不过她追星很不专业，自己从来不搜集偶像的任何资料，都让妈妈代劳。

2006年10月，一家著名的时尚杂志评选最具潜力的18位未来之星，方舟名列第二。入选理由则是：中国最清醒的少年，从呱呱坠地就开始接受写作训练，身上有着"90后"少有的强烈的社会责任感。虽然年龄很小，但近十年的写作经验让她对文字的把握早已驾轻就熟。相信随着个人经历的丰富，我们会看到一个大师级的作家。

美国童星秀兰·邓波儿曾经感叹："我匆匆度过了婴儿时期，就开始工作了。"最初看到这句话，蒋方舟差点哭了，她觉得这样很幸福。当有人问她什么时候开始写作，她如是说："我从生下来，就在积极筹备写书了……我希望一直写到200岁。"

人 生 悟 语

早慧的孩子也许是上天赐予的特别礼物，但任何事情都有它的两面性。我们既明白塞翁失马，焉知非福的道理，就该防范泰极而否、当歌而哭的可悲。如果自恃聪颖而停止前进的脚步，那必然会如王安石笔下的仲永一样，沦于"泯然众人"的结局。　　(王立淇)

生命口最伟大的光辉不在于永不坠落,而是坠落后总能再度升起。

生命是有弹性的 吴小莉

警惕肥猫状态

我是 1988 年开始进入电视圈,第一份工作是在台湾华视,最初的职责是一天到晚守在电话旁等新闻线索。四年时间,凭着执著的冲劲和热情,我从一名青涩记者成长为华视强档新闻的主播。

当工作日趋顺利,我已完全掌握做电视新闻的技巧,却越来越觉得乏味。一出门就知道今天会碰到什么人,这个人会说什么话,甚至出门前就可以写好稿子,然后把访问往里头放就成了。每天例行式的出机、赶新闻、上新闻,陀螺式旋转的生活,已经成为一种习惯,领到丰厚的薪水好像成了唯一的目的。晚上躺在床上,突然就想起上大学时,台湾资深电视新闻人李四端给我们上的第一堂课。他的开场白就很吸引人:"电视记者是一份不错的工作,待遇高,也受人尊敬。以台视为例,每年年终奖金,就相当于一二十个月的月薪总和。"当时讲台下一片哗然。他的神色变得凝重,"社会上每个人都会认为你很不错。但是当每个人都来摸你的头,说你棒,说你乖,久而久之,你很容易满足现状,不思长进,渐渐会成为一只大肥猫。"

的确,这份失去了新鲜感和挑战的工作已经变成鸡肋。如果不加以警觉,贪图舒适再在华视待下去,一定会变成抓不住老鼠的肥猫。

1993 年,我果断地离开工作了四年的台湾到香港发展,成为台湾电视媒体跳槽岛外的第一人。后来很多人问我："你当时的选择很明智，这是否也是你生涯规划中的一步？"其实我并没有什么先见之明，当时站在人生的十字路口，并非没有惆怅和犹豫。

人生角色的每次转换，痛苦的剥离中自有一份期盼。人生就是一场不断抉择的游戏，有风雨有艳阳，重要的是，抉择前重重思考，决定后轻轻放下。人生的寻宝图，或许只有一个宝藏，不怕走错路，珍惜每份体验，保持好心情欣赏沿途风景。

喷水池理论

很多人都问过我是否一直像屏幕上一样总是精神饱满的，其实没有，生活工作总有不如意和失落，但重要的是，无论遭遇什么，努力保持明朗的笑容和积极上进的心态。

记得初到香港时，我刚结束一场长达 7 年的初恋。人生地不熟，又不懂粤语，连日常生活的沟通都成问题。尤其在情人节或圣诞节，我形单影只，繁华中更觉落寞。香港的工作生活节奏都很快，我也不适应，那种不合拍的感觉和噬人的孤独，让我无所适从。那时，我特别害怕下班，钥匙打开的房间空空荡荡，就是四面墙，家具一应俱"无"，只临时买了个床垫铺在地上。黄昏闻到楼下煎鸡蛋的香味，我就想到远方的家。从不失眠的我，开始整夜睡不着，频频想爬起来打电话回去，又怕家人担心，于是躺在黑暗中，一遍遍地跟自己说："静下来，静下来，都会过去的，明天太阳照样升起。"早上起来，对着镜子里的自己微笑："打起精神来，今天又是新的一天。"

有次我在某大楼的喷水池前等个朋友，看到水花不断上涌，再形成美丽的透明图案，兴致盎然。喷水池的水怎样往上走的呢？并且永远保持一种向上的姿态？是因为水流被激射出来，形成水柱，这种力量一直往上推，才让顶端的水花永远盛开。

其实，伤害和挫折并不可怕，重要的是化解痛苦，寻找来自内心的支持力量。

回望这十多年的职场生涯，走到今天，喷水池理论让我受益匪浅，是积极向上的心态让我在千变万化中葆有了希望和人生事业的恒温。

快乐地掌控当下

我在凤凰卫视主持"小莉看世界"、"时事直通车"等栏目，兼做管理工作，工作内容每天都有变化，我的任务是把每个主题做好。我热爱新闻工作，喜欢它的挑战性和变化性。至于地位、职位，全不在个人的掌控中，能掌控的只有现在，我的目标是把当下做好，包括自己的生活，这就够了。

一位传媒同仁说过一句话："一个人围着一件事转，最后全世界可能都围着你转；一个人围着全世界转，最后全世界可能都会抛弃你。"

人的成长，其实就是从简到繁，再由繁到简的过程，年轻的时候，总会想有更多尝试，恨不能抓住每个机会，吸收更多的东西。等到人慢慢成熟了，知道一个人的精力终归有限，虽心有不甘，但力所不逮，必须学会做减法。比如工作上 如果想把一件事情做通透，你必须聚集精力放在这个着力点上，坚定不移，心无旁骛。我觉得做减法的过程更不容易。现实工作和生活中，难免会有种种近期效益更明显的诱惑，这时候，人很容易患得患失，所以必须追问自己到底要什么，怎样才跟梦想靠得更近。放弃，也是为了另一种坚持。南非前总统曼德拉也曾说："生命中最伟大的光辉不在于永不坠落，而是坠落后总能再度升起。"我欣赏这种有弹性的生命状态，快乐地经历风雨，笑对人生。

人 生 悟 语

人的一生，爱过、恨过、笑过、哭过、得意过、失意过，才能感到生活的乐趣，理解生命的弹性。人不是上了发条的时钟，也不是旋转不停的陀螺。我们不能不允许自己犯错误，也不能不允许自己失败，只要生命不息，明天的太阳就会升起。有张有弛，方能看得更清、行得更远。

（王立淇）

韩寒:其实我从来不叛逆 格林

1998 年末,上海《萌芽》杂志社里,首届新概念作文大赛评审工作正在进行。安静的审稿中,一位编辑惊喜道,我这里有篇好文章。大家传阅,看罢一致称赞"特别之好",语言机智,细节精到。

真正让这个高一学生声名鹊起的,是次年的复赛。韩寒匆匆赶来时,比赛已经结束。评委随手将一团纸扔进水杯,临时命题。韩寒灵光闪烁,旁征博引,一挥而就。这就是让无数"韩粉"们百说不厌的"杯中窥人"轶事。

评委们都对那天的韩寒印象深刻:"考完了,他就静静坐到一旁看《欧洲哲学史》,一般大学生,如果不是学这个专业,可能也不会看吧?"

就这样,韩寒拿下了一等奖,一夜成名。彼时他未满 17 岁。

三　重　门

韩寒的童年在上海金山一个小村庄度过,夏天钓龙虾,冬天打雪仗,那里的广阔天地造就了他日后无拘无束、自由不羁的性格。小学时,他品学兼优,还当过三好学生,开始博览群书。他嗜书如命,常常窝在被子里,读书至半夜。父母过来逼他熄灯睡觉,他就静待他们睡熟后再拧亮台灯。不过,那时他的作文成绩并不突出,原因很简单——偏

题。试卷的作文格子根本不够他发挥，常常才开个头就只剩下四五格了，而且往往离题万里。

初中他进了县城一所不错的学校，班级是特色班。刚进去时三门功课平均 91 分，他兴高采烈地向家人报喜，肯定能进年级前 20 名。结果一看排名当场傻掉，是班级第 43 名，而全班只有 50 人。他顿感荒诞，从此断了做"好学生"的念头，"没有必要为了争一个我不感兴趣的第一去拼死拼活。"

韩寒把全副精力转向了自己钟爱的写作。一周写了十几篇小说、散文，没打草稿，也没留底稿 直接寄给了一些少年刊物。投稿的动机很单纯——缺钱。没想很快有了回音，说写得很好，决定发表。多年后提起编辑老师的知遇之恩，韩寒言语间仍布满感激。

中考前夕，韩寒恶补理科。结果，语文考砸了，原本最擅长的作文被扣去十几分，数学成绩却出奇得好，满分 120，他得了 115 分。得益于出色的长跑特长，他考进了市重点高中——松江二中。

高中要求住校，脱离父母管束的生活自由而肆意。他每天上课看书，下课看书，中午边啃面包边看"二十四史"。"扫荡"完图书馆，他又要求老师开放资料库。为了避免受别人文风的影响，他几乎不看文艺类作品，没事就爱捧字典或词典慢慢研读。

那时，韩寒骨子里的叛逆因子已初露端倪。他的文字常充满"攻击性"，几位资深语文老师都被他"笔伐"过。他还喜欢在各种书里找错误，教材里也找出不少。

像少年啦飞驰

如果止步于"新概念"获奖，韩寒可能不过就是个作文写得很溜的普通学生——中等个头，瘦削，俊朗，喜欢说点俏皮话。日后跨过求学生涯的"第三重门"——考上大学，毕业去一个公司朝九晚五，找个女朋友，一起为将来发愁。然而，他却义无反顾地永久关闭了这重门，走上另外一条人迹罕至的小路。

2000 年 5 月,韩寒早就写好的长篇小说《三重门》出版。开始只印了 3 万册,三天售罄,马上加印,很快便飙升至几十万……到现在,《三重门》正版书累计已超过 200 万,成为 20 年来国内销量最大的文学作品。

紧接着 8 月,散文集《零下一度》也面世了。一位知名文学评论家对他的作品给予了很高评价,他说,《三重门》和《零下一度》比之成年作家的作品都毫不逊色,"作品不仅感觉独到、文笔老辣,而且字里行间充满着对当下应试教育的冷嘲热讽,俨然以一个文学天才的姿态傲视同辈学子。他对自己的感觉、好恶、才华都不加以掩饰,更不加掩饰的,是肯定自我、张扬自我的特殊个性。"

韩寒对小说文字极为看重。他要求每一页、每一段都有出彩的地方。韩寒自曝写小说从不构思,通常都是一边打开电脑,一边思考今天准备写什么。接着,启开 Word 文档,便灵感如泉涌,文不加点地写下去。这种奇特的写作习惯,形成了他独特的文风,也留下难以磨灭的硬伤。

不同于很多青春作家紫丁香般哀婉缠绵的文笔,韩寒的文字更多一针见血的幽默,褪尽铅华的干净,里面则有着让人觉得特对味的深刻。用他自己的话说,就是"冷静着热情,忧伤着幽默"。

那一年期末考试,韩寒再次七门功课不及格——之前因为挂科他已留过一级。于是,他吟着"七门红灯照亮我的前程",在第二个高一还没念完时毅然退学。他自称是"上海的一块大金子",搁到哪里都能发光,无人知晓做出这一惊世骇俗的抉择背后有着多少挣扎与勇气。

接着,他坚定地依着自己儿时的梦想,做了一名自由的追风少年——职业赛车手,再次让无数人跌破了眼镜。

2000 年俨然成了"韩寒年":他不再是一个人,而成为一个炙热的话题,大家都在谈论他,研究他。他的任性被解读为"叛逆",莽撞被解读为"狂妄"。他把人们纷纭的目光踩在脚下,而这又招来了更纷纭的目光和口水。

经过多次阐释,韩寒俨然成了 80 后最具感染力的符号之一,叛逆、反传统、勇敢地自我表达等标签接踵而至,疯狂拥趸(dǔn)的追捧也随

之而来。也有人给他写信，说被他坑了，听了他的话觉得读书无用，却发现没上大学更一无所成。韩寒拒绝这种指责，他说自己说过上学无用，却从未说过读书无用；他说自己离校后更加努力，每月买书刊的钱就有一两千，每周阅读量抵得上一些大学生一学期的阅读量，再说，要学他，可以学他看书、写书、赛车，这些都不容易，而退学是最简单的事。

就这么漂来漂去

除了写作，韩寒最大的爱好就是赛车。四年赛车生涯，韩寒用心去做，拿命去搏。几乎把所有稿费都填了这个"窟窿"，甚至因此揭不开锅。写作倒仿佛成了他的谋生手段，没钱了，就写本小说。虽不免粗制滥造之嫌，却偏偏本本热卖，《长安乱》、《就这么漂来漂去》、《一座城池》、《光荣日》就是这样炼成的。

2007 年，韩寒参加了 11 场赛车比赛，都是国内顶级赛事，几乎每场都上台领奖。最后一次是场恶战，刚开始就与两辆车发生碰撞，轮胎偏转，磨损严重，方向盘也歪了。他一度以为只能退出比赛，但车还能开，咬牙挺了下来，拿到了第三名。最后，他以总分领先 1 分的微弱优势，摘下了全国汽车场地锦标赛年度车手总冠军的桂冠。

风光耀眼的荣誉背后，有着很多不为人知的苦楚。开得特别好时，你从来都注意不到掌声；翻车的时候，偏偏就能听到周围的掌声和喝彩。鲜花与美女环绕，那只是不知就里的人们的臆想。大多数时候，赛车是很枯燥的。尤其是去国外比赛时，简直比在学校里更无聊。赛场都在极其偏僻荒凉的郊区，每天早上七点多就要离开酒店。厚厚的赛服形同棉袄，加上手套、面罩和头盔，赶上去马来西亚等东南亚国家比赛，就更像进了炼丹炉。每天练习五次，每次半小时。其余时间就是反复看电脑数据，跟技师商量怎样调车。中饭从很远的地方送来，又是凉透的汉堡或比萨。

那次在泰国的比赛更是苦不堪言。赛场简陋，赛道坑坑洼洼，几乎没有缓冲区。冲出赛道就是轮胎墙，据说撞猛了还会有晕晕乎乎的大蟒蛇探出来。练完一天，手臂根本抬不起来，手上老茧破得血肉模糊，吃饭、拨电话恨不能用脚。奇怪的是，每次上车绑安全带，手好像也就伸展自如了。韩寒一路坚持，即便再苦再累，穷得换不起轮胎，也不曾放弃。

赛车和写作之外，韩寒还做了很多事。

2005 年，他在新浪网开了博客，目前访问量早已突破 1 亿。许多铁杆粉丝常常彻夜不眠，只是为了等他更新博客，好抢到第一个"沙发"。

2006 年，韩寒发行了个人首张音乐专辑《寒·十八禁》。除了两首翻唱歌曲外，其余歌词均出自他本人之手。MV 的导演也由他亲自上阵。

文风犀利、刻薄，甚至有点凶悍的韩寒，生活中却出人意料的谦和。他人缘特别好，队友知道他是作家，有时也拿他打趣："你跳到我们车队，是不是无间道啊！"

韩寒说，自己其实从里到外都很传统，既不反叛也不酷。在家一年都不会有一个应酬，不去娱乐场所，不泡酒吧。平时玩的大多是童年那些小伙伴，一起打打台球，踢踢足球。

对朋友，他够义气。谁向他借钱都会慷慨解囊，又不好意思催债，而他借了别人的钱总是一天之内就还上。对自己，他很随意。他衣服很少，夏天翻来覆去都是一种白 T 恤，简单、清爽。发型也多年不变，从未在外表上苦心孤诣。当你恭维他帅的时候，他会羞涩一笑："这是天生丽质。"

"谁都是造物者的光荣……我就是我，是颜色不一样的烟火"，韩寒在自己最钟爱的一首歌中唱道。韩寒只做他自己，独一无二，精彩绝伦；而生活中的你和我，也都应该做最好的自己。

人 生 悟 语

韩寒没读过大学，钱钟书数学考 15 分，比尔·盖茨大学肄业……怠惰的人总是能找到可以继续怠惰的理由，只有真正聪明的人能看到他们背后的艰辛，看到他们是如何坚韧不拔、如何吃苦耐劳、如何善于创新，也只有真正聪明的人才能从他们身上汲取自我成长的养分。

（王立淇）

在 2006 年 3 月 10 日那一天,我决定做一件事情,证明自己是可以把一件事情做到底的。

当年明月：坚持到底才是真英雄 佚 名

2006 年 3 月 10 日的广州，暮色已沉,27 岁的公务员石悦下班回家后，又习惯性地翻起《明实录》,心中莫名烦躁起来:读了 20 多年的历史，怎么还如此枯燥乏味？他打开电脑，忽然灵光一闪:为什么不试试重写明史？他顿感雀跃，当晚便在天涯论坛"煮酒论史"版上写下《明朝那些事儿》那段著名的开场白:"由于早年读了太多学究书，所以很痛恨那些故作高深的文章，其实历史本身很精彩，可以写得很好看……"他用的 ID,就是当年明月。

最初的痴心热爱

若不是那灵感之夜，厌倦偶然扼住了他的咽喉，明月不过会依旧顺着光滑的人生河道——读书上学、大学毕业、政府公务员、买房加薪、娶妻生子……一路波澜不宗地走下去。然而,罗马岂是一日筑成的？若你明了那一砖一瓦的坚实。

读史使人明智。一个人 5 岁就开始看历史的人，怎能拒绝内心多年累积起来的葳蕤与深邃？明月拥有的第一套史书是三卷本的《上下五千年》,在新华书店里一眼相中，爱不释手，哭闹着求父亲买下。父亲问他:"这是历史书，你喜不喜欢历史？"彼时根本不知历史为何物的小明月连连点头，坚定地回答："喜欢！"闻言，当时月薪才 30 元的父亲，毫不犹豫地掏出 5 块 6 角钱。

种下一颗花籽，开出整个春天。从此，这个有点"古怪"的孩子便整日窝在家里畅游史海、与古人神交。明月很少出去与小朋友们疯玩，唯一喜爱的游戏是安安静静"跳房子"。这套《上下五千年》他读了 7 遍，都翻烂了。11 岁后，他开始看"二十四史"、《资治通鉴》，然后是《明实录》、《清实录》、《明史纪事本末》、《明通鉴》、《明汇典》和《纲目三编》，艰深的文言文，他读来津津有味。

传统的史书，大多是竖排、繁体字，没有标点符号，没有断句，基本只记录时间、地点、事件。这样的史书犹如一具无血无肉的动物标本，空洞无趣，一般人难以卒读。据说，总共 6000 多万字的《明实录》，全国读完的不过百人，明月就是其中之一。他每天用两个小时，陆陆续续看了 15 年。

明月读书、写历史出于纯然的热爱，没有功利心，不为稻粱谋，更不想以此为生。考大学时，他选择了当时最热门的法律专业，因为"历史毕业生不好找工作"。法律当然不是兴趣所在，他硬着头皮上课，考试前才临时抱佛脚，倒也每每顺利过关。他甚至经常逃课，带上一块面包、一瓶水，在图书馆和书店里一泡就是一整天，广泛涉猎各种历史杂谈、笔记和实录。

就业，又是一次"性命攸关"的抉择。记得小时候坐在父亲自行车上，经过当地粮食局那座气派大楼时，明月就立下"目标"：去像粮食局那样的单位工作。毕业后，他如愿在广州当起了公务员，循规蹈矩地生活，月薪 5000 元，还有了广州户口。他不抽烟、不喝酒、不泡吧，除了围棋和洗澡，没有更多的娱乐，所有的兴趣都在读书上。这个其貌不扬的年轻人，只欠东风。

最后的精神贵族

"朱元璋终于说出了他的来意，既然目前你们没有主，不如跟着我

混,将来混出名堂,有你们的股份。"这般俏皮诙谐的语言,加上跌宕起伏、引人入胜的情节,以及推理、悬疑、心理分析等流行文学元素的巧妙运用,当年明月的帖子一挂,便招徕了不少目光。网友们惊叹:"原来历史也可以这么有趣!"于是奔走相告、如得异宝。连载没几日,人气便异常火暴,连一些平时不喜欢历史的人都情不自禁地来了。短短几个月,他的帖子点击量急速飙升至300万,而之前这个版最热的帖子也没超过10万。一大批忠实"看官"聚集到他周围,成为"明矾"。

白天他是恪尽职守的公务员石悦,下班后,电脑开机键一按,他摇身成为六七百年前那轮静默的皎月,照耀着遥远的时空,纵横捭阖276年,将朱元璋、洪承畴、唐伯虎们的嬉笑怒骂,凝为妙文。王朝的更替,庙堂的乱臣贼子,宦官的争权夺利……那些历史的干木耳,在他流水般畅快的文字里,渐渐鲜灵丰美起来。

写作的过程却有着莫可与外人道的痛苦——他奉上美味的瓜子仁,把剥瓜子壳的枯燥留给了自己。每天晚上,他都要忙上四到六小时,钻研堆积如山的原始资料,经过缜密的梳理、思索、加工,写成妙趣横生的千字文。他说:"历史不容许写没有根据的话,如果出现常识错误,会被人'拍'得很痛。"为了让自己平静,进入到历史状态,他常常借洗澡来放松紧绷的神经,有时一晚上能洗五六次,"把皮肤的保护层都洗坏了"。长久坐在电脑前,他的肩椎、脊椎和眼睛也受到不同程度的损害。

周末从不休息。偶尔有事,也会提早多写一些。他向来是个耐得住寂寞的人,但也有孤独得发慌的时候,难受了就打开电视,不为看,就是希望房间里有点人声,好在那暖和的背景里继续写作。再不行就中断一会儿,到人多的地方比如超市转一圈,不为买东西,只想看看那些活生生的人。

明月常常提起一位老师的话。那位老师说,做事不能坚持到底的人,不能全心全意做的人,是弱者! 他坦承自己的软弱,"之前,我做事情从来没有倾尽全力过。无论读书还是找工作,从来没有全力以赴过,也从来没完全得偿所愿过,我有时候给自己找理由,我说我自负,不需要尽全力就可以做到。其实那是骗人的,是我害怕失败。所以在2006

年 3 月 10 日那一天，我决定做一件事情，证明自己是可以把一件事情做到底的。希望当把 276 年的明朝历史写完的时候，我可以肯定地对自己说，我是一个有勇气的人。哪怕这个文章只是我一个人看，它永远不出书，我也会把它写完。然后我会把它打印出来，20 年后给我儿子看。告诉他，你的父亲是一个能够坚持到底的人。"

坚持到底才是英雄

谈及自己的通俗历史写作，明月最看重的，一是自己的感情，二是历史的人性。就像王勃《滕王阁序》中的名句"落霞与孤鹜齐飞，秋水共长天一色"，千载动人，就是因为融入了作者的感情。如果你能把自己放到历史人物的环境中去体会他的感受，就能感觉到朱元璋当年有多绝望，张居正当年有多痛苦，领会这些后就可以把自己的感情投入进去。比如他写朱元璋杀汤和前的心理斗争，就催人泪下："朱元璋不会忘记，40 年前的濠州城，一个九夫长的身后跟随着一个谦恭的千户。几十年的刀光剑影和斧声烛影，当年的朋友都远去了，有些是为我而死的，有些是我杀的，想来所谓孤家寡人，就是如此吧。汤和，活下去吧，那激荡岁月里英姿勃发，生死共进的人们，现在只剩下你和我了，陪我走完这段路吧。我很孤独！"在与经典史书迥异的叙述语气中，人性之善透过历史的灰霾放射出耀眼光芒，令一切帝王将相黯然失色，这正是《明朝那些事儿》最令人动容之处。

《明朝那些事儿》火了，许多家出版社闻风而动。2006 年 5 月底，图书出版人沈浩波在一番颇费心思的寻找后，见到了网络下真实的石悦。他是唯一一个亲自飞往广州与明月见面的出版人，双方一拍即合。9 月，《明朝那些事儿》（朱元璋卷）首印 5 万册，加印 20 万册，马上被一抢而空。其后发行量节节攀升，几乎每周都要加印一次。接下来的第二卷、第三卷、第四卷相继面世，同样叫好又叫座，销售量始终高居国内畅销书排行榜前三甲。

不知不觉，"当年明月"这个网名已成为一个极具号召力的品牌，包

括凤凰卫视在内的众多媒体不约而同将镁光灯对准了他，央视《百家讲坛》也向他敞开了大门。更多出版商踏破门槛，承诺更丰厚的利益，然而他不为所动，依然延续着与最初那家出版社的合作，他难忘沈浩波的知遇之恩——"他亲自飞到广州来，带来的不仅是合同还有认同。至少他没有怠慢一个籍籍无名的人，现在我出了名，当然也不能怠慢他。"

他盘算着将明史写成 100 万字，"写到崇祯皇帝自尽为止，南明史我就不管啦。更以后的事情，写完了之后再说吧。"

每逢有记者上门采访，明月总是友好配合，他觉得人人都是为了工作，都不容易。但鲜花和盛名下的光环并没让他丧失一贯的冷静与沉着，"大家喜欢我，是因为我的文字，不是因为我本人，我很感激，但是我其实是一个特别平凡的人。"采访中，他谈明史、谈写作，但绝少提及私事，他的人与他的博客一样低调——自从 2006 年 5 月 22 日把"家"从天涯搬到新浪之后，已接近 9000 万的点击量，位列新浪博客排行榜第四位。只是，"家"里面清洁无比，除了《明朝那些事儿》的连载，再无其他只言片语。采访完毕，他依旧安静地回到台灯下，在寂寞和痛苦中继续笔耕不辍。就像他笔下那些有缺点的英雄们一样，懂得畏惧，却能够跨越这种畏惧，明知前面有困难，还要往前走。

迄今为止，他的坚持还包括，不当专业作家——有人提出给他月薪1.5 万元，让他辞职专心写作，被他婉言谢绝了。写作是他的兴趣，只有这样，才能做好。如果把兴趣变成工作，写书也成了负担。他相信，上帝总是把成功送给那些不追名逐利、坚持到底的人。

人 生 悟 语

　　有人说，成功之路就像一架"梯子"："机遇"是两根竖木，拼搏的意志和自身的"实力"是一根根横木，两者兼有，才能到达成功的顶峰，这话说得真好。所谓的成功就是给那些为了天明而忍受漫漫长夜、于寂寞清冷中坚持固守、又在机会来临时奋力一搏的人准备的。

（王立淇）

我没法告诉你一碗米有多大价值，要看它在谁的手里。
我们应该飞扬起来，去认知心灵的价值。

替死者把好日子过下去 于 丹

在今天这个特殊的时候，来谈经典，也是希望我们可以从历史、从传统中获得力量，因为在这次大震中，我们触摸到了生命本质的脆弱、无奈和无助。但同时，我们也触摸到了人性的悲悯、信念和力量。

摘下我的翅膀，送给你飞翔

信念的力量到底有多大？报道中许多遇难的老师，他们在生命的最后一刻，都是在本能地用身体保护着学生。

保护住孩子！以命换命！这就是他们最后的信念。看起来是我们在救灾，但其实灾区的人民也在救我们，拯救我们的心，唤醒我们的慈悲，我们是被他们震撼的。这一次地震带来的苦难是空前的，但我们所看到的种种奇迹也是空前的，这也让我们重新思考生命的价值。

有一个不到 30 岁的老师叫张米亚，他的遗体被发现时是跪着的，左右手各搂着一个孩子，他当场就被砸死了，但孩子活着。老师死了很长时间，手臂完全僵硬了，为救孩子，救援人员含着眼泪把他的胳膊锯下来。

这位令人尊敬的年轻老师，生前是一个诗人，曾写过这样一句诗："摘下我的翅膀，送给你飞翔。"

我们看过好莱坞的灾难大片，但好莱坞的一流编剧们，会编出张米

亚这样的诗句吗？虚构的想象，远没生活的真实给我们心灵以更大的震撼。

通达经典，重新懂得生活

此时此刻谈传统，不是为了励志，不是为了大段地把经典背下来，而仅仅是为了找到内心的力量。

孔子被后世认为是"万世师表"，他的理想会怎么样？学生问他，他回答说："老者安之，朋者信之，少者怀之。"让所有的老人都有安顿，因为有我在；让所有的朋友有所托付和信得过我；让孩子有个榜样，有所怀念，喜欢我这个人。

这是一个圣人的理想。当我们脱下名片中的头衔，你其实就是一个最简单的人，任谁也不会脱离这三种人间关系。生我养我的父母，是为老者；我生我养的孩子，还有更多的孩子，是为少者；一生相伴相随的是朋友。可我们在生活中最容易辜负的就是这三种人，因为我们总想着要建功立业，我们有使命。

这次大震，发生在 2008 年 5 月 12 日。早一天 5 月 11 日是母亲节。让我们想想生命中还有多少个节日能与我们的父母在一起？我想，这次大震过后，很多人不会再老是说我很忙不回来吃饭了。

这场大震让我们突然体会到，有些天灾就是几分钟的事情，有些心愿要做就要做在当下，拖延一天，可能就会来不及。《论语》里面有一句特别朴素的话："父母之年，不可不知也，一则以喜，一则以惧。"孔子这话不难懂：父母的年龄，你不可以不知道，一方面我们高兴他们还在，另一方面则是害怕，是畏惧，想他们的年龄这么大了，好日子还有多少？再不孝，就没时间了

一碗米能有多大价值，要看在谁手里

大震之后，常提到一个词"灾后心理重建"。物理的重建我们都看

得见，最难的就是心理重建。孩子看见父母就血淋淋地死在自己面前，老人看见子女撒手而去，心理上会有多大的创痛！他们还能回到以前的生活吗？

"乘物以游心"，对我们每个人来说，都会有一些过不去的事。怎么办？要完成超越。如果说儒家哲学给了我们一片大地，教我们爱老人、爱孩子、爱朋友，教我们拓宽心灵，用"恭、宽、信、敏、惠"的态度去完成社会规则的认同，去承担责任，那么，道家给我们的是一片天空，要让心灵飞扬，精神自由。一个人除了要有土地，还要有天空。人顶天而立地，这个人格才能大立，要从天空上看看自己，在干什么，能干什么。

禅宗有一个故事说得好，说弟子问师傅，一碗米能有多大价值？师傅说，要看它在谁的手里。如果一个农夫加点水，蒸出来，就是一碗饭，这就是它的基本价值；如果是一位圣人，他多加一点水，熬出一锅粥，够几个人分，就比一碗米价值大；如果是一位小商人将它泡一泡，做三四个粽子卖掉，比一锅粥的价值大；如果是一位大企业家，他加点酒精，就变成了酒去卖掉，就比粽子的价值大。所以，我没法告诉你一碗米有多大价值，要看它在谁的手里。我们应该飞扬起来，去认知心灵的价值。

人 生 悟 语

像大桥连接起被割断的山峦，像阳光护着幼苗渡过黎明前的黑暗，善良的人们为生命打开了一扇窗，为未来播撒了希望的力量。摘下我的翅膀，送给你飞翔。看这遍地腾飞的翅膀，哪一个不闪烁着逝去者的荣光？高山巍巍，流水潺潺。愿死者安息，生者更坚强！

（王立淇）

我没有丝毫地兴奋，而是有着诸多的悲伤（不是悲哀），对于一个有着悠久历史的知名企业的社会责任感的丧失，对于国内企业传媒关系上的"弱智"，对于媒体"社会良心"的失落。

我为什么要公布问题奶粉"三鹿"的名字
简光洲

三鹿倒了，因为我的一篇《甘肃14名婴儿疑喝"三鹿"奶粉致肾病》的点名报道所引来的后量问责风暴。

对此，我没有丝毫的兴奋，而是有着诸多的悲伤（不是悲哀），对于一个有着悠久历史的知名企业的社会责任感的丧失，对于国内企业传媒关系上的"弱智"，对于媒体"社会良心"的失落。

说出事实，我一个晚上没有睡好

我不是患肾病婴儿的第一个报道者，此前湖北、甘肃等地有媒体早就有过多次报道，但是当说到患肾病婴儿喝的奶粉的企业时，都是说"某企业"。

我很能理解这些媒体的顾虑。

对于今日的媒体来说，他们要政治家办报，更要企业化经营。没有比报社的老总来说更难做的领导了，所有的人都战战兢兢如履薄冰，更难为他们的是，手下还有一大堆人等着他拉广告来养活。

对于今天的记者来说，在市场化的大潮与各种新闻禁锢中，早已没有了前辈新闻人及自己当初入行时的光荣感和使命感。动不动就坐上被告席的他们在强势的企业面前只不过是名招之即来呼之即去的"小记"。

9月10日，看到甘肃当地媒体关于14名婴儿可能因为喝某品牌的奶粉而致肾病报道。联想到当年安徽阜阳假奶粉的报道，感觉这可能又是一个重要食品质量安全问题。

随即联系到甘肃的解放军第一医院，医生们介绍说，以往一岁以下的婴儿得肾病非常少见，同时他们也还没有确定奶粉是不是致病的确切的原因。

因此，在采访的过程中，记者也在为要不要在稿件中直接点出企业的名字而矛盾。不过，该院的李文辉医生介绍，婴儿最主要的食源就是奶粉，另外的可能就是水质。这句话让记者对于奶粉可能就是婴儿的病源有了更多的信心。

此时，我感觉证据还不充分。8月底，湖北一家媒体也曾曝出有三名分别来自湖北、河南、江西的婴儿可能因奶粉而患肾结石，报道也没有点是哪家企业。通过朋友找到了报道的记者，得知喝的也是三鹿奶粉，只不过报社出于多种原因没有点名。

多个不同的地方出现了相同的病例，我初步判断这可能不是由于水质问题，最大的根源还是出在奶粉。于是决定写稿时直接点出"三鹿"的名字，虽然可能会面临着各种风险。

还是不放心，于是又联系到三鹿集团的传媒部求证。该公司的工作人员信誓旦旦地保证，奶粉没有质量问题，且声称最近甘肃的权威部门对其奶粉进行检验也证明质量完全合格。

在奶粉品牌中，国产的三鹿说实话并不陌生，但是对于其真正的历史还是不太了解。于是上三鹿网站进一步地了解其资料，几个信息让我对这家老牌的国产品牌增加了不少的信用度和好感：有着近半个世纪的悠久历史；占市场约18%的份额；还是神七航天员指定专用奶。

神七航天员是否真的天天喝三鹿牛奶，我看未必。从营销和品牌宣传的角度看，这点说明三鹿在品牌的宣传上还是花了不少心思和代价的。

说实话，市场化和国际化的浪潮中，一些国内的优秀品牌不是被市场化浪潮卷得无影无踪就是被国际化的潮流所吞并（如最近的汇源果

汁)或求着别人收购(如宗庆后的娃哈哈)时,三鹿仍然能够在这个浪潮中屹立不倒,让我对这个国有的民族品牌(虽然外资也有很大比例)有了更多的崇敬和好感。

因此,当做这篇可能会上企业面临灭顶之灾的报道时,我有过很多的顾虑和挣扎。我怕如果因为自己一篇可能错误的小小的报道给这家优秀的企业带来不必要的麻烦和造成巨大的损失。到时,我不但要坐上被告席,还会为千古罪人,甚至会被人扣上个被外资品牌利用打击民族品牌的罪名。

所以在奶粉与患病婴儿之间的关系的论据求证上我格外地严谨,在行文写作时自然更是字斟句酌慎之又慎。对于三鹿强调自己的"产品质量没有问题"回应,我差不多一字不落地照登。除此之外,在新闻标题里,我再次强调了三鹿公司"没有证据表明奶粉导致婴儿患肾病"的结论。

虽然意识到各种风险,但还是义无反顾地做出了"点出三鹿企业名字"的决定,否则我总感觉到良心上有些不安。我不是说我有多高尚,我只是想说出一个事实。在这个社会,面对着各种诱惑与风险,要说出一个简单的事实其实也并不容易。

在报道上版时,我脑子里晃动的都是第二天三鹿公司气势汹汹地打电话指责记者的不负责任,并要把记者告上法庭的景象。说实话,这个晚上,我都没有怎么睡好。

出现危机,三鹿缺乏协调应对能力

报道见报后,网站的大量转载让三鹿公司随即陷入一场风暴,我也做好了面临三鹿公司责难的心理准备。

11 日中午到报社上班时,同事就告诉我,上午三鹿公司打来了多个电话。

下午,终于接到了自称是三鹿公司的刘小姐又打来的电话,希望记者从网站上撤稿。其理由是,甘肃 14 名患肾病婴儿基本上是分布在同一片区（我不知道她是从哪里得出这个共同点，这些患病婴儿分布的地域可谓方圆数百里）；可能因为这些地方的水质有问题，与奶粉无关。其次三鹿的奶粉刚刚被质检合格，所以问题一定是出在患者自己身上。

当记者问：那么湖北、江西、河南和江苏等地也出现一些因食用三鹿奶粉而出现肾病的婴儿又该作何解释？难道全国这么多的省份水质都有问题？这位刘小姐支吾半天说不清楚，后称"这仍可能是与水质有关"。

这位刘小姐反问记者说，石家庄人天天吃这个奶也没有出现问题啊？

当我询问这位刘小姐大名时，回答是"就叫刘小姐"。

由于我对三鹿集团的传媒部有几个不解。

其一，这位自称是三鹿集团传媒部的刘小姐说了半天，除了对三鹿的问题奶粉调查发展到了哪一步说不清楚之外，对于同一部门的杨小姐也不认识。对此，刘小姐解释说三鹿集团很大，人很多。我真的有点难以想象三鹿公司的传媒部到底有多大，以至于和媒体沟通前都没有一个统一的认识和情况了解。

"你什么都搞不清楚，是对你们公司的不负责，你们公司要这个传媒部做什么用的？"记者超出了本身的采访职责，把这位刘小姐教训了一通。

被逼急了的刘小姐最后说，记者没有证据证明三鹿公司奶粉有问题，这侵犯了其知识产权（为什么是知识产权，而不是名誉权，还没有想通）。

其二，我很奇怪这位小姐为什么不打我手机，因为头天我已留下手机给该公司的传媒部，也是希望如果他们有什么情况需要补充说明可以随时联系上我。这说明这个传媒部的管理是一团混乱。

其三，此前一天在采访三鹿公司传媒部的杨小姐时，当记者问晚上是否能联系上这个部门，能否留下其手机时，这位小姐称自己的手机是私人手机不方便留给记者。采访过很多出了负面新闻的企业，第一次见到不愿意留下手机以方便记者联系的。

其四，9月10日，记者在采访甘肃14名婴儿因食用三鹿奶粉可能

导致肾病的稿件时联系三鹿集团传媒部,想确认三鹿奶粉是否真的存在质量问题和对婴儿可能因为吃了三鹿奶粉而患肾病的情况是否知情。

两点时打了电话,有工作人员告知要到两点半上班。怕打早了,等到三点才打。接电话的是三鹿公司传媒部的杨小姐。回答说,三鹿公司已经委托了甘肃权威质检部门进行了质量检测,结果证明奶粉质量是完全合格的。

当记者问是甘肃的什么权威质检部门?是在何时做的检测?得到的答复有些令人失望,这位杨小姐除了重复三鹿是个有多年历史的知名负责任的企业之外,对一事件进展似乎知之不多。

凭我的观察,这位杨小姐要不是在糊弄记者,就是对整个三鹿问题奶粉发展到哪一步根本不知情。

从三鹿自己公布的情况来看,在6月份时就知其奶粉可能有问题。在9月11日之前,在所有媒体的报道中还是"某媒体"的三鹿对于一些患病婴儿家长的回应如何我不清楚。但是在11日记者的报道见报后,我看到三鹿在人民网的回应中,很多话基本是原封不动地直接引用记者前一天的采访,甚至包括引号中的句子。

我啰嗦这么多的意思是,对于三鹿公司来说,在企业出现危机时,缺乏足够的协调应对能力,特别在媒体攻关方面更是"弱智"。

当然,可能三鹿并不弱智,这几天网上暴出有公关公司为其出谋划策:出300万给百度,封杀所有的负面新闻,这招也够狠,不知其实施了没。

人 生 悟 语

谎言看上去再美,也是要被揭穿的。但走在人生的钢丝上,粉饰太平容易,说出真话的确难上加难。所以当一个"有良"的记者勇敢地揭穿一个"无良"企业,乃至整个行业的黑幕,让无数人为此获得新生时,让我们为他喝彩吧!喝彩之余,不要忘了,无论企业,无论媒体,无论个人,取舍之前,都要先摸摸自己的良心。

(王立淇)

演唱结束后，从球上下来的刘欢如释重负，连热都感觉不到了。"我们成功了！"刘欢说。

刘欢：我只兴奋了一下 王小峰

2008 年 7 月 22 日，刘欢接到了一个开幕式组委会的电话，问他："明天有没有时间？来一趟。"刘欢接到这个电话后心里有些疑惑，第二天按时去了。他去的是陈其钢的工作室，进门第一件事就是签一个保密协议，现场有组委会的人在摄像记录。签完后陈其钢对刘欢说："你大概也知道怎么回事了。"就这样，刘欢成了本届奥运会主题歌的演唱者。刘欢说："我从来没想过自己会成为主题歌的演唱者。"

然后，陈其钢拿出乐谱和录音小样让刘欢听，"我当时觉得有点意外，虽然私下里也想过能不能这么做，但是没想到他们真这么做了。我曾经想过为什么奥运会的主题歌一定要像《手拉手》那样，就不能有点别的招吗？我感到意外的是，这首歌比我设想的还要安静"。

陈其钢与刘欢约好 7 月 25 日去录音棚试一下，看看调怎么定。实际上，23 日陈其钢才定了一个调，那几天刚好有过彩排，内容大面积修改，陈其钢也忙得要命，所以 25 日刘欢没有去，推到了 26 日。去了后，两人在棚里录音。

也就在这一天，刘欢知道与他一起演唱主题歌的人是莎拉·布莱曼。之后几天，刘欢在家待命，因为莎拉·布莱曼 7 月 30 日才能到北京。由于要倒时差，莎拉·布莱曼 31 日才进棚录音。

8 月 1 日，刘欢去天津参加火炬接力，然后张艺谋通知他，晚上要

和两位歌手商量一下服装问题。刘欢说："我跑完了，衣服都没来得及换，就开车回来了。张艺谋说，服装你就别管那么多了，怎么舒服怎么穿，也别管服装什么颜色，那时候就你们那地方一点事儿，100多个摄像机对着你们，怎么穿都无所谓。所以我就选了我平时演出时穿的这件衣服，觉得很自在的T恤。别的他也没说什么，只是用电脑让我们看了一下这个球预演的效果，告诉我们当时位置在哪里。"

与张艺谋确定服装后，刘欢再次进棚录音。这次录音时间较长，录音前折腾了一个多钟头，陈其钢做了很多调整，把调改了，提高了小三度。

8月2日在"鸟巢"彩排，刘欢与莎拉·布莱曼没有出现，但是他们去了现场，这也是两位歌手第一次见面，两人随便聊了一会儿，并没有做太多交流，因为组委会还是希望主题歌保密。3日去"鸟巢"，刘欢终于可以站在球上了，他在下面没感觉这个球有多大，但是球升上去后才发现很大，直径有24米，升到最高有8层楼那么高。因为球上挂着很多舞蹈演员，演员一动，球也跟着振动，本来升得那么高就很不容易了，加上这一动就更困难了。后来刘欢与莎拉·布莱曼又去适应了三次，刘欢说："排练上下场，我们这个节目之前是活字模，每个道具1平方米，竖起来一人多高，一下场，有860个这样的东西得从通道里出去。他们不出来我们进不去，过道里挤的全是这个，所以得在边上等他们出来我们好上那个球。那里面太小了，非常热。后来演出那天才确定让我们不要早进去，让那800多人全出来后我们再进去。刚开始因为要搭一个桥上到球的中间，他们担心时间不够，但是调整后发现时间其实还是够的。即使做了调整，那天也是热得一塌糊涂，那下面至少比上面温度高了五六度。等到了上面盖子一开，呼一下，立刻凉快了不少。"

几次正式彩排，刘欢和莎拉·布莱曼都没有唱歌，彩排时也没把歌曲放出来，只是用了一段大提琴和小提琴的旋律代替。等观众都散去后，刘欢才进去。

谈到得知自己演唱主题歌后的反应，刘欢说："说实话，我只兴奋了一下，因为我根本就没往这方面想。前半年我一直在美国上课，孩子也在那边念书。暑假回来是因为孩子参加了奥运志愿者想回来，我就跟着一起回来了。我在网上订了一大堆奥运门票，结果就中了两个签，本想回来看看比赛，也就没别的事儿了。中间我倒是也回来过两次，一次是倒计时100天，为《北京欢迎你》在美国录了一句歌，回来参加演出。就想着倒计时完了也就完了，看看电视就行了，所以，根本就没往那上面想，没想到会选我。我兴奋了一下之后觉得，第一，我不知道这歌儿是怎么回事，唱歌的人第一反应是这歌好不好，要是万一歌不好，我还不好推辞，这可怎么办？第二，这歌还有一个基本认同问题，不像我自己录唱片，自己喜欢就行。这不是一个个人行为，听到这首歌时，虽然有点意外，心里反倒踏实了。这首歌旋律朴素、简单，简单到纯粹，基本上都是和弦音了。之后就是磨合，找到导演想要的，张艺谋也好，陈其钢也好，他们想要的就是这么样一个东西。这首歌很好学，很好记，但是唱好了很难，1分钟60拍很慢，莎拉后面唱的还好一些，我这前面就是一个钢琴，而且这钢琴就小心到生怕多弹一个音。"

8月6日，刘欢最后一次彩排。

关于这首主题歌的保密，刘欢有他自己的看法："关于保密，我个人觉得是一个损失，它的保密一开始可能有某种考虑，后来为了这个考虑就不得不保密下去，我也不太清楚。总之他们希望这首歌是开幕式大东西里面的一部分，但我觉得你早晚要把它单独拿出来当成一首歌曲让大家去认同，而且为了保密前面损失了这么长时间宣传奥运歌曲，如果倒计时100天把这首歌推出来，大家很容易接受。现在你指着一个晚上让大家接受，挺难的，而且这首歌在演唱时一半时间被解说的话压着，肯定受影响。"

8月7日晚，刘欢把手机关闭，睡了一个好觉，一直睡到8日中午12时多。起来后，助手给他打电话，告诉他全体演员都要到工人体育场集合，集体安检后，上穿梭大巴，每个大巴上有一个安全员，上了大巴后就不能下来，大巴一直开到"鸟巢"中心区，于是15点多刘欢就到了"鸟巢"。刘欢与郎朗在一个休息室，两人没事闲聊了5个来小

时。组委会给刘欢准备了一条金辫子，于是刘欢一直鼓捣那个金辫子，后来他想，反正这首歌也不是在上面特折腾的那种，搞不好弄半天谁都没看见。

因为"鸟巢"下面很热，刘欢不敢过早化妆，"我一直到比较晚才开始化妆、换衣服，弄早了一出汗全都完蛋了。我20点半左右把衣服换上的，通知我提前半小时候场。那个梯子谁也没办法，只有舞蹈演员把梯子搭好让我们上去就位，把梯子撤掉后，他们才能挂好自己的钩子。所以我们也不能出去太晚，太晚他们来不及了。20点半我换好衣服，大概差10分钟21点我出去了，看见莎拉，她带着英国来的化妆师、经纪人什么的，我们也没做太多交流。"刘欢说，"我们前一天因为怕没地方待，还找了一个通风管的机房，虽然房间噪音很大，但是稍微凉快点，本来想在那儿先躲一会儿，结果刚进去没5分钟就让我们上去了，莎拉先上，然后我上去。"

刘欢上去之后和莎拉·布莱曼说的第一句话是："热啊！"

"真的是热得要命，只能站着忍着，我们俩又过了一遍词，衔接上适应一下，虽然上去过3次，但是每次转一个身都得小心，球在晃，我们站的地方又很小。我们身后为了安全还挂着一个保险的钩，下面有一个很细的铁管，上面有一个锥子，有个圈，我们唯一能依靠的就是它。我看那小管也挺细的，那球要真翻了谁也拿不住谁。在那上面转身都要小心，不能转歪了，如果想转过去和后面的观众打个招呼都还得量好了脚底下的距离，不然转不过去。之前他们还给我们打了招呼，说如果下雨还给我们准备了雨衣，两个人的雨衣是连在一块儿的。这雨衣我也没见着，我问干吗要连一块儿，他们说前几天彩排时下过雨，下完雨的结果就是盖子上全都是水，忽然一开的话，'哗'的一下，是俩瀑布，好几吨水就全流下来了，正好是我们俩站的地方。所以我一直很担心，还好没下雨。其实工程部门是最紧张的，因为场地中间那块可变的LED实际上下面是一个个小LED拼起来的，下雨容易漏电，他们曾经在排练时因为下雨漏电，有一个小局部还着过火。后来他们查了所有的隐患，但是不能故意用水去试，也很难有保障。这次这里坏了修好了,下次哪一块儿坏就不知道了。"

演唱结束后,从球上下来的刘欢如释重负,连热都感觉不到了。"我们成功了! "刘欢说,"说实话,我的感觉都没那么强烈,因为我们进入非常晚,就是来回磨合了几次。我看下面那些舞蹈演员,下来后等到盖一合上,全都拥抱在一起欢呼,他们都折腾一年了,坚持到最后,没人受伤、没出毛病、节目没被砍、演出没出娄子,全部成功了,真是很不容易。那么热的天,他们穿的衣服只能让你看到人形,脑袋都包起来了,就露一小脸,我真的感觉他们太辛苦了。"

出来后,刘欢给家人打了两个电话,但是都没打通,因为不久就放烟火,什么都听不到。然后,刘欢接到通知,去参加新闻发布会,发布会结束后,他在发布会现场一直等到看完火炬点燃,然后找到一个有通行证的车,在体育场里绕了半天,终于回到了家。回家又看了一遍开幕式重播,凌晨三四点钟,他终于可以休息了。

人 生 悟 语

　　当幸运的光芒照耀着你的时候,别忘了还要接受雨雪、风霜的洗礼,这样一颗小小的幼苗才能够渐渐枝叶繁茂,最终成长为一棵苍天大树。如果我们的努力无法持之以恒,以为自己已然成功,那么这种成功只会如烟花般转瞬即逝,消散殆尽。所以,当幸运来临,请用你的努力紧紧抓住它。

(王立淇)

有一个舞台叫体坛

第二辑

在万众期待中，2008年夏天，第29届北京奥运会终于华丽降临。北京用热情、中国风、宽容和奇迹把"更高、更快、更强"的奥运理念全新演绎。于是，耀眼的光环呈现给世界，宽阔的胸怀容纳了世界，圆满的结局留给了世界——而那个叫体坛的舞台，一直在重播着那些最绚丽的记忆画面……

现在的李宁，已经不会重返赛场，但是他的内心却永远装着一个运动员李宁。这个李宁从未改变过自己的理想和信仰，那就是：中国体育，中国精神！

原来是李宁 斯 宇

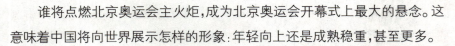

李宁不仅象征着更高、更快、更强的体育精神，还象征着改革开放30年来不屈向上、百折不回的中国精神。他从一名退役运动员，成功地成为一名体育商人，这一转变也恰恰阐释了中国30年来的变化。

13亿人的悬念

谁将点燃北京奥运会主火炬，成为北京奥运会开幕式上最大的悬念。这意味着中国将向世界展示怎样的形象：年轻向上还是成熟稳重，甚至更多。

8月8日23：55，一位个子不高、面容敦厚的中年男子接过了国家女子排球队前队长孙晋芳手中的火炬。

这是一位跟拳王阿里、飞人乔丹一样能代表20世纪全球体育的人，14块金牌、106块奖牌也使他对中国体育的贡献无人可比；同时，他又是一名慷慨赞助中国体育事业的成功商人，他和他的家族拥有中国本土最大体育用品公司超过67％的股份。

他就是李宁。

开幕式三天后的美国《华尔街日报》这样写道："虽然并未蜚声国际，但李宁不仅代表了中国往日的体育成就，也象征着今天的经济改革；正是这样的改革改变了中国。"

一飞冲天与冲天之后

李宁的出现，并没有让开幕式所有的悬念结束。

忽然之间，右手高举火炬的李宁左手扶着腰，飞了起来，垂直上升后停在巨大的祥云幕墙前。

8月9日，李宁接受媒体采访时表示："当时感觉重新回到了领奖台上。"

对李宁来说，那是24年前的辉煌时刻。在1984年第23届洛杉矶奥运会中，李宁拿下3金2银1铜，创下了单届奥运会奖牌和金牌数的纪录。李宁在世界体坛的崛起速度之快可谓一飞冲天。1963年生于广西的李宁，7岁开始练习体操，17岁进入国家体操队。1981年他获得了世界大学生运动会男子自由体操、鞍马、吊环3项冠军。1982年第六届世界杯体操赛上，李宁一人独得男子全部7枚金牌中的6枚，创造了世界体操史上的神话，被誉为"体操王子"。1986年，他获第七届体操世界杯男子个人全能、自由体操、鞍马三项冠军……国际体操联合会以他的名字先后命名了多个动作。1999年，李宁被评选为"二十世纪世界最佳运动员"。

李宁的"一飞冲天"并不是运气使然。在体育中，李宁从来都表现得毅力惊人。1980年，他随国家队前往莫斯科参加第11届世界体操锦标赛。离比赛仅有3天之时，大雪纷飞，李宁去适应场地，右脚踝严重扭伤。队里决定将他撤下。报名截止的凌晨，他跑到教练面前，从凳子上往下跳，然后用受伤的脚做单腿平衡和深蹲。这打动了领导，如同大家期望的那样，李宁最终上场并拿到冠军。国际体操裁判委员会副主席如此评价李宁："你的自由体操，世界第一，你的意志，也是世界第一！"

然而，一飞冲天后，一旦跌落，会是怎样的伤痛！"在这个世界上，我的痛苦超过任何人。"1988年汉城奥运会败北后李宁如是说。

因为伤病，1986年李宁提出过退役。但是被教练组劝留，青黄不接的中国体操队希望他负起带新队员的责任。在全国人民都在期待李宁扬威汉城的时候，他失败了。吊环比赛，他的脚挂在了吊环上；跳马比赛，落地时他坐到了地上。但在当时最不能让国人接受的是他留给赛场的最后一个表情竟然是一个笑容。"体育比赛总有成功和失败，这很正常，人不能因为失败就显得狼狈不堪。比赛里我总是喜欢笑，这场比赛我也一样地笑。"随后嘲讽声叫骂声铺天盖地而来："输了还笑，丢尽中国人的脸！"一封观众来信里装了一根挽好的塑料绳扣："李宁小伙子，你不愧是中国的——体操亡子，上吊吧！"

而之所以哭，因为"最后一场，一切失误都不可能再去弥补，都成为永远的遗憾"。

从汉城回国后，李宁由一个英雄顷刻间变成一个辜负了祖国、人民期望的"罪人"，他的内心压力巨大。这种大起大落的经历让李宁看透了世间百态，"那个年代的中国人，需要的是金牌，而不是体育本身"。这让当时的他非常灰心。

极端的环境，迫使一飞冲天后停下的李宁放弃了退役运动员的惯常选择——从政或者当教练员，李宁选择的是"转身"。

人生大"转身"

停下来的李宁，拉了拉身上的一个机关，身体倏地转了过来，变成了踩在祥云之上。机器的掣肘，使得"体操王子"的转身，少了一点体操中平衡柔和的美，但很稳。侧身之后，李宁迈开了脚步，祥云幕布则随之环绕鸟巢渐次打开。

这短短的3分钟路程，李宁跑得并不轻松。但李宁的步伐渐渐迈得越来越娴熟，更高、更快、更强的体育精神得到淋漓尽致的展现。

1988年从汉城回国下飞机时，获奖者直奔接待大厅接受欢呼簇拥，李宁却在十几米外独自走了一条从未走过的灰色通道。他说，这是一条"世态炎凉之道"。而当时，原健力宝公司总经理李经纬拿着一束鲜花适时出现在那条机场小道。从此两人成了知己，以及后来的商业伙伴。

第二年，李宁成了李经纬的特别助理，开始学习商业。他负责健力宝公司的品牌宣传，并建立了一个以李宁命名的服装品牌。李宁用他的关系网及名人效应,帮助健力宝逐步壮大。

1990年,北京亚运会火炬传递。买断火炬的传递权需要300万美元,日本的富士、韩国的三星纷纷表示兴趣,健力宝却只能拿出250万,事情一筹莫展。李宁找到火炬处处长,谈起自己办服装的初衷——让中国运动员穿上国产运动服,谈到领奖台穿外国品牌的尴尬,最后还谈到"唯利是图"的尤伯罗斯——第一个将奥运变成商业的美国人,就是他唯独把奥运火炬传递权留给本国企业。"在爱国主义面前,难道我们还比不上尤伯罗斯?"处长被感动了。这样,李宁拿到传递权。整整一个月,李宁牌随着火炬在中国流传了一个月。25亿中外观众知道了健力宝和李宁牌。

李宁个性朴实,态度温和,在某种意义上说并不适合经商,但他能够把有才能的人聚集在他身边,为他所用。1992年,李宁自组李宁公司,主要经营体育用品。公司每年销售收入都在翻番,1996年收入6.7亿元,稳稳坐牢了中国体育用品行业第一。

当李宁公司再度面对北京奥运赞助争夺战之时,以8亿之差输给了阿迪达斯。但是李宁这次另辟蹊径,在2007～2008年间为中央电视台体育频道所有主持人、记者量身打造专业的采访服装,也就是说"李宁"只是换了种方式出现在电视转播画面中。

李宁公司2007年年报中显示,其营业额增长至43.5亿元,位居中国市场第三,其17%的市场份额与耐克和阿迪达斯的差距已经缩小。

世界沸腾了

三分钟的祥云迈步后,李宁到了引燃棒前,略微的停顿之后,点火!巨大的祥云火炬轰然照亮了整个鸟巢。

2008年8月9日零时之后,李宁公司可能不需要再为李宁及公司的知名度担忧了。李宁点火使得李宁品牌不再是一个简单的LOGO,不再是无数的中国品牌之一,而是变得生动立体,成为中国民族品牌的代表。

　　李宁自认不是一个标准的商人，他做企业，更多是希望中国有自己的体育品牌，希望为中国的体育事业做点什么。他担任主席的中国运动员教育基金会的目的是帮助运动员获得体育以外的专业知识和技能，李宁太明白运动员退役生涯的艰难了，他要为他们做些事情。他套现自己手里的李宁公司近亿元港币的股份用于培养年轻运动员。广西李宁基金会，创办多年，捐款 3000 万元以上。在得知参加北京奥运会的德国体操选手丘索维金娜为救治自己患白血病的儿子，以 33 岁的高龄继续拼搏赛场的消息后，李宁代表李宁基金会捐款两万欧元，这可能是第一家为她捐款的中国基金会。李宁还成立了"广西大学李宁助学基金"和以他母亲名字命名的"振梅基金会"，都捐款不菲。而这些都没有出现在李宁公司的宣传册上。

　　8 月 24 日，奥运会闭幕，李宁又会前往佛山参加在他心中同样重要的比赛——李宁杯全国少年儿童体操锦标赛。1998 年佛山体育学校落成之后，这项每年至少花费 25 万元的比赛一直没有间断，目的是为了让更多的孩子接触和了解体操。

　　现在的李宁，已经不会重返赛场，但是他的内心却永远装着一个运动员李宁。这个李宁从未改变过自己的理想和信仰，那就是：中国体育，中国精神！

人 生 悟 语

　　许多时候，我们总是过分沉浸于个人的喜怒哀乐之中，过分执著于一己的人生沉浮。而那些真正成功的人，是无论经历多少的人生风浪，都一如既往满怀希望的人。那是因为，在他们的背后，有一个更强大的精神支柱，那就是国家、民族，就是生命绵延、民族振兴的历史使命。拥有这样的豪情，才能最终在历史的长河中闪烁熠熠光辉。

（毛文丽）

如今获得奥运冠军，陈燮霞的最大心愿是什么？"回家！我都很长时间没有回家了！"她迫不及待地说。

陈燮霞：光荣的荆棘路 阿 东

北京奥运会中国首金上陈燮霞成了家喻户晓的明星。然而，这位南国女孩一举成名后，依然保持一颗平常心，依然像往常一样微笑着面对身边的每一个人。

圆圆的脸，憨憨的笑，眼前的陈燮霞更像是一个邻家女孩。无论是比赛前，还是夺金后，她一直都没有谈压力。可是，从入选奥运阵容那一天起，其实她和整个女举队就已经背上了巨大的压力。这压力来自夺金的重任，也来自对手的神秘，同样还来自4年前的"意外丢金"事件。

分析各国选手近两年的大赛成绩，陈燮霞的实力绝对超越对手。然而，上届奥运会塔伊兰"爆冷"战胜李卓的场面，至今还历历在目，因此不管是陈燮霞还是女举总教练马文辉，任何人都不敢大意。更让人心里没底的是，土耳其的塔伊兰和厄兹坎飞抵北京后立即高调训练，厄兹坎甚至主动向媒体声称，训练成绩已达到总成绩222公斤——比世界纪录还高5公斤。

"赛前面对这些情况，难道一点压力也没有吗？"有人问。

"去想就有，不去想就没有。我感觉许多时候，举重运动员就是在跟自己比。"陈燮霞的回答让人明白了她为什么会如此强大。

陈燮霞在比赛中充满了豪气，成绩一骑绝尘。爽朗的性格，超强的能力，再加上她在登场时那声清脆的呐喊，所有一切显示，她已成为比赛的主宰。

"当时教练已经为我分析了对手的情况,她们扬言能举 222 公斤只不过想让我们自乱阵脚。我们并没有上当。赛前,教练就说她们肯定过不了 200 公斤的,我们要以自己的节奏去比赛。"她的自信完全来自实力。

"阿霞的表现实在是太完美了",女举总教练马文辉用这样一句"最高级"的评价褒奖自己的弟子。事实上,抓举、挺举一共 6 次出手全部成功,而且都比较轻松,在奥运会这样的比赛中实属罕见。

平淡的履历,普通的外表,乍看上去陈燮霞并无过人之处,但正是这个身高 1.50 米的"小人物",却在最近两年内接连创造奇迹。奇迹的背后是十年如一日的苦练,陈燮霞说:"为了实现自己的最高梦想,我整整 10 年都没有回家过年了。"

陈燮霞在 9 岁那年选择了举重,从那一刻起也就意味着,她同时选择了劳累、孤独与漂泊。

在广东番禺体校,她每周只能回一趟家,坐车 40 分钟,途中还要搭一趟轮渡。而爸爸总是在渡口的那一头等她,骑自行车载她回家。

"心中有梦想,所以再苦再累,感觉也值得。"回忆起往昔岁月,陈燮霞感慨颇多。

陈燮霞小学毕业后,启蒙教练黎炳明把陈燮霞等 5 名"高徒"送到广州伟伦体校集训,孩子们最终都幸运地被录取了。黎炳明内心充满了矛盾,一方面,学生们总算找到"下家"了;另一方面,"铁打的营盘流水的兵",他从此将和那几个朝夕相处了 3 年的孩子分离了。陈燮霞进入伟伦体校后,一个月甚至两三个月才能回一趟家,与家人相聚的时间比以前更少了,与黎老师更是很少有机会见面。然而,她还是时常会打电话问候,有时也会就举重的技术问题求教。好不容易回趟家,她也总会抽时间登门拜访恩师。

从 1998 年进入广东省体校到 2007 年进入国家队,整整 10 年,陈燮霞从未回家过年。尤其是在进入八一队后,她成了一名军人,纪律更加严明,自从前年的全国冠军赛后,家人都已经两年多没见她了。19 个

月大的侄女从没见过姑姑，陈燮霞的爸妈只能拿着报纸上的图片指给孙女看："孩子，这是你的姑姑。"

陈燮霞第一次出现在中央电视台的直播画面里，是在 2007 年的世锦赛，那也是爸妈最近一次看到她。只要体育频道播放奥运专题片，爸妈都会抱着孙女一起看，从中寻找女儿的身影和笑容，感受英雄女儿的骄傲和荣光。久而久之，侄女还真的能辨认出姑姑了。每次在电视里看到姑姑，她都会露出一副兴奋的表情，并不停地学爷爷的口吻高喊："加油！加油！好！"

陈燮霞是大器晚成的选手，很长一段时间，她只能生活在一些大牌明星的影子里。可是，凭借着十年磨炼的执著，她在最近两年脱颖而出。去年短短一年中，她"连升三级"，以秋风扫落叶之势横空出世。在不被外界看好的情况下，先拿下亚锦赛冠军，随后在泰国清迈世锦赛，一举囊括 48 公斤级 3 枚金牌，总成绩比亚军高出 18 公斤，同时打破了杨炼保持的挺举世界纪录。

2008 年 4 月的全国举重锦标赛上，陈燮霞以 213 公斤的总成绩力压杨炼夺取冠军，这让她在出征奥运会的激烈争夺战中抢得先机。"我知道参加奥运会的机会太难得了，所以我特别珍惜，绝不能让所有关爱我的人失望！"她这么说，也这么做到了。

如今成为奥运冠军，陈燮霞的最大心愿是什么？"回家！我都很长时间没有回家了！"她迫不及待地说。父母做的可口饭菜，屋外的香蕉林，以及家乡特有的温馨在这两年里一直是陈燮霞萦绕在心头的记忆，也经常成为她夜晚甜美的思念。

人 生 悟 语

成功从来不是一蹴而就的。走过了荆棘丛生的岁月，当成功的光环笼罩着我们时，别忘了体味额角残留的汗水的苦涩；也别忘了告诫自己，尘埃落定，最大的收获，乃是清风甘露的沐浴和那一份从容不迫的淡定。

(毛文丽)

为了这一天，他苦练体操23年，等待9年，但当扬威世界的喊声响彻中华大地之时，他觉得，所有的苦，所有的痛，都是值得的。

杨威：十年磨一剑的扬威世界

山水梅子

2008年8月14日，在第29届奥林匹克运动会上，中国体操队队员杨威以领先对手3分的优势，以近乎完美的发挥毫无悬念地夺得了期待已久的奥运会男子体操全能冠军。站在世界体育的最高领奖台上，要强的杨威洒下了激动的泪水。为了这一天，这一刻，他付出了23年的努力，为了实现奥运全能梦，他等待了整整9年，其间无数的辛酸与眼泪，无尽的挫折与酸楚，不是每一个人都可以选择独自啜饮……

被远房表哥选中，开始了个人体操的艰苦训练

5岁时，杨威就被招进了湖北省仙桃市业余体校。那时候，刚开始当体操教练的彭友平到幼儿园挑小孩儿，一下子就看中了小杨威，觉得他小身板儿既匀称又灵活，于是，他就写了张纸条给孩子，让他带回去给父母。纸条上写的是让杨威父母送孩子来练体操。当时，彭友平并不认识小杨威，直到杨威的爸爸妈妈送他来体操学校，双方这才知道大家原来是亲戚，算起来，小杨威是彭友平的表弟。

跟着表哥练体操，小杨威并没有得到任何的优待，反而因为自己的腿形受了不少苦头。别看小杨威的上肢很匀称、也很有力，但是他却生有一双"马腿"。这个"马腿"的意思，可不是说他的那双腿很有力量，适

合跳马,而是说他的腿长得跟马腿一样膝关节突出,而且腿形不好看。体操运动是讲究力与美结合的运动,如果不及时纠正小杨威的腿形,将会直接影响到他此后的运动生涯,甚至直接断送他的前程。为此,彭友平决心想办法纠正他的腿形。因此,杨威每天比别人多了一个训练任务,那就是让彭友平坐在自己的腿上练习压腿——一个五六岁的孩子,双腿间承受着一百多斤的成人体重,其耐力和艰辛可想而知。起初,小杨威还有点儿抵触情绪,他没想到教练对自己这么狠心,但是当他知道教练是为了自己的体操前程考虑时,也就能慢慢接受了。就这样,不爱说话的杨威默默地承受着比别的小朋友更多的痛苦。一年后,他的一双"马腿"逐渐有了改善。

随着年纪渐长,他的各项体能和单项训练成绩均达到稳定,9岁那年,他被挑进了武汉体育学院体操班。第二年,他被选进湖北省省队,6年后,他正式进入国家队,成为我国体操队伍中的种子选手。

少年不知愁滋味

1999年秋天,杨威参加了天津世锦赛。在此前的多次赛事中,杨威均表现出色,且取得了骄人的成绩。所以,在参赛前,成为世界冠军,扬威世界,在自信满满的杨威看来是顺理成章的事情。但遗憾的是,在那年的体操全能比赛中,他因为出现了严重的失误,与奖牌失之交臂。那时候的杨威,才19岁,他对全能冠军还没多少概念,多少渴望。他没有想到,这个开头的失误,成为弥漫在他心头长达9年挥之不散的阴影,也注定了他在追求"全能王"上的无限艰辛。而当时,对于第一次参加世锦赛就如愿拿到冠军的杨威来说,内心的兴奋、激动远大于其他——世界冠军可以来得这么轻松,全能冠军恐怕也不远了!

没错,机会多的是。2000年的悉尼奥运会上,由他率队的中国男子体操队一上场就出现多次失误:体操队多名主力在自己的冲金点上没能晋级决赛,中国体操队原本最保险的男子跳马金牌,还没开始正式争夺,就没有了;当然那天他们的失误还不止这些。这支最被看好的队伍，预赛仅仅排在第二位。不过还好，这样的混乱仅仅持续了一天，到了决赛，杨威他们又振作起来了，在悉尼体操男团决赛中，杨威领队的中国男子体操队终于拿出了气势，顶住巨大的压力一举夺取了男团冠军。

团体夺冠，杨威紧张的情绪得到一定的释放，但他并不能因此就松掉一口气，因为接下来，他还要独自面临全能之战。比赛前，杨威特别整理了一下自己的思绪，对自己说，只要把平时训练的水平最好的一面展示给观众就可以了。

那场比赛，杨威表现得很不错，他几乎把自己平日所学的最高境界都淋漓尽致地展现了出来。可上天又是如此的刻薄，应了三国中的一句话："既生瑜，何生亮？"尽管问心无愧，但杨威最终还是稍逊俄罗斯选手涅莫夫一筹，拿到了银牌。面对第二的结果，很多人认为杨威失利，但他却对此十分满意。

失之毫厘，去之千里

如果说1999年与全能王失之交臂，是懵懂，2000年，是满足，那么，到了2001年，以及此后的几年，对杨威来说，那才真的是一场场泪与血的洗礼……

2001年世锦赛，因为备战全运会的缘故，中国男子体操队没有派主力参赛。冯敬奇迹般地拿回了全能冠军，这无疑给了杨威一个刺激、也给了他动力："冯敬能拿全能冠军，我也能拿！"

再次征战全能决赛，是2003年世锦赛的事情了。那一次，杨威是带着必胜的信心去的，中国军团的所有希望都寄托在他身上，实力加信念，他相信自己可以将梦想变为现实。可是，他却没有想到，此时命运开始不垂青他了……

在这次世锦赛上，杨威战胜了来自外界和内心的压力，战胜了感冒、脚伤带来的困难，战胜了艰苦的比赛过程，他非常完美地完成了自己的全能比赛。当最后一项自由体操结束后，他兴奋地挥了挥拳头，觉

得自己的那口气终于完全抒发出来了。

接下来，杨威要做的就是等待。当夺金劲敌美国的保罗·汉姆稳稳落地的一瞬间，杨威心里的全能梦再次遭遇了彻底的粉碎。一次又一次的狭路相逢，一次又一次的失之毫厘，几乎就要到手的金牌再度被他人摘走，坚强的杨威当场掉眼泪了，没有太多的委屈，只是觉得付出没回报，只是觉得没能证明好自己。应该好好调整一下了，从赛场归来，杨威选择了去旅游，给自己一个短暂的假期，为了来年的雅典能够站上冠军领奖台。

2003年，杨威的所有世界冠军都来自团体项目，从没有拿过一次个人金牌。他做梦都想拿到一块属于自己的个人金牌。

十年磨一剑，问鼎最高峰

所谓十年磨一剑也不过如此，面对世界顶级对手的虎视眈眈，杨威知道，自己除了苦练基本功，没有其他的方法。于是，在此后的几年里，他把训练馆当家，把所有的精力都扑在练习上。对于一年才回两次家的杨威来说，看在眼里的人都说："古有勾践卧薪尝胆，今有杨威尝胆卧薪。"因为长期见不到男友，女友杨云甚至有一次无限辛酸地对杨威的妈妈说："每次看到小区里那些牵着手一起散步的情侣，我的眼泪就刷刷刷地直往下掉。"

而此时，在训练场挥汗如雨的杨威正在心里默默发力，他一定要拿下这块全能金牌，献给所有爱他的人以及他爱的人。

可是，谁也没能想到，2004年的雅典之战却几乎成了杨威个人运动生涯的滑铁卢。杨威自己也说不清楚，为什么一向顺畅的体操之路会突然间变得坎坷起来，或许是内向的他，背负了太多人的希望，忽然间有些承受不起……经过了2003年阿纳海姆的波折，杨威心里有了一个结，他对全能冠军的渴望超过了以往每一次，却没有想到在雅典，他竟然遭遇了最痛彻心扉的失败。

参赛前，杨威把自己的心理素质及身体素质都调节到了最好状态，对于全能冠军,他志在必得。可命运在此时,却偏偏给他开了一个很无奈的玩笑,在比赛中,身经百战的杨威居然在表演单杠项目时,侧身翻转720度,一时失手,几乎整个人掉落在地——全能冠军之梦再度破碎,而谁又会理解,原因却是连训练时都极少出错的失误……那一次,杨威的自信心遭遇严重的挫败,他把自己关在家中,茶饭不思,第一次萌生了退意。这是自然而然流露出来的想法,他觉得,自己既然在最高峰上都难以问鼎,也许真到该离开的时候了。

可是,困难并没有将杨威彻底打垮。在女友杨云和家人的支持下,杨威决心向奥运全能王继续发起冲击。2006年,杨威的春天再度来到。这一年,他终于获得世锦赛全能冠军,并于2007年蝉联冠军。

2008年8月,这一次,杨威心中的奥林匹克之火在北京熊熊燃烧。他在心中暗暗立下誓言,这次,一定要在家门口拿下奥运会的体操全能冠军。

果然,在2008年北京奥运会上,他积蓄多年的能量一下子爆发出来。在男子体操的6个环节中,杨威一路遥遥领先,最后以94.575分的高分战胜了所有对手,以近乎完美的发挥毫无悬念地夺得冠军,实现了自己的奥运全能王的梦想。

尽管,为了这一天,他曾无奈地背负"千年老二"的帽子,他苦练体操23年,等待9年,但是当鲜花和掌声一齐袭来的那一刻,当扬威世界的喊声响彻中华大地之时,他觉得,所有的苦,所有的痛,都是值得的。人生,因拼搏而精彩!

人 生 悟 语

　　山脚下的花海一片固然美丽,然而,矗立于山峰的花树一枝才足够惊艳!人生的高度就在自己的脚下也在每个人的心中。无论心中的山峰有多么遥远,一步一步去接近那个属于自己的最高峰,才有机会在满天璀璨的星光之中傲然绽放。生命也因此而变得更加精彩。勇者不惧。

(毛文丽)

当勤奋成为一种习惯，汗水就是最好的注脚。王励勤的成功更多地依赖于自己付出的汗水。

王励勤：当勤奋成为习惯 逄 伟

一

下午 6 点，在一家五星级酒店里，我们的拍摄小组早已准备就绪，只等主角的登场。这时，刚刚结束训练的王励勤累了一整天，刚回到市区就马不停蹄地赶来，甚至连训练服都没来得及换。

"不好意思，让大家久等了。今天给自己加了点量，所以晚了。"虽然满脸倦容，但他却礼貌谦逊，丝毫看不出任何"男乒一哥"的架子。

运动员的生活紧张而忙碌，明天等待他的仍然是艰苦的训练，而且过不了几天就要出国比赛，时间对他而言，远比对股票交易所的理财师更为珍贵。

西装加身之后，王励勤完全是另外一副模样：英俊，潇洒，略带书卷气。1 米 87 的身高，俨然一个职业模特。连我们的摄影师都啧啧称赞："拍过这么多职业模特，没想到运动员穿西装，丝毫不亚于那帮意大利帅哥。"

或许是第一次拍摄时尚时装，镜头中的王励勤，总是拿捏不好感觉，虽然俊气逼人，但总显得有些不自然，从表情到肢体语言，都和这一身行头不搭调。

比赛场上，与马林的激情四射不同，王励勤一向是以稳健、扎实著

称。5 年前，王励勤的"乖"，也曾被人诟病成"软"。那个时候，在队内训练赛上，他打谁赢谁，论技术绝对是公认的全面。但是一到国际大赛就掉链子。他被外界认定为心理素质差，一时间成了国人"恨铁不成钢"的对象，这些问题不是苦练就能解决的。

但随着人生阅历的丰富，今时今日的王励勤，已经蜕变成一个真正的男人。

一个开门进入镜头的动作，反复拍了几十遍依然没有达到原先预定的画面效果。

"够累的。昨天晚上 12 点睡，今天早上 6 点起，练了一整天，人都快累垮了"，他也尴尬地笑了笑，感觉有点对不住急得一脑门子汗的摄影师。

二

在试衣间里，我们无意间聊起了品牌。"平时训练太忙了，一年到头也没多少属于自己的时间，而且队里竞争激烈，脑子里面全是怎么训练，怎么钻研技术，哪有时间穿衣打扮啊。你看我今天带来的全是牛仔裤和休闲 T 恤，再配上一双运动鞋，出门就这么几身衣服。"

看着眼前琳琅满目的西装，他有点犯愁了，"你觉得我穿这套深色的怎么样？应该挺好看的吧？"他边问我，边在镜子前比划着。

"身材好穿什么都好看，西装就是挺拔出效果。"事实如此，我并不是恭维。

"呵呵，我觉得也是。"他笑得很自然，从刚才的拘谨，逐渐放松下来。"对时尚我了解的并不是太多，这是什么牌子啊？"他拿起一套西装问道。

"哦，PARKHOUSE，意大利的，专门为贵族量身定做，工艺考究，口碑一直不错。"

"还真有来头。"他在镜子前反复地欣赏着自己帅气的样子，"我觉得时尚是一种感觉，一旦跟风就乱了，流行前沿的东西，生命力都不长。我们常年出国比赛，一有闲暇的时间，全队集体行动，经常是在一个品牌店'扫荡'一番，最后回国一看，大家穿的衣服都是一个牌子，就好像给人家做代言一样，弄得像学校里的校服，再漂亮的衣服看着都变味了。"

"那你平时就没套商务休闲装？"我问。

"有，但是少，而且一年到头也穿不了几次。忙啊，一直就是训练，想拿金牌就得用汗水说话。但是这么多年下来，也习惯了。"边聊着，他又去找皮鞋。

"勤奋习惯了？"我试探地问。

"嗯，可以这么说吧。你今天不努力，明天就会被别人超过；明天再不努力，就彻底被淘汰了。"

三

"咔嚓咔嚓……"摄影师陶醉在快门声中。在刚才短暂的休息之后，王励勤仿佛换了一个人，全情投入，状态也随之而来，一切都进展得很顺利。不管是商务正装，还是牛仔休闲，甚至是性感的赤膊出镜，王励勤都表现得游刃有余。

他是乒乓球队公认的肌肉男，那清晰的八块腹肌，丝毫不逊于我们杂志封面的健身先生。这其中，还有一个值得和大家分享的故事：他的右手手肘受过伤，很严重，甚至无法挥拍，但他并没有气馁，而是通过哑铃和杠铃一下一下、一组一组地锻炼，撕裂的肌肉组织终于得到加固和保护，力量也得到了很大程度的提升。

当然，我们不认为这是因祸得福，用天道酬勤来形容应该更为合适。要知道，在兼顾日常训练的同时，他还要进行更加枯燥、艰苦的力量训练，同时还要面对巨大的竞争压力。对于职业运动员来说，最大的勇气并不是终场前的一记绝杀，而是战胜伤病，重新活跃在竞技场上。

"这里有没有咖啡啊？有点累了，能不能帮忙买杯咖啡啊？"说着，他显得略微有些不好意思。

"没问题，我们马上派人去，你要卡布奇诺还是拿铁？"

"拿铁，谢谢。"虽然掩盖不住满脸的疲倦，但他依然是那样彬彬有礼。

不禁在想：夏日的阳光午后，西装革履的王励勤，在 CBD 的星巴克，安静地看着英文报纸，喝着咖啡的样子，不知道又要令多少女孩心动不已。

当勤奋成为一种习惯，汗水就是最好的注脚。如果说刘国梁的成功靠的是智慧，孔令辉的成功靠的是激情和霸气，那么王励勤的成功则更多地依赖于自己付出的汗水。

人 生 悟 语

也许我们总是感叹命运的刻薄、成功的难以企及，这时，我们是否该停下来思考通向成功的道路究竟如何去走？梦想和现实的距离该如何靠近？也许我们忘记了一个最简单然而却是最有用的词：勤奋。当勤奋成为一种习惯，人就会变成一条搁浅岸边的鱼，为了求生，不断地努力游近大海，直至自由翱翔在大海的最蔚蓝处。

(毛文丽)

对于跳水，郭晶晶这样总结，"跳水不是我生活的全部，但却是最重要的一部分。如果可能的话，我真希望自己可以一直跳下去，跳到 80 岁。"

郭晶晶：我希望能跳到 80 岁

红叶叶

你不会觉得坐在对面的是个奥运冠军，一个已家喻户晓的"跳水皇后"，她不时拨弄着手上黑色绳子串起的透明珍珠手链，如同邻家小妹，柔声细语地讲述她的生活、心情和她对人生的理解。语调平和、面容沉静,时而露出淡淡笑意,与她聊天,怎么也不能将她跟那个各家媒体的重点"轰炸"对象郭晶晶联系起来。

抛开跳水,郭晶晶也就是一个二十几岁的大女孩,也爱美,喜欢看连续剧,也做面膜保养,在熟人面前眯着眼睛乱笑,喜欢听妈妈叫她"郭郭"……

然而在跳水队,大家都乐意喊她"郭大侠",一踏上三米跳板,她就变成了王者,浑身上下透出一股凛冽的庄重之气。

圆梦雅典

相对于 14 岁就获得奥运冠军的同门师姐伏明霞,河北女孩郭晶晶的第一块奥运金牌姗姗来迟。

5 岁开始练习跳水,12 岁进入国家队,15 岁第一次参加奥运会,19 岁参加悉尼奥运会奉回来两枚银牌,23 岁时,她才在雅典赢回了两枚金牌。

2000 年的悉尼,郭晶晶被认为是女子三米板的最大夺冠热门,但最终她还是败给了退役复出的师姐伏明霞。

2004 年 8 月 26 日晚,雅典奥林匹克水上运动中心,女子单人三米板上群星闪耀。与曾经的"跳水皇后"高敏同时代的前俄罗斯名将现澳大利亚选手伊琳娜·拉什科、俄罗斯名将尤利娅·帕卡林娜,以及郭晶晶,都是这枚金牌的有力争夺者。

枪声打响。第一跳,郭晶晶 74.70,拉什科只有 66.96,由于半决赛成绩带入决赛,第一轮过后,郭晶晶总分上升到了第一位。

84.60、81.84、83.70,连续三个高分使她的总分达到了 567.9 分。最后一跳之前,已经遥遥领先第二名 38 分之多。

最后一跳,郭晶晶从容地走上跳板,双眼向下斜视着前方的水池,然后习惯性地咬住了自己的嘴唇。走板、起跳、翻腾,在她入水之前,全场的掌声已经响起——所有人都知道,这一夜,再没有谁可以抢走这块属于她的金牌。

等待登临冠军领奖台的那一刻，她激动、兴奋甚至有些迫不及待，那句"Champion Guojingjing China(冠军郭晶晶中国)"被主持人喊出口的短短几秒里，她一只脚已经踩在了领奖台上。

12年的跳水生涯，她其实经历过不少挫折：不断的伤病困扰——骨折、视网膜脱落，还有数不清的外界猜测和绯闻。

郭妈妈还清楚地记得，6岁刚练跳水时，教练说晶晶的膝盖骨有些外突，会影响她空中造型的美感，只有强行压腿才能纠正。于是，每天晚上晶晶让体重140斤的爸爸压在自己的膝盖上，她疼得浑身打战，豆大的汗珠从脸上滚下来。两年多后，突兀的膝盖硬是给压平了……

下一站，北京

一切成绩都跟刻苦训练密不可分。

跳水运动有很高的观赏性，但是训练却枯燥辛苦。许多家长心疼孩子，让孩子退出了训练，最早和晶晶一起训练的孩子有30多个，练到最后只剩下她一个。

每天重复数百次同样的动作，起跳，入水，再起跳……别的女孩子上学、逛街、看电影、交朋友的时候，她全部时间要泡在水里。

1992年，郭晶晶入选国家跳水队，师从国家跳水队副总教练于芬。培养出了一批又一批世界冠军的于芬个性倔强，亚特兰大奥运会前的一次训练中，伏明霞狠狠顶撞了于芬，一气之下于芬扇了伏明霞一个耳光。

1996年奥运会前，郭晶晶连续多次队内测验都战胜了伏明霞，不免有些心高气傲，训练时有些放松，于芬狠狠地批评郭晶晶，训得她一度掉泪。

现在，离北京奥运会箭在弦上，今年实现了世锦赛四连冠的郭晶晶，正积极备战自己的第四次奥运会。问她有没有信心赢得奥运冠军，她平静地笑了笑：

"也许参加的比赛太多了，这种兴奋感已经麻木。比赛当然希望拿第一，但并不是说冠军就非我莫属，我也是普通人，比赛输赢很正常。"

2008 年北京奥运会，顶着亿万人关注的压力，郭晶晶有惊无险地又一次拿下两枚金牌。她标志性的甜美笑容，她淡定从容的迈上领奖台，一如她每次登上不同的领奖台一样，只是这次，她的自信和成熟，粉碎了无数谣言、怀疑和担心。

希望能跳到 80 岁

郭晶晶不只一次地说过，2008 年是她的最后一届奥运会，因此，谢幕的这届奥运会她格外珍惜。

对跳水的热爱，郭晶晶这样形容："跳水是我的一个技能，也许我只会翻跟头吧，这么多年了，我离不开它。而在这个过程中，我也享受跳水给我带来的快乐。"对于失败，她如此诠释："只要决定去做，就应该什么都不要怕。我从来不怕失败，因为不管失败还是成功我都还是郭晶晶，如果每天把失败放嘴边，那就什么都不用做了。特别是比赛，谁输谁赢都很正常。"

正因为有如此好的心态，郭晶晶可以在高强度大密度的训练之余同样把自己的生活也安排得井井有条。奥运将近，很多运动员都面临着很大的压力，郭晶晶却没有那么紧张，"我属于该训练时就训练，该做其他事情时也能放松下来去做的人。这并不矛盾，只要心态调整好了就行。"

早已在北京置业的郭晶晶，家距离训练局只有几公里的车程，尽管这么近，她却只有周日下午能抽出几个小时回家看看，或者带几个队友在家里做做饭吃。关于家，郭晶晶这样定义："家是能带给我安全感的地方，你会觉得自己有一个落脚的地方了，会觉得很温馨。"郭晶晶把自己的小家装饰得很温馨，她说，"在宿舍最多买点东西摆上，可自己的家，你就可以按照自己喜欢的风格装饰它。在宿舍有时自己随便把东西扔在一边，可回家就不能太乱了。"

没事的时候，郭晶晶喜欢带着队友来家里做饭，她会亲自下厨，做几个家常小菜，看到队友吃得开心的样子，她就会心满意足："做饭我还是学前班水平,每次做完都觉得挺累的,但看到别人享用我做的美食时就会特有满足感。"

对于跳水,郭晶晶这样总结,"跳水不是我生活的全部,但却是最重要的一部分。""有时我就想,恨不得明天就是奥运会,可是,一想到比完北京奥运会后要结束自己的跳水生涯,就有种要失业的感觉;如果可能的话,我真希望自己可以一直跳下去,跳到 80 岁,想一想,其实那样也挺好的。"

人生悟语

人生之所以美丽就在于活着有激情,而那一份生活的激情是你所钟爱的事物带给你的。也许是一个人,也许是一份事业,或者仅仅是一种简单的爱好,但无论这份激情来自哪里,都会带给你持久的动力跟乐观生活的勇气。这便是有所追求的人生给予我们的特别馈赠。

(毛文丽)

王楠走了过来,她一边训练一边治疗,在王楠封闭训练的房间里贴着这样一个纸条:"你是最棒的,无人能及!"

王楠:永远带着微笑的女王 佚 名

2000 年悉尼奥运会上夺得乒乓球女子单打冠军,并且与李菊搭档获得乒乓球女子双打冠军,2004 年雅典奥运会与张怡宁搭档夺得乒乓球女子双打冠军。

每次赢得比赛之后，王楠的脸上总会露出迷人的微笑。2000年在悉尼，她再次用笑容征服了世界。王楠成为继邓亚萍之后第二个获得乒乓球"大满贯"的女选手，巩固了自己在世界女子乒坛的王者地位。中国女子乒乓球的"王楠时代"到达顶峰。

其实，王楠早在邓亚萍时代就已崭露头角。1994年瑞典公开赛和1995年中国公开赛的女单冠军已经显示出她强劲的实力。1996年之后，她的进步更是远远超越了同时代的其他对手。在1998年夺得亚运会乒乓球项目"大满贯"、世界杯女单冠军，1999年夺得世乒赛女单、女双双项冠军之后，王楠在世界女子乒坛的地位更是如日中天。

然而悉尼奥运会的比赛，世界排名第一的王楠却打得异常艰苦。

早先进行的女双比赛中，王楠与队友李菊配合，在决赛中以3比0战胜了另一对中国组合杨影和孙晋，摘取了本届奥运会乒乓球女双冠军。但在之前的半决赛中，面对韩国选手柳智慧和金茂校，王楠和李菊是在局分1比2落后的不利形势下，顽强追赶，最终以3比2的总比分逆转成功，涉险晋级。

女单1/8决赛，王楠遭到了世界排名十名开外的新加坡小将李佳薇的顽强阻击。在总比分1比2落后的情况下，第四局王楠又陷入16比20的绝境，几乎就要与下一轮比赛无缘。眼看名不见经传的新加坡小将即将一战成名，好在最后关头王楠没有再给对手任何机会，她连追4分，以23比21拿下该局，并最终以3比2的总比分跻身八强。

进入半决赛，王楠的对手是中国台北名将陈静。陈静曾在上届奥运会中获得女单银牌，只是在决赛中2比3惜败于邓亚萍。1999年国际乒联大奖赛总决赛中，她更是以3比0战胜王楠夺冠，实力非同一般。果然，陈静第一局便以21比11轻松拿下。之后的比赛，她更是屡出奇招，多次把世界第一逼入险境。但王楠心态平和，顶住压力，连扳3局，最终以3比1击败对手，有惊无险地进入决赛。

决赛中，王楠面对的是世界排名仅次于自己的队友李菊。二人在打法上各有特点，王楠打法多样，李菊速度占优。在以往的国内外大赛中，二人交锋互有胜负。决赛注定将是一场惊心动魄的大战。

这场中国女乒的内战也使在场的中国观众心情轻松，因为女单金牌已被中国队提前锁定。有了这层因素，观众或许能够真正静下心来享受比赛的精彩和乐趣。

第一局，王楠顺风顺水，21比12的比分使比赛早早失去了悬念。第二局比赛变成李菊的表演。同样是21比12，只是这一次胜负的双方发生了变化，李菊还以颜色。

场外的观众，有的在为王楠加油，有的在为李菊喝彩。两个中国女孩，一个来自辽宁抚顺，一个来自江苏无锡，二人在悉尼奥运会的乒乓球馆里，为全世界的观众上演着一场精彩绝伦的艺术盛宴。

第三局，二人争夺激烈，比分一直未能拉开。收官阶段，李菊抓住机会以20比18取得领先。比分最终定格在19比21，王楠在先胜一局的情况下，被对手连扳两局，反而陷入被动之中。

关键时刻，王楠镇定自若，面对一再的失分，她脸上仍旧没有丧失招牌式的微笑。凭借良好的心态，王楠以21比17成功拿下第四局，把争冠的悬念留到了最后一局。

决胜局一开始，双方就比分紧咬。9平，12平。之后王楠连得5分，17比12，20比15。此时，胜负的悬念似乎即将揭晓。不过李菊在此时表现出一名大赛型选手应有的素质，连追3分。现场观众拼命为李菊呐喊助威，他们希望精彩的争夺能持续到最后一刻，王楠的压力骤然增加。

结果世界一号女单没有再让悬念继续。发球，快攻，长拉，王楠将球死死地扣在台面上，顿时全场沸腾。王楠拳头一握，将右臂高高举起，熟悉的笑容再度出现。

或许从技术上说，王楠在许多比赛中都没有绝对优势。但她能一次次走向胜利的秘诀，正是积极平和的心态。

在真正的高手对决中，好的心态——哪怕只是不经意间的一个微笑，都可能成为影响比赛走向的决定性因素。毫无疑问，王楠在这个方面更胜一筹。

老将王楠用一枚银牌为自己的奥运之旅画上了完美的句号，赛后，

丈夫郭斌温情安慰王楠的场面感动了很多人。在领奖台上，王楠流下了热泪，那里有对拼搏生涯的依恋，有一瞬间释放的解脱，还有，她战胜病魔走到今天的感慨。

之前几乎没外人知道，3年前，王楠还是一个癌症患者！

央视在王楠比赛后披露，王楠曾在2005年患上甲状腺癌！"王楠其实是一名癌症患者，她在3年前患上了甲状腺癌，不过她凭借自己顽强的意志战胜了癌症，现在已经彻底康复了。"

惊人！在国家乒乓球队的14年时间里，王楠四次夺得奥运会金牌，24次获得世界冠军，甚至超越了邓亚萍。不过在2004年雅典奥运会王楠夺得女子双打冠军之后，她的状态明显下滑，产生了很多对她的怀疑，但王楠顽强地坚持了下来，一点一点寻找自己的巅峰感觉。奥运会前的选拔赛，王楠一度不被看好，可是她最终凭借自己的努力，获得了参赛资格，为中国女子乒乓球获得团体冠军立下了汗马功劳，同时在女单比赛中杀进了决赛。那个时候，在她饱受质疑的时候，她还是一个癌症患者！

"现在我不想回忆了，我只想体会现在这种幸福。"王楠的丈夫郭斌不愿意回首那段难过的往事，他只想尽情享受快乐和温馨，"王楠是我一生的骄傲，一辈子的骄傲！虽然我当初并不想她继续打球，担心她，但是为了国家，我支持她的选择，无论她做什么，我都会陪她！"

3年前，也就是雅典奥运会后一年，那时候，王楠才刚刚27岁。很难想象，她是如何挺过那段艰苦的日子的。她的教练施之皓感慨万分："我和她走过了这3年多，很不容易，很不容易，这不是一般人可以想象的！"

但王楠走了过来，她一边训练一边治疗，在王楠封闭训练的房间里贴着这样一个纸条："你是最棒的，无人能及！"确实，王楠是最棒的，历史会记住你。

姚明的回答幽默而坚定："北京没有如果，所以我也没有如果。"

姚明：我的世界我的梦　佚 名

　　姚明，一个中国体坛的风云人物，一个亿万国人喜爱的模范青年。他高超的篮球技术，让中外球迷为之欢呼雀跃；他随和的态度和幽默的话语，让身边的人如沐缕缕春风；他随时听从祖国召唤的爱国精神，带给人们超越体育本身的思考。在 8 月 8 日北京奥运会上，姚明是中国男篮的绝对核心。

　　姚明，1980 年 9 月 12 日出生于上海市第六医院。他的父母都是篮球运动员，父亲姚志源身高 2.08 米，曾效力于上海男篮；母亲方凤娣身高 1.88 米，是 70 年代中国女篮的主力队员。在姚明的 4 岁生日时，他得到了第一个篮球。6 岁时看美国哈里篮球队在上海表演，知道了 NBA。9 岁那年，姚明在上海徐汇区少年体校开始接受业余训练。由于从小受到的家庭熏陶，他对篮球的悟性，逐渐显露出来。5 年后，他进入上海青年队；17 岁入选国家青年队；18 岁穿上了中国队服。

在 18 岁入选中国国家篮球队之后，姚明的表现进一步成熟。在 2001 年的亚洲篮球锦标赛上，姚明每场贡献 13.4 分 10.1 个篮板和 2.8 次盖帽，投篮命中率高达 72.4%，帮助中国国家篮球队夺得冠军。

2000 年奥运会期间，姚明平均每场拿下 10.5 分和球队最高的 6 个篮板 2.2 次盖帽，他平均每场 63.9% 的投篮命中率也无人能比。

在美国当地时间 2002 年 6 月 26 日的选秀大会上，休斯敦火箭队顺利挑到了中国的中锋姚明，他也成为联盟历史上第一个在首轮第一位被选中的外国球员。

被选中的中国小巨人也成为联盟历史上最高而且是第二重的选秀状元。在姚明加盟休斯敦火箭队之后，他成为继王治郅和巴特尔之后第三位登陆 NBA 的中国球员。

曾经想当将军不想打篮球

20 世纪 80 年代期间，对中国的孩子来说，成为一名篮球运动员并不算一个漂亮的理想。姚明小时候的梦想就是成为科学家、政治家或者军队的将军。姚明 4 岁或 5 岁的时候，爸爸给过一只玩具篮球，但觉得不带劲，姚明更喜欢其他玩具。

10 岁的时候姚明长到 5 尺 5，而 X 光预测他将会长到 7 尺 3！当时姚明担忧：这么高能找到女朋友吗？我的孩子比我更高该怎么办？

姚明 12 岁那年，母亲带他去拜访一个很有名的篮球教练，他告诉姚明的母亲姚明可能不会成为一名优秀的篮球运动员，因为身体结构不合理，平衡性也不够好。他还说另外一个年轻人将会很有发展，他的父母也都是篮球运动员，他手大腿长，能跑能跳，他的名字叫王治郅。

事情并未完全像这名教练预言的那样发展。几年后，姚明加入了东方大鲨鱼青年队，并渐渐打上了一队的主力。随后而来的就是国家队和 NBA。

战术教练是诸葛亮令狐冲教我面对生活

姚明认为诸葛亮理论是将你可以利用的事物发挥出100％的作用，根据不同的情况采取不同的办法。如同一句话："一只狮子带领一群绵羊可以击败一只绵羊带领的一群狮子。"姚明从中领会到的是，应该审时度势地选择何时做狮子，何时扮绵羊。

对姚明影响很大的小说是《笑傲江湖》，姚明想拥有的，就是主人公令狐冲在面对困境时的那份自如和潇洒。书中对精湛武艺的描写令姚明痴迷，侠客如果要打你，离你远远的摆好姿势，你根本不知道他要打你哪里，但只要他一动，你就得受伤。姚明把这些用在了篮球上，会让防守者感受到一点他的动向，但却永远无法判断他究竟要做什么。

四肢发达的"鲁迅迷"

按惯常思维，这位身高2.26米的男篮巨人似乎与读书是颇有距离的，坊间对运动员也素有"四肢发达，头脑简单"之讥。可这位NBA明星却甚爱读书，更是一位"鲁迅迷"。他在美国打球期间随身带的最醒目的私人物品便是一套《鲁迅杂文集》，而且他在提到鲁迅时总会加上"先生"二字。

奥运会中国男篮惨败于西班牙队后他语出惊人表示了对国家队某些队员场上表现的不满，并再次提到"鲁迅先生"："鲁迅先生说，不在沉默中爆发，就在沉默中灭亡！"听来实在令人振聋发聩。

姚明与鲁迅，身份一武一文、身量一高一低，外表差别大矣，气质与人格却有"惊人的相似之处"：正直、善良、机智、幽默、有骨气、忠于职守、热爱祖国……姚明自觉地传承了鲁迅先生这些优点，使自己成为国内外球迷心中的"青春偶像"。

姚 氏 语 录

登陆 NBA 后,姚明以其东方式的智慧和幽默,吸引着众人。

"我尽量不去考虑 48 分钟,而只想着下一分钟、下一秒钟。要是你老想着得拼上 48 分钟的话,那太累了。"——在被问到现在的耐力如何时,姚明微笑着说。

"没吹就没吹呗。"——对手通常对姚明实行夹防,只要他一拿球,两个甚至 3 个大块头就恶狠狠地扑上来。很多时候,对手的动作都有犯规嫌疑,但裁判并没有做任何判罚,姚明也很少为此而动怒。在被问到对裁判的判罚有什么异议时,姚明总是这样轻松地回答。

"这就好比你每个月挣 1000 块钱,你就不会想着去买一辆桑塔纳 2000……好吧,你可能会想买桑塔纳 2000,但你决不会想着去买宝马。这就是在什么时候,就做什么打算。"——在被问到是否考虑过什么时候能成为 MVP(最有价值球员)或入选名人堂时,姚明摇了摇头,他说自己还没有达到那种境界,所以不会想那么远。

诸如此类的精彩对白,还有很多。足以编一本《姚氏语录》。姚明的话虽不多,但大多有回味。难怪当地《休斯敦纪事报》曾将姚明比做"哲人"。

"如果不能参加奥运会,那将是我永生的遗憾"

北京时间 2008 年 2 月 27 日,对亿万球迷来说,是一个灰暗的日子,因为《休斯敦纪事报》传出消息,姚明受伤了。

左脚应力性骨折!消息是如此突然,让所有人都措手不及。据姚明后来回忆,他的左脚不舒服有一段时间了。

不久,休斯敦火箭队召开新闻发布会正式公布姚明受伤这个消息。新闻发布会上的姚明非常沮丧,不断用手拍打着头,双眼通红,几欲落泪。受伤后的姚明,首先想到的不是自己的健康状况,而是接下来的日子不能打比赛了。更让他担心的是，伤病还有可能危及他参加北京奥运会。

在 NBA 联盟里，一个运动员为了自己的职业生涯，放弃国家队的比赛是一个很平常的自我选择。但姚明说："我知道我的赛季完蛋了，但千万千万要保住我的奥运会。如果不能参加奥运会，将是我职业生涯中最大的遗憾。"和姚明一起赶制抗震公益广告的火箭队 CEO 塔德·布朗显然很了解姚明："如果不让姚明为国家队比赛，那就等于不让他打篮球，我们从选中他的那一刻起就明白这一点。谁都别想阻止他为中国出战。"

"北京没有如果，我也没有如果"

令球迷们欣慰的是，做完手术后并经历 4 个多月恢复性治疗的姚明恢复得非常好。根据 X 光和骨扫描显示，骨骼愈合的情况非常好，没有出现意外情况。

现在，困扰姚明多时的脚伤已经不成问题，剩下的就是尽快和队友磨合。为了保证自己的状态，姚明每天加练罚篮。离开赛场的时间太久了，姚明一开始不太适应，怎么都投不进，毕竟 4 个多月没摸球了。慢慢地，姚明开始恢复手感了。为了更好地适应奥运会比赛，姚明还专门去买了两只奥运会专用篮球，用来练手感。在这之前，勤奋的姚明也在医生和训练师的指导下，进行跑步训练、力量训练和体能训练，为北京奥运会做更好的准备。

一位美国女记者曾问姚明："你能不能告诉我们，如果北京不举办奥运会，你现在是不是就不会这么刻苦地训练了？"

姚明的回答幽默而坚定："北京没有如果，所以我也没有如果。"

好在，如果和遗憾都没有发生，姚明作为中国男篮的核心和领军人物，带领中国男篮重新品尝了奥运会八强的滋味。当然，姚明的发挥让他自己和很多人都满意。

人 生 悟 语

在外国人眼中，姚明是"广为人知的中国符号"，他以体育精神向世界展示着这样的中国：彬彬有礼但极富竞争力，既包容又有坚持，积极进取的同时更具备良好的合作精神；而在国人眼中，他球技精湛、谈吐幽默、忠于祖国，已经成为"80后"的楷模！

（毛文丽）

杜丽说："在自家门口比赛心情肯定不一样。有这么多同胞支持我，我一定竭尽所能全力以赴，争取再次登上冠军宝座。"

杜丽：快乐射击，
　　　超越梦想 佚 名

2004年8月14日，在第28届雅典奥运会首日射击赛场上，22岁的中国女孩杜丽成为全世界注目的焦点。在女子10米气步枪的比赛中，她以傲人的最后一枪，直击对手"咽喉"，漂亮、利落地将奥运首金收入囊中。

杜丽感谢射击，因为射击使她的人生得以拓展，生命也因为射击而辉煌。在"快乐射击"理念的支撑下，迈入射击行业近14年的她，如今已获得女子气步枪项目所有世界大赛的冠军头衔。然而，这些荣誉的背后，却记录了杜丽艰辛的成长之路。

苦难的童年造就坚强品格

1982年3月5日，杜丽出生在山东淄博沂源县。7岁那年春天，父亲遗弃了她们母女。难以想象,杜丽幼小的心灵经历了怎样的裂变。

离婚后不久,母亲齐元珍调到县食品公司,领着女儿搬到县城的娘家。从此,杜丽在县实验小学读书,长时间吃住在外婆家,靠母亲的微薄工资,生活很是艰苦。

然而 1994 年的春天,一次偶然的机会,使杜丽的命运有了转机。那时,沂源县业余体校教练周士兵为迎接淄博市举行的射击比赛,要从全县数百名中学生中挑选新队员。谁知道,杜丽凭借自己超凡的耐力和沉稳,从几千名学生中脱颖而出,成为 5 位入选队员之一!

握紧枪杆,瞄准射击,那富于爆破力的一声枪响,时常令杜丽兴奋不已,她暂时忘却了生活的烦恼和忧愁,没多久,她就深深地爱上了射击这项运动。

母亲得知女儿要练射击,起初坚决反对:"闺女,咱还是好好学习吧,长大考个好大学。"杜丽把头一扬:"妈妈,你不让我做任何事都行,但是不让我练射击我做不到!"在妈妈眼中,女儿杜丽虽然性格比较内向,平时不太爱说话,但从小就倔强、自信,认定的事非干成不可。

一开始练射击,教练给杜丽指定的项目就是练习步枪。县业余体校条件简陋,由于枪少人多,刚起步练习举枪时,杜丽往往大半天摸不着一下枪,倔强的她自有办法——用一根棍子挑着砖头练臂力。为了更快地提高自己的训练成绩,小杜丽在家里也常常给自己加"小灶"。砖头从一块到两块、三块,时间从一刻钟到半小时、一小时……单调又乏味的动作,杜丽却一练就是大半天。

自此之后的两年里,无论刮风下雨还是寒冬酷暑,小杜丽每天放学后,都会骑着自行车跑 3 里多地到业余体校训练 1 个小时,星期天则练 6 个小时。

训练时,为了保证比赛时动作的稳定性,步枪队员不论寒暑都必须穿上秋衣、毛衣、皮衣这样一套固定的衣着。而当时业余体校的训练条件比较艰苦,酷暑天没有空调,不能开风扇,整个夏天,杜丽背上都长满了痱子。冬天,天寒地冻,小杜丽手脚还生了冻疮。训练时间长了,脚冻得麻木倒还好受些,难受的是暖和过来后的那种又疼又痒的感觉。

即便手麻木得托不住枪,她也仍然坚持训练。晚上,心疼女儿的齐元珍烧好艾蒿水给杜丽烫手烫脚,劝女儿休息两天再去。没想到,第二天一早,杜丽又起早去参加训练了。

1998年进入山东省队后,杜丽迅速成长。2002年,杜丽以替补身份被选入国家队,成为队中最小的队员。当时也挺巧的,杜丽前一天刚到国家集训队报到,那位医生病而请假的队员第二天就打电话说病愈要求归队,但慧眼识珠的许海峰看中了杜丽扎实的基本技术以及过硬的心理素质,将她留了下来。刚调入国家队的杜丽,忍受了常人难以想象的艰苦。那年冬天,杜丽的脸上、手上都生了冻疮,有伤口的地方,不断地往外流血水。每天还要托着5公斤重的枪不断地练习枪法,杜丽的手掌上常常是结了痂后再磨破,钻心的疼。就是这样,一个人孤身在外的杜丽,也没有掉过一滴眼泪。

人们没想到,许海峰教练的这一留,硬是留住了中国射击赛场乃至世界射击赛场上的一匹黑马。同年7月,在芬兰世界锦标赛上,杜丽夺得女子气步枪团体冠军、个人亚军,同时为中国射击队拿到一个雅典奥运会席位。随后在韩国釜山亚运会上,她一人获得女子气步枪团体、女子步枪3×20个人和团本3枚金牌。在短短的时间里,杜丽迅速完成了三级跳,奠定了牢固的主力地位。

如今,作为老射击运动员的杜丽最突出的问题就是颈椎不好,其次是腰。她现在就带有肌膜粘连的伤,整个背肌全都像粘连在一起一样,揉一下就觉得一个疙瘩一个疙瘩似的。而且,这种伤治不好,"一到阴天下雨,或练得比较疲劳了,整个背部痛得就想让人拿把锤子把背砸开"。谁能想到,运动员们在比赛场上神采飞扬,在场下却往往忍受着常人所不能忍受的伤痛。

好的心理素质是制胜的法宝

观看过射击比赛的人,都会对这个项目的紧张气氛深有感触,如隙分秒之间,微厘环数之别。论起枪法和技术,经过多年的历练,射击运动员之间的差距几乎是微乎其微,而杜丽最大的夺金优势,就在于她非凡的心理素质。

其实在多年前,杜丽的妈妈就领教过女儿这不同寻常的一面。杜丽四五岁的时候,贪玩的她不小心掉到储菜的地窖子里,照看她的舅舅找到她时,杜丽的两只小手正使劲往上攀,脚登着有些松软的土壁,尽力将小身体往上提拉。因为人小力薄,她几次努力都跌落了下去。看到二舅来了,她并不撒娇求援,还是一个劲地凭着自己的力量往上爬。"你不害怕吗?为什么不叫我啊?!"舅舅边喊边把杜丽给救了上来。

在成长的岁月里,要强的杜丽更是拥有了稳定的心理素质和一颗平常心。在雅典奥运会的预赛中,杜丽放枪的支架倒了两次,就连观众都看得有些毛发耸立、心惊肉跳。但她都能心平气和地扶起来接着进行比赛。她是带着预赛第二的成绩进入决赛的。决赛第一环时,杜丽得到了一个全场最低分9.4环,但她并没有惊慌,只是将步枪放在支架上,考虑片刻便又再次举枪,此后连续 4 枪都打出 10 环以上的好成绩。决赛第 9 枪的时候,杜丽只落后排在第一位的俄罗斯名将加尔金娜 0.4 环。最后一枪决定胜负,只见杜丽表情平静,没有丝毫颤动,乌黑的枪管缓缓移到靶位。随着枪响,投射在银幕上的 2 号标靶上突然飞上一团红色,那红色直飞圆心,10.6 环!超出加尔金娜 0.5 环!看台上所有的中国人都高擎双臂站立高呼。杜丽为中国奥运代表团夺得奥运首金。

这时一贯坚强的杜丽也情不自禁地流下眼泪来。

光环背后的本真与豁达

在不熟悉杜丽的人看来,杜丽言语不多,性格内向,显得有些腼腆。其实,她和同龄的女孩子一样,是一个爱说爱笑的姑娘。作为山东人,杜丽就爱吃馒头。都说吃馒头容易发胖,但吃馒头长大的杜丽却拥有苗条挺拔的身材,她经常调皮地和那些要减肥的朋友开玩笑,说:"要

想瘦,多吃馒头多吃肉。"

生活中,杜丽喜欢流行歌曲、爱吃零食,喜欢无拘无束,爱逛街,爱美。她还特别喜欢看电影,爱上网看娱乐新闻,逛论坛,等等。在杜丽身上,更多的是北方姑娘的率真和爽朗。

2004年雅典奥运会以后,杜丽的生活又趋于平静了。当有人对她当年的夺冠赞不绝口时,她说:"我们也没那么了不起,不过是在自己的项目上取得了一些成绩而已。"

夺得了奥运会金牌的杜丽又接到另外一个喜讯,她被山东理工大学录取为2004级运动训练专业本科新生。实际上,自雅典辉煌之后,杜丽并没有被冠军的光环压垮,相反,她深知自己更大的目标是2008年北京奥运会。为此,她继续像往日一样,回到了训练场,每天都要进行七八个小时的刻苦训练,找寻适合自己的步伐循序渐进。

从2005年世界杯美国站、意大利站、总决赛到2006年意大利站和总决赛,几年间,杜丽一步一个脚印地努力争取,最终总能如愿夺冠。在2006年的多哈亚运会的选拔赛中,她还打出优于世界纪录的505环佳绩,被选为"国际射联世界最佳女枪手"。

在去年的世界杯澳大利亚站,杜丽成功夺标,并在总决赛中完成四连冠。到目前为止,杜丽是最后一名在大赛资格赛中取得400满环佳绩的选手,而且是这个项目总纪录的保持者。

虽然深知杜丽心理素质好,但教练王跃舫也只能一再要求杜丽以平常心来对待本届奥运会:"杜丽的实力在目前已经属于世界顶尖,主要对手不是捷克的卡特琳娜、哈萨克斯坦老将奥莉加或是德国的莱切娜,而是她本人。只要正常发挥,没有人是杜丽的对手。"

面对今年的北京奥运会,杜丽说:"在自家门口比赛心情肯定不一样。有这么多同胞支持我,我一定竭尽所能全力以赴,争取再次登上冠军宝座。为国争光一直是我的梦想,能否夺下第一金并不重要,关键在于付出了所有的努力,在比赛中把握住机会。"

人生悟语

司马迁为了完成一部伟大的历史著作而甘愿承受非人的折磨，陶渊明为了追求理想的人生境界而甘愿忍受终生的清贫。因为感到乐趣，所以无论遇到怎样的挫折都能够坚持到底。无论成败，为了自己所钟情的事物去奋斗，其过程本身就是一种巨大的享受。

（毛文丽）

有一种光芒全球聚焦

第三辑

无论地球如何转动，总有一些人是焦点，他们的光芒不受公转和自转的影响，在心灵敞开的地方，都有信号笼罩。我们也许只能仰望，我们也许只有敬仰，但是只要目标明晰，梦想永远都在那里，静静等待我们前进的脚步。即使距离宏大到遥远的程度，只要我们足够努力，我们就在无限接近⋯⋯

> 奥巴马最终筹集了超过 6.4 亿美元的竞选经费，是历史上筹集竞选资金最多的总统的数倍，而其中 87% 是通过网络募集的。

"互联网"总统奥巴马 采 雪

47 岁、黑人、无从政经验……如果不是大选结果已产生，麦凯恩怎么也不会想到打败他的竟是这样一个充满"弱点"的对手。美国大选历来都是全球最激动人心的营销活动，而对互联网的应用则是奥巴马连续淘汰希拉里、麦凯恩等强有力竞争对手的一大法宝。利用网络，奥巴马成为第一位真正借助新兴媒体成功竞选的美国总统。

Web2.0 总统

美国前任总统小布什曾表示，自己不发送电子邮件，甚至不给自己的双胞胎女儿发，因为他担心这会公开个人隐私。奥巴马则与此不同，他的竞选阵营在第一时间就向支持者发出短信和电子邮件，宣布竞选搭档和日程安排。在竞选期间，他的阵营还开发出名为"奥巴马 08"的 iPhone 软件，成为拉拢年轻人选票的有效手段。随着竞选角逐的展开，奥巴马不仅开设了专门博客，还通过视频网站进行多媒体宣传。他在交友网站拥有数百万好友，在 YouTube 上，让自己的视频广为流传，仅决选最后一周，就上传了 70 个视频片段，其中大多数针对与共和党竞争较为激烈的州。

搜索引擎在美国总统大选中派上很大用场。奥巴马在 Google 的

"关键字广告"上投入了数百万美元。如果在 Google 中输入奥巴马的英文名字 Barack Obama 搜索，就会出现一个奥巴马的视频宣传广告，批评麦凯恩的政策立场。更令人叫绝的是，奥巴马购买的关键字广告不仅包括自己的姓名，还包括热点话题，如"油价"、"伊拉克战争"和"金融危机"。如此一来，他就可以更好地向选民表达自己在这些问题上的观点。

竞选期间，美国三人开发小组"泽恩公司"以奥巴马为主角推出一款电脑网络游戏，名为"超级奥巴马"，参照了经典游戏"超级玛丽"，玩家使用方向键和空格键控制"奥巴马"闯关冒险，让他"吃"美国国旗，获得分数。冒险途中，"奥巴马"需躲避或"消灭"打曲棍球的老妈妈、涂口红的猪以及贪婪的石油企业老板等"对手"，最终迎接共和党历史上首名女性副总统候选人"佩林"的挑战。网络游戏给奥巴马增加了一个新头衔，即"游戏英雄"。

奥巴马借助网络软件、搜索引擎、博客、网络视频和网络游戏的东风，博得了大量美国年轻人的支持。如同胡佛时代的电话洗脑、罗斯福时代的广播演说，以及肯尼迪时代的电视作秀，美国人把奥巴马称为"Web2.0 总统"。

网络竞选　一箭双雕

相比电视和报纸，互联网会为那些较弱小的亚文化群体提供一个更好的表达平台，这就是所谓的互联网的草根性，而奥巴马的互联网政治形象很好地利用了平民的这种草根心理。奥巴马关于种族问题的37 分钟讲话在他的 YouTube 频道中最为流行，不仅得到了黑人群体的支持，就连华裔、拉美裔、阿拉伯裔的族群也深受鼓舞，移民群体纷纷支持奥巴马团队。

奥巴马 Myspace 的朋友是麦凯恩的 4 倍，在另一个大型社交网站 Facebook 上，他有超过 300 万的支持者。这两者加起来，就已经为他招揽了 1000 万左右的人气。不仅如此，根据统计，奥巴马宣传阵营开发的 YouTube 内容,被收看了 1450 万小时,而在电视上收购 1450 万小时的广告要花费约 4700 万美元。因此,奥巴马选择网络作为其竞选工具,可谓一箭双雕,既节约了高昂的宣传成本,又取得了极好的宣传效果,真是一笔划算的买卖。

互联网成为竞选提款机

事实证明,47 岁的奥巴马比 72 岁的麦凯恩更能接受新事物。当麦凯恩辗转在各个演讲台、主持脱口秀的时候,奥巴马和他的团队却在互联网得到了更多的支持,其中既包括无形的人气,也包括有形的竞选资金。在硅谷公司捐赠竞选资金数这一项中,奥巴马总共获得 1,434,719 美元,而麦凯恩只有 267,041 美元。奥巴马竞选总统没有使用政府提供的公共竞选资金,完全利用互联网向大众筹款,结果取得意想不到的成功——他获得了美国历史上最庞大的竞选资金。

奥巴马在募捐方面并不会卖力地游说,每次演讲会上,他从不提及捐款,而是让所有现场的听众留下电邮地址。以电邮为基础,奥巴马团队定期与大众沟通,不断传送一个博客内的链接、一张照片、一则搞笑短片、一行简讯,在这种"滴水穿石"的作用下,一笔笔不足 100 美元的小额捐款逐渐汇入奥巴马总部。奥巴马最终筹集了超过 6.4 亿美元的竞选经费,是历史上筹集竞选资金最多的总统的数倍,而其中 87%是通过网络募集的。这在美国深受金融危机影响的背景下可以说是一个奇迹。

互联网生涯不落幕

选举结果刚刚揭幕,成功当选下一任总统的奥巴马便携团队开设了 www.change.gov 网站,向民众提供最新消息和声明,以便他们能够了解奥巴马成立政府的进程。网站上设有博客、新闻发布栏等内容。

网站访问者可以发表评论，分享今年总统选举给他们带来的感受，或者提出对奥巴马政府的期望，甚至可以申请工作。

奥巴马此前承诺，如果当选总统，他会在批准任何非紧急立法措施之前给公众5天时间在网站上发表评论，并确保全国每个社区都能用上宽带网。奥巴马正是顺应了这一潮流，使自己成为名副其实的"互联网总统"。

人 生 悟 语

电台成就了罗斯福，电视成就了肯尼迪，而网络的"长尾效应"，则将奥巴马送上了美国总统的宝座。正是互联网，让奥巴马在年轻人中风靡；正是互联网，让奥巴马展示了他的睿智和敢于担当；也正是互联网，让地球人都微距离地感受了一个web2.0版美国总统的诞生。敢于接受和利用新事物，人生才会更成功。　(刘秋波)

巴菲特说："人生就像滚雪球，重要的是找到很湿的雪和很长的坡。"

股神巴菲特的童年

[美]罗杰·洛文斯坦

几乎从波拉德医生将他在这个世界上惊醒的那一天起，6磅重而且早产了5周的沃伦·巴菲特就对数字情有独钟。当他还是孩子的时候，就常和伙伴鲍勃·拉塞尔在拉塞尔家的前廊里消磨整个下午的时间：观察着繁忙的路口，记录下来来往往的车辆的牌照号码。暮色降临以后,他们就回到屋里,展开《奥马哈世界先驱报》,计算每个字母在上面出现的次数,在草稿纸上密密麻麻地写满了变化的数字,仿佛他们找到了"欧式范数"之谜的答案。

沃伦有着一双蓝色的眼睛、白皙的肤色和粉红的下颌。他感兴趣的并不仅仅是数字,而是金钱。他拥有的第一份财产是爱丽丝姑妈在圣诞节时送给他的镀镍钱包,他总是自豪地把它拴在自己的皮带上。在他还只有5岁的时候,沃伦就在家里的过道上摆了一个卖口香糖的小摊,向过往的人兜售。后来,他开始卖柠檬汁——这回可不是在巴菲特家那条僻静的街上,而是在拉塞尔家前面,那里是繁华市区。

9岁时,沃伦和拉塞尔在拉塞尔家对面的加油站数着从苏打水机器里出来的瓶盖数。这可不是一个无聊的举动,而是一个简单的市场调查。橘汁的杯子有多少?可乐和无酒精饮料有多少?两个小男孩把这些瓶盖运到货车上,然后把它们在沃伦家的地下室里成堆地贮集起来。他们想知道:哪一种品牌销售量最大?谁的生意最红火?

当大多数孩子都还对商业一无所知时,沃伦就从他那做股票经纪人的父亲手里搞到成卷的股票行情机纸带,他把它们铺在地上,用父亲的标准普尔指数来解决这些报价符号。他还在当地高尔夫球场的草地上寻找用过的但还可以出售的高尔夫球。他也曾来到赛马场,在满是锯末的地板上四处搜寻,把那些被撕破丢弃的存根翻过来,他有时还能发现一些中了奖但又不小心被扔掉的票券。在内布拉斯加炎热的夏季,沃伦和拉塞尔跑去给"奥马哈乡村俱乐部"的大款们扛高尔夫球棍,然后挣得3美元的报酬。傍晚时分,美国中西部笼罩在宁静的暮色中,他们坐在拉塞尔家前廊的滑车上摇来晃去。这个时候,车流和电车发出的叮当响声在沃伦的脑海中形成了一个主意。看到许多刚好开过拉塞尔家门前的车,沃伦会说"要是有办法从它们身上赚点儿钱就好了"。

那么,究竟什么是这一切的根源呢?

在家中的3个孩子中,沃伦排行老二,是唯一的儿子。他的母亲来自内布拉斯加的一个小镇,是一位身材娇小性情活泼的妇女。她是个贤内助,同时还有"很好的数字头脑"。沃伦的父亲既严肃又和蔼,他对沃伦的一生有着举足轻重的影响。是他,在沃伦的眼前展现了一个股票和债券的世界,并种下了未来发展的种子。那么,究竟是什么力量使得沃伦从如此富有教养、舒适安逸的家里出来——在赛马场的地上爬来爬去? 究竟又是什么,使得他在多年以后能施展绝技:他能在头脑中计算大量数据,而且可以像记得阿克伦的人口那样易如反掌地记住浩瀚的数据,一次又一次地震惊商界的同事们。沃伦的妹妹罗贝塔断言道:"那一定是基因的作用。"当然,不可否认的还有在成长过程中,父亲给他的影响和指导。

父亲霍华德一直对沃伦充满信心,同时对沃伦所做的任何事情都给予支持。因此,尽管沃伦继承了母亲的乐天性格,但他的整个世界还是围绕着他的父亲。

身高 6 英尺的霍华德,是家里的顶梁柱,他勤奋地工作来挣钱养家。他不仅有佣金收入,还拥有来自奥马哈屠宰场的一家小企业——南奥马哈饲养公司的收入。

霍华德认为罗斯福正在使美元贬值,于是发给孩子们金币,还给家里添置了许多漂亮的陈设,不仅有水晶吊灯,纯银的盘碟,还有东方韵味的挂毯。所有这些都反映出他的观点,有形的财产比美元更好一些。他甚至还囤积了罐头食品,买了一个农场,目的是在极度的通货膨胀中为家庭找到一个避难的场所。

霍华德十分强调养成独立思考习惯这一原则,他让孩子们聚到身边,给他们背诵爱默生的一段名言:

"最伟大的人,是在嘈杂人群中完美地保持独立人格的人。"

霍华德还向孩子们灌输宗教价值观,但依旧使用的是一种世俗的教育方式。几乎没有哪周他不提醒孩子们要记住他们的责任,不仅仅是对上帝的责任,还有对社会的责任。他总爱对他们说:"我并不要求你们承担所有的责任,但是你们也不能因此而推卸自己的那份责任。"

如果有人告诉他某种社会弊病时,他会对对方说:"您确实是个好公民。那么,您将为此做些什么呢?"

"父亲坚持所有这些高尚的原则，"罗贝塔回忆道，"这让你觉得自己必须要做个好人。"沃伦最崇拜父亲，也和父亲很亲密。

像其他孩子迷上新型飞机一样，沃伦被股票深深吸引住了。他常常跑到霍华德日益兴隆的股票交易所去。在父亲的办公室里，沃伦常常目不转睛地盯着那些收藏在印着烫金字专柜里的股票和债券单据。在沃伦眼里，它们具有某种神奇的诱惑。

回到家里，沃伦便开始自己动手画股价图，观察它的涨跌态势，由此引发了他想解释这些态势的念头。在11岁的时候，他在每股38美元的价位上，果断地买进了3股城市设施优先股股票，还给姐姐多丽丝也买了3股。然而，城市设施股的股价跌到了27美元。当股价又回升到40美元时，沃伦抛出股票，扣除佣金之后，第一次在股市上获得5美元的纯利，结果他的股票出手不久，股价升到了200美元。这也是他耐心不够而受到的第一个教训。

沃伦在跟踪信息方面做得很出色。受到输赢决定中数学原理的启发，他和拉塞尔开发了一套供跑马者使用的信息系统。几天以后，他们便发现系统有效用，于是他们在"马仔的选择"的标题下写出自己选出的号码，然后带着一大堆复印件来到阿克·萨·本跑马场。用拉塞尔的话来说就是："我们发现自己可以卖出一些。我们四处挥舞着它们，叫喊着'买份马仔的选择'。可是因为我们没有执照，所以生意很快就被停止了。"

沃伦的业绩都是建立在数字基础上的，他对数字的信任超过一切。相比之下，他不赞成家族流传下来的那些信条，甚至当他还很小的时候，就显得太数学化，太逻辑化。

童年的沃伦曾坐在玫瑰山小学的太平梯上，平静地对他的好友们说他将在35岁以前发财。他从来没表现出自吹自擂、头脑发胀的迹象（用拉塞尔朴素的语言来形容就是"他的帽子始终大小合适"），他自己对此深信不疑。

巴菲特有句名言："人生就像滚雪球，重要的是找到很湿的雪和很长的坡。"巴菲特，这个从 5 岁就开始展示出对金钱极大关注的投资家，已经把他人生的雪球滚得足够大。和他一样，我们也有我们的人生雪球要滚，别忘了精心选择适合自己的雪地，更别忘了，当雪球滚起来后，要象巴菲特那样专注。

（刘秋波）

局长说："放下你们的剧本，我就开始打电话联系。现在，一顶一把火烧了也不至于让人心疼的旧帐篷已经找到了，就在离你们为外景地不远的一支地质队的仓库里。"

一个真诚的地质局长 梁晓声

二十五六年前，我曾改写过一部上下两集的电视剧本《荒原》，内容反映的是两名年轻的地质工作者艰苦的野外工作——它由中央电视台影视部直接组稿，形成初稿以后，请我再给"影视化"一下。导演叫黄群学，我的一位后来在广告拍摄业很有成就的朋友。而女主角，则是当年因主演电视连续剧《外来妹》而深受电视观众喜爱的演员陈小艺。

《荒原》是在甘肃拍摄的。

剧名既然叫《荒原》，所选当然是很荒凉的外景地。它的拍摄，受到了从地质部到甘肃省地质局的热情支持。

地质局长专程从某驻扎野外的地质队赶回兰州接见了摄制组的主创人员，他亲切地对他们说："你们就把地质局当成自己的家吧！遇到什么困难，只管开口。地质局能直接帮助你们解决的，我们义不容辞。不能直接帮

097

助你们解决的,我们一定替你们尽力协调,争取顺利和方便。"

这位地质局的局长,或者是副局长,给摄制组的主创人员们留下了很深的印象。

导演黄群学在长途电话里向我大谈这位局长给他们的好印象,而我忍不住问:"简短点儿,概括一下,那局长究竟是一个怎样的人?"

导演说:"真诚。一个真诚的人!还是一个特别注意细节的人。"

我在电话这一端笑了,说你的话像剧本台词啊!一个人真诚不真诚,不能仅凭初步印象得出结论;一个人是否特别注意细节,那也要由具体的例子来证明。

导演在电话那一端说:他们将需要向地质局租借的东西列了一份清单。那位局长当着他们的面让秘书立刻找出来,亲自过目。清单上所列的东西中,包括一台发报机、一套野外炊具、几身地质工作服、一盏马灯、地质劳动工具和一顶帐篷等。

局长边看边说:"这些东西,都是我们地质局有的,完全可以无偿提供给同志们。省下点儿钱用在保证艺术质量方面,不是更好吗?为什么只列了一盏马灯呢?玻璃罩子的东西,一不小心就容易碰坏。一旦坏了,那不就得派人驱车赶回兰州来再取一盏吗?耽误时间、分散精力、浪费汽油,还会影响你们的拍摄情绪,是不是呢同志们?有备无患,我们为你们提供两盏马灯吧。再为你们无偿提供柴油。你们只不过是拍电影,不是真正的野外驻扎,用不了多少柴油燃料,对吧?至于发报机,就不必借用一台真正能用的了吧?我们为你们提供一台报废的行不行?反正你们也不是真的用来发报,是吧,同志们?能用的万一搞得不能用了,不是就造成不必要的损失了吗?现在已经是 11 月份了,西部地区的野外很寒冷了。你们还要在野外的夜间拍摄,一顶单帐篷不行。帐篷也可以无偿借给你们,但应该改为一顶棉帐篷。你们在野外拍摄时冷了,可以在棉帐篷里暖和暖和嘛……"

于是那位地质局的局长,亲自动笔,将他认为应该无偿提供的东西,都一概批为无偿提供了。

一位在场的处长低声对局长说:后勤仓库里只剩一顶帐篷了,而且

是崭新的，还没用过。那样子，分明是有点儿舍不得。

局长沉吟片刻，以决定的口吻说："崭新的帐篷那也要有人来开始用它。就让摄制组的同志们成为开始用它的人吧！"

听了导演在电话那一端说的情况，我对甘肃省地质局的局长，也顿时心生一片感激了。

之后，在整个野外拍摄过程中，那一顶由地质局长特批的崭新的棉帐篷，在西部地区的野外，确确实实起到了为摄制组遮挡寒冷保障温暖的不可替代的作用。

但也正是因为那一顶崭新的棉帐篷，导演黄群学受到了甘肃省地质局长的批评。而我，是间接受教育的人。

剧中有一段很重要的情节，就是帐篷失火了，在夜里被烧成了一堆灰烬。制片人员的拍摄计划表考虑得很合理，安排那一场戏在最后一天夜里拍摄。拍毕，全组当夜返回兰州。

拍摄非常顺利，导演兴奋，全组愉快。导演忍不住给局长拨通电话，预报信息。

不料局长一听就急了，在电话里断然地说："那一顶帐篷绝对不能烧掉！我想一定还有另外的办法可以避免一顶只不过才用了半个多月的帐篷被一把火烧掉。"

导演说那是根本没有别的办法可想的事。因为帐篷失火那一场戏如果不拍，全剧在情节上就没法成立了。

导演还说："我们已经预留了一笔资金，足够补偿地质局一顶棉帐篷的损失。"

局长却说："不是钱不钱的问题，是另外的办法究竟想过没想过的问题。"

最后，局长紧急约见导演。

导演赶回兰州前，又与在北京的我通了一次电话，发愁地说："如果就是不允许烧帐篷，那可怎么办？那可怎么办？"

我说："我也没办法啊　那么现在你对这个人有何感想了呀？"

导演说："难以理解。说不定我这一去，就会因一顶帐篷和他闹僵了。反正帐篷是必须烧的，这一点我是没法不坚持到底的。"

然而，导演并没有和局长闹僵，他反而又一次被局长感动了。

局长对导演的态度依然真诚又亲切。

在局长简陋的办公室里，局长说出了如下一番话："我相信你们已经预留了一笔资金，也足够补偿地质局的一项新帐篷被一把火烧掉的损失。此前我没看过剧本，替剧组预先考虑得不周到，使你们的拍摄遇到难题了，我向你们道歉。但是和你通话以后，我将剧本读了一遍。烧帐篷的情节不是发生在夜晚吗？既然是在夜晚，那么烧掉的究竟是一顶什么样的帐篷，其实从电视里是看不出来的。为什么不可以用一项旧帐篷代替一顶新帐篷呢？"

导演嘟哝："看不出来是看不出来，用一项旧帐篷代替一顶新帐篷当然可以。但这临时上哪儿去找到一顶烧了也不至于令您心疼的旧帐篷呢？找到它需要多少天呢？我们剧组不能在野外干等着啊……"

局长说："放下你们的剧本，我就开始打电话联系。现在，一项一把火烧了也不至于让人心疼的旧帐篷已经找到了，就在离你们的外景地不远的一支地质队的仓库里。我嘱咐他们：将破了的地方尽快修补好，及时给你们摄制组送过去，保证不会耽误你们拍摄今天夜里的戏的……"

这是导演没有料到的，他怔怔地望着地质局长，一时不知说什么好。

局长又说出的一番话是：我们地质工作者的职业性质决定了我们不是物质产品的直接生产者。我们在野外工作时，所用的一切东西无一不是别人生产出来的。他们保障了我们从事野外工作的必备条件，直接改善了我们所经常面临的艰苦环境，这就使我们对于一切物质产品养成了特别珍惜的习惯。你们也可以想象，在野外，有时一根火柴，一节电池，一双鞋垫都是宝贵的。何况，我们是身在西部的地质工作者。西部的老百姓，太穷，太苦了啊！你们若烧掉一项好端端的帐篷，跟直接烧钱有什么两样呢？那笔钱，等于是一户贫穷的西部人家一年的生活费还绰绰有余。我们中国目前还是一个经济欠发达的国家，我们应该长期树立这样的一种意识：物质之物一旦成为生产品，那就一定

要物尽其用……

当导演后来在电话里冷地质局长的话复述给我听时，远在北京的我，握着话筒，心里顿时生出种种感慨。

感慨之一那就是——中国委实需要一大批像那位地质局长一样的人民公仆。

而那一位当年的地质局长，便是我们中国现在的国务院总理——温家宝（注：温家宝曾任甘肃省地质局副局长）。

2005 年 10 月，李明博兑现了自己的承诺。半年后，他两只脚泡在清溪川水中的照片，登上了美国《时代周刊》。

李明博：从卖火柴的小男孩到政坛奇人

余 东

在韩国，李明博有"打工皇帝"、"韩国传奇"之称，是不少年轻人的奋斗榜样。"贫穷、母亲和肯定的力量"，李明博说，他的传奇是靠这三个因素写就的。

1941年12月19日，李明博生于日本大阪，是家中的第5个孩子。1945年，日本战败，李明博一家被迫迁回朝鲜半岛。但此次"旅行"给他们造成了近乎毁灭性的打击。途中，运送家当的船只遇风浪沉入海底，一家人刹那间变得一无所有。于是，父亲只好到牧场打工，母亲则卖起了海鲜，刚懂事的李明博也迈着小脚丫，沿街叫卖糕点、水果、火柴和冰激凌……一家人就这么艰难地生活着。

与贫困斗争的日子似乎过得特别快，转眼间，李明博已是一名初中生。他的二哥考进了大学。由于无力同时供养两个学生，父母决定让李明博辍学。一位老师听说此事后，答应让李明博以抄写教案抵学费的方式来完成初中学业。就这样，李明博没有花家里一分钱，读完了初中，并以全班第一名的成绩，考入了浦项市东智商业高中夜校。

高中毕业后，李明博随家人搬到了汉城（现已更名为首尔）。在那里，他一边做苦力、扫大街，一边捧着从旧书店买来的参考书苦读，不久就顺利考上了高丽大学。入学前，为了凑足学费，他每天天不亮就去捡废品挣钱。

在艰苦环境中养成的坚韧努力的性格，使李明博在同学中树立起很高的威望。大三那年，他当上了商学院学生会的会长。但没过多久，灾难再次降临到他的头上，由于不满军政府的统治，他带头参加游行，结果被宪兵抓了起来，并被判处3年徒刑。

之后，李明博被放了出来。他从未如此沮丧过：一个蹲过监狱的人，还有前途吗？此时，最了解儿子个性的母亲，对他说了一句话："你的人生怎能就这么结束?!""是的，不能就这么结束！"李明博攥紧了拳头。

果如预料的那样，李明博连最卑贱的工作都找不到，"有前科"成了压在他身上的一座大山。但他不愿就这么服输。他给时任总统的朴正熙写了一封抗议信："如果一个国家阻止一名年轻人自力更生，这个国家将永远亏欠他。"1965年，李明博终于在一家名为"现代工程公司"（现代集团前身）的小企业谋到一份差事。那时，他根本预料不到，这将成为他命运的转折点。

加入公司不久，李明博就因工作勤奋和敢于提问题，得到了老板郑

周永的赏识。一年多后,他被派到利比亚,寻找工程建设项目。一位昔日的同事回忆说:"刚到非洲时,他为了跟利比亚官员打交道,能在人家门前等上8个小时;为了让对方尽早接受他,仅用一个月,他就把当地的风俗习惯搞得烂熟。几个月后,他就因揽到的项目最多而被升为组长。"

从非洲回国后,李明博又被派去负责一个高速公路建设项目。当时,工地上的推土机几乎天天出故障,致使工程进度一再被推迟。一天晚上,几台推土机又出了问题。李明博得知后立即赶过去,将出故障的推土机统统拆开,重新组装。他娴熟的拆装技术一下子就把技术人员们震住了。不久,这个小插曲传到了郑周永的耳中。从此,他对李明博更加信任。

29岁晋升为公司理事,35岁一跃而成为社长,46岁当上公司荣誉会长……深得郑周永赏识的李明博,在现代集团的晋升速度如同坐火箭。与此同时,他积累起了330多亿韩元(约合2.7亿元人民币)的巨额财产。当年卖火柴的小男孩,此时俨然已是韩国的"商界传奇"。

"虽然进入公司12年后就被提升为社长,但在这12年里,我没有公休日,每天早上5点就起床,一天工作18个小时以上,相当于别人的两倍。我等于用了24年才被提为社长,不像外界宣称得那样'快速'。"李明博曾感慨道。

1992年,李明博突然决定弃商从政。当年,在韩国第14届国会选举中,李明博当选议员,正式开始了政治生涯。李明博的政治道路颇为坎坷。在1995年的国会大选中,他因违反选举法而被迫让出议员之职,还被罚了400万韩元。此后,他两度参选汉城市长,但均遭失败。不过,性格坚韧的李明博很快重整旗鼓,2002年终于当选汉城市长。

就任市长后,李明博推出了一项"骇人听闻"的计划:拆桥还溪——将流经汉城市区的河流清溪川上的高架桥拆除,还其以本来面目。"几十年前,我带人兴建了高架桥,但现在,我要将5.84公里的清溪川泉水归还给市民。"2005年10月,李明博兑现了自己的承诺。半年后,他两只脚泡在清溪川水中的照片,登上了美国《时代周刊》。

当市长不是李明博的终极目标。2006年底，他正式宣布竞选下届韩国总统。

"不论是企业还是国家，经营的本质难道不一样吗？国家经营比政治重要！""要做首席执行官，而不是最高权力者"……李明博的口号开始吸引众多选民的目光。

2007年12月19日，李明博当选韩国新一任总统。

人生悟语

我们惯于用"奇迹"这样的词汇来形容从一无所有到功成名就的人生。可究竟是什么造就了奇迹的诞生？从打工仔到亿万富翁，人们看到的往往只是奇迹的表象。当面对残酷的现实，是做命运的主人，还是甘为命运的奴隶？当你鼓起勇气放下忧虑和怀疑，一步一步向前走去的时候，你就会发现，真正造就一个个奇迹的，乃是理智的拼搏与永无休止的奋斗。

(刘秋波)

"冷战"期间，李约瑟回剑桥整理收集的史料，将余生全数献给了把中国科学对人类文明的贡献介绍给西方世界的事业上，几乎独立完成了17巨册的《中国科学技术史》。

热爱中国的李约瑟 小贝

1764年，伏尔泰在《哲学辞典》中写道："4000年以前，当我们还不会阅读的时候，中国人就已经知道了所有我们今天引以为豪的有用的东西。"而今天的西方人之所以承认这一点，很大程度上是因为一位英

国人——李约瑟，是他使西方认识到中国对世界文明的贡献。他发起的"科学和中国文明"项目迄今已经出版了《中国科学技术史》24卷，计1.5万页、600多万字，最后一卷出版于2004年。

美国历史学家和传记作家西蒙·温彻斯特在《热爱中国的人》中记述了李约瑟的故事，温切斯特说，李约瑟"戴眼镜，貌似猫头鹰，是一位勇敢的探险家、无本主义者、狂野的莫里斯舞爱好者，不停地抽烟，经常去教堂做礼拜"。李约瑟一生都很多情。

1987年，他91岁的妻子李大斐去世，两年后，88岁的李约瑟与85岁的鲁桂珍结婚。两年后鲁桂珍去世。后来李约瑟又向他20年前的恋人、前加拿大国家美术馆馆长时学颜求婚。

1900年生的李约瑟，就读剑桥大学时就以聪明绝顶及特立独行著称。这位原本极杰出的生物化学家，娶了生化专家同行李大斐为妻，但1937年由中国赴剑桥深造的鲁桂珍改变了他的一生。李约瑟不由自主地爱上了她，被她的祖国深深地吸引。鲁桂珍教李约瑟的第一个中文词语是"香烟"，由此李约瑟感到中文非常神奇，此后放下手头的研究工作，开始集中精力跟鲁桂珍学习中文。1992年他穿着一件中式黑色丝织长袍去白金汉宫接受女王颁发的"御前顾问"勋章。

1942年，李约瑟受英国政府委派到重庆访问，看中国科学家需要什么帮助。在该书中，温彻斯特生动地再现了李约瑟当年的感受：到达重庆时，"空气中混杂着各种气味，烧的香、汽车废气、炒菜的油烟、呛鼻的胡椒、汗味、夹竹桃和茉莉的芬芳"。他找当地的裁缝做了一件中式蓝色长袍，整天穿着。但李约瑟没有在重庆待很久，他大部分时间冒着日军的炮火在中国四处旅行，在糟糕的道路上以漏了气的车胎远征11次，行程近5000公里。他对外宣称的任务是给战时中国的科研人员运送物资，私下里他还想搞清楚，为什么一般意义上的科学并没有在中国兴起。旅行期间，他搜集古代中国做出杰出发明的证据，他还在敦煌发现中国比古腾堡早好多个世纪就开始印书。

"冷战"期间，李约瑟回剑桥整理收集的史料，将余生全数献给了把中国科学对人类文明的贡献介绍给西方世界的事业上，几乎独立完成了17巨册的《中国科学技术史》。西方人惊奇地得知了中国人的伟大发明——吊桥、印刷术、指南针，开始思考"李约瑟难题"：既然古代的中国对人类科技发展有众多重大贡献，为何现代科学和工业革命不是在近代中国发生？

《明报·大家大讲堂》中收有3篇对李约瑟的访谈。对于为什么现代科学没有在中国诞生，李约瑟回答说原因有很多。首先应考虑智性的因素。在17世纪，科学刚刚形成的时候，不少科学家认真地相信由神的规律引申而来的自然律，而中国人没有造物主的观念。其次，中国人认为时间是循环的，希伯来圣经、基督教的时间观是直线的。最后，中国人对自然界的事物兴趣不大，他们比较喜欢追求其他的价值，如文学和诗。

李约瑟认为中国的道家有科学精神，对此，台湾地区的哲学教授徐复观提出质疑。他说《庄子》里面有一个故事证明道家是反机械的：子贡看到一位老翁抱着水瓮浇水灌地，就告诉老翁用桔槔会很省力、很高效。但老翁说他不是不知道有这种机械，只是羞于用之，因为"有机械者必在机事，有机事者必有机心……"李约瑟承认这种反技术情结的合理性："今天人受制于各种科学技术，在某些地方，在某种程度上，已到了令人吃惊的不正常状态。道家反对以技术制人的观点，他们重技术和反技术的态度是对的。"

人生悟语

生命的价值何在？在于他一生对人类的进步作出了何种贡献。有的人一生轰轰烈烈，推动历史进步；有的人一生默默无闻，为他人做着微薄的贡献。无论是哪一种人，无论其贡献的大小，他们都是需要我们永远铭记在心的。

(刘秋波)

"10月，这是炒股最危险的月份；其他危险的月份有7月、1月、9月、4月、11月、5月、3月、6月、12月、8月和2月。"

名人炒股的趣闻 金点强

股市有风险，美国著名幽默小说大师马克·吐温曾在其短篇小说《傻头傻脑威尔逊的悲剧》中借主人公威尔逊之口说出一句名言："10月，这是炒股最危险的月份；其他危险的月份有7月、1月、9月、4月、11月、5月、3月、6月、12月、8月和2月。"如此说来，月月都是危险月！这不仅仅是马克·吐温的一句幽默之语，其实也诉说了他自己在股市中的切肤之痛。当年，马克·吐温曾经迫于还债压力，进军股市希冀大捞一笔，但结果屡战屡败，屡炒屡输，最终只换来一句"威尔逊"的名言。与马克·吐温相似，历史上也曾经有过一些名人，他们也如今日股民一般历经股海沉浮，有人欢喜有人忧。

牛顿：叹言"能算准天体的运行，却算不准人类的疯狂"

大名鼎鼎的牛顿就曾做过一个疯狂的股民。1711年，为攫取蕴藏在南美东部海岸的巨大财富，有着英国政府背景的英国南海公司成立并发行了最早的一批股票。当时人人都看好南海公司，其股票价格从1720年1月的每股128英镑左右，很快增值，涨幅惊人。看到如此利好消息，牛顿就在当年4月份投入约7000英镑购买了南海公司股票。很快他的股票就涨起来了，仅仅两个月左右，比较谨慎的牛顿把这些股票卖掉后,竟然赚了 7000 英镑!

但是刚刚卖掉股票,牛顿就后悔了,因为到了 7 月,股票价格达到了 1000 英镑,几乎增值了 8 倍。经过"认真"的考虑,牛顿决定加大投入。然而此时的南海公司已经出现了经营困境,公司股票的真实价格与市场价格脱钩严重。没过多久,南海公司的股票一落千丈,到了 12 月份最终跌为约 124 英镑,南海公司总资产严重缩水。许多投资人血本无归,牛顿也未及脱身,亏了 2 万英镑!这笔钱对于牛顿无疑是一笔巨款,牛顿曾做过英格兰皇家造币厂厂长的高薪职位,年薪也不过 2000 英镑。事后,牛顿感到自己枉为科学界名流,竟然测不准股市的走向,感慨地说:"我能计算出天体运行的轨迹,却难以预料到人们的疯狂。"

马克思:牛刀小试收获颇丰

与牛顿的一掷千金相比,马克思的炒股规模小得多。1864 年,马克思当时在伦敦做研究工作。经济上他一直比较拮据,依靠恩格斯等友人的资助。健康上则不大乐观,医生对他的忠告就是不可以从事紧张和长时间的脑力劳动。囊中羞涩和脱离工作的滋味,让他感觉到不快乐。当年 5 月,马克思的一个朋友去世,在遗嘱中特意请人把 600 英镑的遗产赠与马克思。对于马克思来说,朋友的这次遗赠不仅是雪中送炭,还给了他在股市小试牛刀的机会。

有了这笔资金,经济学造诣颇深的马克思便决定投资英国股市,一为休闲,二为体验一下股民生活,赚些生活费用。于是他参考伦敦"金融时报指数"回升的好时机,分批次购买了一些英国的股票证券,之后他耐心等待市场变化,在他认为政治形势和经济态势提供了良好的投资机会,股票价格开始上升一段时间后,就会迅速地逐一清仓。通过这一番炒股操作,马克思以 600 英镑的本金赚取了约 400 英镑的净利润!对于这段经历,马克思颇以为有趣,他在写信给一个亲人时特意提到:"医生不许我从事紧张和长时间的脑力劳动,所以我——这会让你大吃一惊——做起投机生意来了……主要是做英国的股票投机,我用

这个办法已经赚了 400 多英镑。"

凯恩斯：还能推衍出一番理论

经济学家凯恩斯在做经济学研究之余也常常在业余时间进行投资，他 36 岁时的资产只有约 1.6 万英镑，到 62 岁逝世时就已经达到约 41 万英镑了。在这些个人资产中，炒股赢利占了大头。不过，凯恩斯也不是常胜将军，但是在股海沉浮中的那份坚持让他常常能走出低谷。1928 年他以 1.1 英镑的价格买入 1 万股汽车股票，不久这个股票一度跌至了 5 先令，但是凯恩斯没有自乱阵脚，他一直等待，到了 1930 年，终于等到股价回到他的买入价之上。

凯恩斯的特别之处在于他通过自己炒股的经历还提出了经济学理论，其中就有著名的"空中楼阁"定理。凯恩斯提到："股票市场的人们不是根据自己的需要而是根据他人的行为来作出决定的，所以这是空中楼阁。"简言之，在股票市场中，大众的偏好很重要。凯恩斯还曾经提到过一些投机技巧，其中著名的有：投机比投资风险小，鸡蛋应该放到一个篮子里，投资组合不合适，预测走势要看群众心理等。

丘吉尔：遇上股市大崩溃，到了晚上就被调侃为"前百万富翁"

1929 年，刚刚卸去英国财政大臣之职的丘吉尔和几位同伴来到美国，受到了投机大师巴鲁克的盛情款待。巴鲁克是丘吉尔的好友，他是一位能干的金融家，被人们誉为"投机大师"。此番接待丘吉尔，巴鲁克悉心备至，特意陪他参观了纽约股票交易所。在交易所，紧张热烈的气氛深深吸引了丘吉尔。虽然当时他已经年过五旬，但好斗之心让他决心也炒股一试。

然而不幸的是，1929 年改变世界经济乃至世界政治格局的美国股灾爆发了，丘吉尔回到纽约的时间和华尔街股票市场崩溃的开始时间恰巧惊人的一致。结果仅仅在 10 月 24 日一天之内，他几乎损失了投入股市所有的 10 万美元(也有资料称约 50 万英镑)。那天晚上,巴鲁克邀请大约 50 名财界领袖一起吃晚饭,席间他向丘吉尔祝酒时就戏称他为"我们的朋友和前百万富翁"了。丘吉尔还目睹了纽约股票市场突然暴跌后的惨剧:"就在我房间的那扇窗户下面,有人从 15 层楼纵身跳下去,摔得粉身碎骨,引起了一场严重的混乱,消防队都赶到了。"

这样的残酷事件让丘吉尔感到,炒股绝非儿戏。但是他仍然充满想象力地声称:"在这个年代,成为一个投机商人该是多么奇妙的一种生活啊。"

人 生 悟 语

理财专家们最富于煽动性的话是:"你不理财,财不理你",弄得不管是老头老太的养命钱还是小孩的压岁钱,全都蠢蠢欲动、随时准备铤而走险。可你要是只带着一知半解匆匆杀进股市,结果恐怕就是"你敢理财,财就离开你",名人也不例外。股市只有一句金玉良言:股市有风险,入市需谨慎。

(刘秋波)

作为华裔科学家,钱永健希望他的获奖可以激励中国年轻人,"当然,我希望各个国家的年轻人都能受到激励,但我知道,中国人对此会尤感骄傲。"

钱永健与
他的诺贝尔之路 佚 名

天才的童年

钱永健 1952 年出生于纽约,他的父亲钱学榘(jǔ)与钱学森是堂兄弟,两人均毕业于上海交通大学,并赴美国留学。钱永健生活在一个工程师辈出的家族,父亲是汉音公司的机械工程师,舅舅们则在麻省理工学院当工程学教授。他常说他自己做的也是工程学——分子层面的工程学,并且开玩笑地说:"我干这个纯粹是遗传。"

与很多获得"炸药奖"的科学家一样,钱永健从小就喜欢摆弄瓶瓶罐罐。起初是因为他深受哮喘困扰,不能经常出门和其他小朋友一起玩,只好待在家里的地下室自己设法消磨时间,而后来,从小就对科学感兴趣的他越来越迷恋上了化学,便猫在地下室里做各种各样的化学实验。有一次,他竟然还和哥哥一起偷偷制造炸药,并且成功引爆,炸坏了家里的乒乓球台。

钱永健的化学天赋很快便显现出来。16岁时,凭借对金属如何与硫氰酸盐结合的研究,他获得了专为中学生设立的西屋科学天才奖。这项比赛是美国历史最久、最具声望的科学竞赛之一,得奖者通常被视为未来诺贝尔奖的候选人。而他哥哥钱永佑是神经生物学家,曾任Stanford大学生理系主任。两兄弟在大学时分别获得Rhodes和Marshall奖(通常认为是美国大学生最高荣誉的奖学金,克林顿曾获Rhodes奖),到英国留学,1980年代双双成为美国科学院院士。

发明钙染料

1972年,凭借美国国家优等生奖学金,20岁的钱永健获得了哈佛大学化学和物理学学士学位。因为不太喜欢当时学校里化学的教学方式,毕业后他转而前往英国剑桥大学,改读生理学博士。在那里,钱永健开始研究如何观察大脑的神经信号网络。

1980年,他发明了钙染料,用于检测钙离子浓度的染料分子。这种有机染料在与钙质结合时,荧光颜色会发生奇妙的变化。第二年,他改进了将染料引入细胞的方法,随后有更多更好的染料被发明出来,并得到广泛应用。

著名生物学家饶毅对钱永健的这项研究评价极高,他对记者说:

"钙离子染料和绿色荧光蛋白是同一个领域的两项重要的工作，光凭钙离子染料的发明，钱永健就可以得奖。有趣的是，下村修第一个发现的水母素，也是检测钙离子浓度的一种方法。他们两人可以因为发明高时间和空间分辨率的检测钙的新方法而共同获奖。"

钙离子在多种生理反应中扮演关键角色。在钱永健的钙染料出现以前，对钙离子具有空间检测能力的只有水母素，但当时要使用水母素需要将其注射到细胞内，这种方法常常会破坏细胞，而钱永健的染料无需注射也可穿透细胞壁。他的这项研究后来被广泛应用于生物体内成像技术。

为了内心的快乐

钱永健非常看重内心的快乐。他认为科学研究也应该是一种快乐。他曾经说："你的科研领域应满足你的个性，为你内心提供快乐，这样当你在科研中的沮丧时期不可避免地到来时，才能安然度过。"

在剑桥大学学习生理学的过程中，钱永健忽然对浩瀚的海洋产生了浪漫的遐想，于是转而去学海洋学。"我总梦想着在蓝色海洋上远航，觉得那样一定很浪漫，但我最终发现它完全不是这样。我的研究只是在海湾中测量石油污染的程度，最终我发觉自己根本不关心藻海的高度。"于是，钱永健重新回到了生理学，开始专注于一项永远充满神秘色彩的领域：人类大脑。在他看来，大脑就像一部让人心醉的织布机，"它需要更熟练、更精细、更有创造性的方法把碎片拼织起来"。

然而在 1977 年，当钱永健因为研究大脑而获得生理学博士学位的时候，神经科学刚刚起步，人们对大脑的研究方法往往"简单粗暴"。比如要检测大脑神经元的活动，医生就会在病人头骨上打洞，把线直接连到大脑中。钱永健形容这和因纽特人在冰层上打洞钓鱼差不多。

如何才能更加精细地研究大脑呢？为了制造合适的工具，钱永健最终回归化学，开始了他对绿色荧光蛋白的研究。

绿色荧光蛋白之路

最初发现绿色荧光蛋白的是日本海洋生物学家下村修。1962 年，他在研究水母素的时候发现了一种副产物，将其命名为绿色荧光蛋白。然而下村修本人只是对生物发光现象感兴趣，对这种蛋白到底有什么样的应用则完全不予关心。1994 年，美国科学家马丁·查尔菲通过线虫实验，证明了绿色荧光蛋白作为一种生物示踪分子的应用前景。"对于有些研究来说，荧光蛋白的作用可以形容为'起死回生'：原来有些方法，需要把生物变成死物才能研究一些现象和过程，而荧光蛋白为主要支柱之一的现代成像技术，使科学家在活的细胞中观察和研究这些过程，使一部分'死物学'变成'生物学'。"饶毅这样评价道。他对记者解释说，比如说要研究果蝇体内的一种蛋白质，这种蛋白质在它出生 2 天的时候还没有，到它出生 10 天的时候才有，对此，以前人们的研究方法就是把 2 天的果蝇打碎，测蛋白质的含量，再把 10 天的果蝇打碎，测蛋白质的含量，这就是把"生物"变成了"死物"。而现在有了荧光蛋白就不一样，它可以让你在活的生物体内进行观察，把"死物"重新变成"生物"。

然而，绿色荧光蛋白虽然好用，但它只能发出绿光，如果要研究多个目标该怎么办呢？这时候，生性浪漫的钱永健开始将目标瞄准了彩色荧光蛋白。通过对荧光蛋白发光原理的研究，钱永健不仅找到了让绿色荧光蛋白发光更强、时间更久的办法，并且成功地制造出不同颜色的荧光蛋白，甚至还有可以变色的荧光蛋白。

面对这些绚烂的色彩，喜爱色彩的钱永健别出心裁地将它们分别命名为蜂蜜黄、香蕉黄、橘子黄、番茄红、橘子红、草莓红、樱桃红、葡萄紫、红莓紫和李子红。"我总是被色彩所吸引。"正是色彩，让他的工作更加有趣。"如果我天生是个色盲，估计就不会取得今天的成就了。"钱永健说。

为癌症作点儿贡献

钱永健是一个极其聪明的人。在接受美国媒体采访时,他的同事、美国加州大学圣迭戈分校国家显微成像与研究中心主任马克·爱利斯门说,钱永健是他见过的最聪明的人。"他拥有世界上最美丽的大脑,不仅因为他能够深入思考如何填补已知科学领域的空白,更因为他知道如何发现新问题。他挖掘得很深,理解问题又快,还擅长把问题的各部分统一起来看,发现新的研究工具,以此帮助其他科学家挖掘其他新问题。"

曾在钱永健实验室中学习工作的王磊(音)告诉本报记者,"他的知识面很广,对化学、物理、数学、生物等领域都非常了解"。而另一名毕业生张瑾(音)则将其成功总结为"开阔的视野,非凡的创造力,还有勤奋的工作"。

钱永健说,他今后不会再花太多时间在荧光蛋白上。他将把自己的时间投入到改善人类生存状况,尤其是希望能为治疗癌症、中风和动脉硬化作点儿贡献。因为他的父亲和导师都死于癌症,"我一直想在临床方面做一些与我事业相关的事,"钱永健说,"如果可能的话,癌症就是终极挑战。"

"今天不如昨天聪明"

其实,早在获得诺贝尔奖之前,钱永健就已经拿到了很多有分量的大奖,其中包括2004年获得的有"诺贝尔指针"之称的沃尔夫医学奖。此外,他还拥有不少于60项的美国专利发明。在他实验室中工作的博士舒校坤说,钱永健可能是全美国拥有专利最多的科学家之一,可能也是世界上被邀请做学术报告最多的科学家,因为化学界和生物界都爱听他的报告,其中既有技术应用,又有一些很有趣的现象。多年来很多人都相信钱永健会得诺贝尔奖,或者是化学奖,或者是生理学奖。

熟悉钱永健的人都对他出色的钢琴技艺印象深刻。钱永健在哈佛大学求学时,因为厌倦了当时的化学课程,自己主动去修了不少钢琴课。

此外钱永健还酷爱运动,他每天骑自行车上下班,有时候去潜水,前不久还参加了圣迭戈的三跑比赛。

在他获奖后,祝贺和采访的电话从世界各地潮水般涌来,钱永健有点招架不住。他对记者说"我感觉自己有点儿像被汽车大灯照着的鹿,我今天肯定不如昨天聪明。"另外他还特意感谢了一下水母:"尽管我们不明白它们为什么要发光,但上千万年来它们一直在发光。要是没有水母,今天这一切都不会发生。"

作为华裔科学家,钱永健希望他的获奖能激励中国年轻人,"我希望各个国家的年轻人都能受到激励,但我知道,中国人对此会尤感骄傲"。

❀ 人 生 悟 语 ❀

天赋的聪明、浪漫的激情、清醒的大脑,这三者似乎是一个成功人士不可缺少的要素。没有上苍禀赋的聪明才智很难作出超常的贡献,没有浪漫的激情很难超越实践路途上的坎坷,没有清醒的大脑就不可能发现自己前进的方向。因此这三者就是人生三棱镜的三条棱,缺一不可。

(刘秋波)

"假若我再上一次大学",我曾一度得到两个截然相反的答案:一个是最好不要再上大学;一个是仍然要上,而且偏偏还要学现在学的这一套。

假若我再上一次大学 季羡林

"假若我再上一次大学",多少年来我曾反复思考过这个问题。我曾

You yi zhong
kuang mang guan qiu ju jiao

一度得到两个截然相反的答案：一个是最好不要再上大学，"知识越多越反动"，我实在心有余悸。一个是仍然要上，而且偏偏还要学现在学的这一套。后一个想法最终占了上风，一直到现在。

如果想让我谈一谈在上大学期间我收获最大的是什么，那是并不困难的。在德国学习期间有两件事情是我毕生难忘的，这两件事都与我的博士论文有关联。

我想有必要在这里先谈一谈德国的与博士论文有关的制度。当我在德国学习的时候，德国并没有规定学习的年限。只要你有钱，你可以无限期地学习下去。德国有一个词儿是别的国家没有的，这就是"永恒的大学生"。德国大学没有空洞的"毕业"这个概念。只有博士论文写成，口试通过，拿到博士学位，这才算是毕了业。

写博士论文也有一个形式上简单而实则极严格的过程，一切决定于教授。在德国大学里，学术问题是教授说了算。德国大学没有入学考试。只要高中毕业，就可以进入任何大学。德国学生往往是先入几个大学，过了一段时间以后，自己认为某个大学、某个教授，对自己最适合，于是才安定下来。在一个大学，跟从某一位教授学习。先听教授的课，后参加他的研讨班。最后教授认为你"孺子可教"，才会给你一个博士论文题目。再经过几年的努力，搜集资料，写出论文提纲，经教授过目。论文写成的年限没有规定，至少也要三四年，长则漫无限制。拿到题目，十年八年写不出论文，也不是稀见的事。所有这一切都决定于教授，院长、校长无权过问。写论文，他们强调一个"新"字，没有新见解，就不必写文章。见解不论大小，唯新是图。论文题目不怕小，就怕不新。我个人觉得，这是非常重要的一点。只有这样，学术才能"日日新"，才能有进步。否则满篇陈言，东抄西抄，尽是冷饭，虽洋洋数十甚至数百万言，除了浪费纸张、浪费读者的精力以外，还能有什么效益呢？

我拿到博士论文题目的过程，基本上也是这样。我拿到了一个有关佛教混合梵语的题目，用了 3 年的时间搜集资料，写成卡片，又到处搜寻有关图书，翻阅书籍和杂志，大约看了总有 100 多种书刊。然后整理资料，使之条理化、系统化，写出提纲，最后写成文章。

我个人心里琢磨：怎样才能向教授露一手儿呢？我觉得，那几千张卡片，虽然抄写时好像蜜蜂采蜜，极为辛苦；然而却是干巴巴的，没有什么文采，或者无法表现文采。于是我想在论文一开始就写上一篇"导言"，这既能炫学，又能表现文采，真是一举两得的绝妙主意。我照此办理。费了很长的时间，写成一篇相当长的"导言"。我自我感觉良好，心里美滋滋的，认为教授一定会大为欣赏，说不定还会夸上几句哩。我先把"导言"送给教授看，回家做着美妙的梦。我等呀，等呀，终于等到教授要见我，我怀着走上领奖台的心情，见到了教授。然而却使我大吃一惊。教授在我的"导言"前画上了一个前括号，在最后画上了一个后括号，笑着对我说："这篇导言统统不要！你这里面全是华而不实的空话，一点儿新东西也没有！别人要攻击你，到处都是暴露点，一点儿防御也没有！"对我来说，这真如晴天霹雳，打得我一时说不上话来。但是，经过自己的反思，我深深地感觉到，教授这一棍打得好，让我毕生受用不尽。

　　第二件事情是，论文完成以后，口试接着通过，学位拿到了手。论文需要从头到尾认真核对，不但要核对从卡片上抄入论文的篇、章、字、句，而且要核对所有引用过的书籍、报刊和杂志。要知道，在 3 年以内，我从大学图书馆，甚至从柏林的普鲁士图书馆，借过大量的书籍和报刊，耗费大量的时间。当时就感到十分烦腻，现在再在短期内，把这么多的书籍重新借上一遍，心里要多腻味就多腻味。然而老师的教导不能不遵行，只有硬着头皮，耐住性子，一本一本地借，一本一本地查，把论文中引用的大量出处重新核对一遍，不让它发生任何一点儿错误。

　　后来我发现，德国学者写好一本书或者一篇文章，在读校样的时候，都是用这种办法来——仔细核对。一个研究室里的人，往往都参加看校样的工作。每人一份校样，也可以协议分工。他们是以集体的力量，来保证不出错误。这个法子看起来极笨，除此以外，还能有"聪明的"办法吗？德国书中的错误之少，是举世闻名的。有些极为复杂的书竟能一个错误都没有，连标点符号都包括在里面。读过校样的人都知道，能做到这一步，是非常非常不容易的。德国人为什么能做到呢？他们并非都是超人的天才，他们比别人高出一头的诀窍就在于他们的"笨"。我想改几句中国古书上的话：德国人其智可及也，其笨(愚)不可及也。

　　反观我们中国的学术界，情况则颇有不同。在这里有几种情况。中国学者博闻强记，世所艳称。背诵的本领更令人吃惊。过去有人能背诵四书五经，据说还能倒背。写文章时，用不着去查书，顺手写出，即成文章。但是记忆力会时不时出点儿问题的。中国近代一些大学者的著作，若加以细致核对，也往往有引书出错的情况。这是出上乘的错。等而下之，作者往往图省事，抄别人的文章时，也不去核对，于是写出的文章经不起推敲。这是责任心不强，学术良心不够的表现。还有更坏的就是胡抄一气。只要书籍文章能够印出，哪管什么读者！名利到手，一切不顾。我国的书评工作又远远跟不上。即使发现了问题，也往往"为贤者讳"，怕得罪人，一声不吭。在我们当前的学术界，这种情况能说是稀少吗？我希望我们的学术界能痛改这种极端恶劣的作风。

　　我上了 9 年大学，在德国学习时，我自己认为收获最大的就是以上两点。也许有人会认为无甚高论，我不去争辩。我现在年届耄耋，如果年轻的学人不弃老朽，问我有什么话要对他们讲，我就讲这两点。

❖ 人 生 悟 语

　　有人问孔子，有没有一个字可以践行一生？孔子说大概是"仁"字吧。如果有人问有没有一个词，按照它的指示来做能通向成功，我们大概要回答他：那应该是"严谨"。严谨的作风是一阵春雨，能使大地生机无限；严谨又是一阵秋风，能吹散所有的浮华。事业上缺少了严谨的作风，就会像无人看护的草地，长满浮华的恶草。

　　　　　　　　　　　　　　　　　　　　　　　　(刘秋波)

第466号囚犯的番茄 李丹崖

1964年，罗本岛监狱又来了一位新犯人。像其他犯人一样，他一进门就被扒去了衣服，换上了一套专业的囚服，上面写着"第466号"。他是一个政治犯，所以被推进了一个不足4.5平方米的单人牢房。从此，他过上了"暗无天日"的生活，阴暗的牢房，头顶上吊着一盏昏黄的灯，他每天被囚禁23个小时，仅仅在上午和下午才有半个小时的放风时间，所以，他几乎从来没有见过罗本岛监狱的太阳，也很少有机会感受到窗外的丝丝风声，唯一能感知的只有灰头土脸的囚犯，还有他们所发出的呻吟声。

罗本岛监狱是个阴森的殿堂，那里的狱警动辄就对囚犯们挥起残酷的鞭子，并且残忍地往绽开的皮肉上泼辣椒水，大多数人都是在狱警的皮鞭下和辣椒水下度日的，幸亏他是监狱长特意安置的"重犯"，要不然，他也一样逃脱不了狱警的魔掌。

已经记不清多少个日子，他几乎每天都目睹两个狱警拖着一个犯人，死尸一样地从刑讯室出来，每次都看得他义愤填膺。他每一次都想改变监狱的现状，无奈的是，身为"重犯"的他也是泥菩萨过河，自身难保。

后来，他和众囚犯被安排到罗本岛监狱的采石场上去做苦工，每天在持枪看守的监督下拼命地搬运石头，动作稍慢就有被毒打的危险，另外，所有的囚犯只准逗留在这个采石场里，一旦踏出采石场的边缘，就会被无情地射杀。由于石灰石在太阳的照射下具有极强的反光性，长期在这种环境下生活的他，每天看到的只有刺眼的白色强光，以至于他的视力逐渐下降。

虽然他的视线逐渐变得模糊，而他的目光却炯炯有神。为了改变这种悲惨的现状，他利用放风的机会，大胆地向监狱长提出了自己的想法：在监狱的院子里开辟一片园子！哪知道他的这一想法刚一出口，就被监狱当局无情地否决了。他并没有灰心，几乎一有机会他就要把自己的想法说出来，经过了无数次的否决，大约过了 5 年左右，他的愿望终于实现了。

监狱当局同意了在监狱墙脚的一片狭长地带供他开辟园子，并且破天荒地给他提供了番茄、辣椒等蔬菜的种子。院子是用废渣垫起来的，为了开辟菜园，他必须把大量的石块挖出来，这样一来，植物才有足够的生长空间。罗本岛监狱的院子里从此多了一抹动人的绿色。但是，由于气候的恶劣，园子的第一茬收成并不是很好，仅仅收获了一篮子不怎么红润的番茄。他一个也舍不得吃，都分给了自己的狱友和狱警们。

罗本岛监狱的条件简直太艰苦了，以至于能够吃到这样的番茄变成了一件奢侈的事情。他一从采石场回来就潜心照料自己的园子，他每天把全部心思都花在自己的园子上，许多人都说他是监狱里的"植物学家"，而他自己则把那片园子看成了自己的心灵园地，每当采石场上的石灰石刺伤了他的眼睛，他就回到自己的园子望一望。那样一片生命的绿缓解了他眼睛的疲劳，并消解了他在采石场里所遭受的疲劳和委屈。

令人匪夷所思的是，自从有了这片菜园之后，整个监狱有了很大的改观，每到放风时间，许多狱友都会帮助他来照料一下满园的蔬菜，在狱警们不注意的时候，他们还能揣几个番茄回去，以备夜晚享用；更令人称奇的是，狱警们的态度似乎也变得和蔼多了，因为，他总是把新采摘的番茄发给狱友们，然后再由他们送到狱警们手中，吃了犯人的番茄，狱警们拿鞭子的手，也不再那么蛮横了。一个黑人狱警说，每当我莽撞地举起鞭子的时候，我就想起了这是一群递给我番茄吃的人，在我的眼里不再有什么囚犯，他们让我想起了自己的家人，总在我最疲劳的时候递给我新鲜的水果来解乏……

囚犯和狱警们的关系逐渐融洽起来，这位第466号囚犯，也在罗本岛监狱整整种了18年的菜园，直至他被转到另一家监狱仍然保留着这一良好的习惯。

这位第466号囚犯不是别人，正是黑人总统曼德拉。曼德拉用几只番茄就让整个监狱变得融洽起来，乍一看，这是一件十分轻松的事情。其实，曼德拉哪里是在经营菜园，他是在耕作一片片心灵的腹地呀！

人 生 悟 语

我们身边每天都在发生着许多小事，这些事情小到几乎不能引起你的一点注意，然而它们并非毫无意义。可能现在，在中国西部的某个贫困得不能再贫困的山村刚刚盖好一间毫不起眼的小房子，但是那里就会诞生希望，因为那是学校。不要因为是小事就不去做，更不要因为是小事就忽略不计。

（刘秋波）

文学只不过是人生的装饰，只有拥有美好的品质才是最根本的。

获得诺贝尔文学奖
的"非文学家" 鲁先圣

自1901年法国作家普吕多姆获得第一届诺贝尔文学奖起，到

2007年的英国作家莱辛，诺贝尔文学奖已经颁给了107位对世界文学作出杰出贡献的人士。毫无疑问，他们中间，大多数都是著作等身的作家文豪，但是，其中也有几位获奖者，获奖的原因并非是他们的文学作品。

瑞典文学院把第二届文学奖颁发给了德国历史学家蒙森。颁奖词称赞蒙森是"当今世界最伟大的修史巨匠"。蒙森家居住的地方与古罗马有着密切的渊源。精通历史的母亲常常说："我们跟古罗马有着非常密切的渊源，可是现在还有谁知道古罗马帝国的辉煌历史呢？"母亲的话给了蒙森极大的启示，也点燃了他研究古典历史的兴趣。在大学里，他把全部的精力用在对历史的研究上，广泛涉猎各种文化历史知识。在他86岁去世的时候，共出版著作1513种，举世瞩目的《罗马史》写作历时30多年，书中史料的翔实前所未有，简直就是罗马历史的真实再现。瑞典文学院认为，尽管蒙森没有专门的文学著作，但是他的历史著作中间同样体现着高深的文学素养，因此把1902年的诺贝尔文学奖颁发给了这位历史学家。

1908年的诺贝尔文学奖颁发给了德国哲学家奥铿。奥铿1846年出生于德国的奥希里城，父亲在他5岁那一年就去世了，后来哥哥又不幸去世，这促使他陷入深深的思考当中："人为什么会突然死去？"上中学的时候，班主任是个哲学家，这使他爱好哲学的头脑如鱼得水。1862年，奥铿考入了哥廷根大学的哲学系，从此，他就在哲学研究的道路上越走越远。他不断地著书立说，一生著书30多种，数量之丰，为同时代哲学家所远不能及。尤其是《伟大哲学家的人生观》，深受世界读者的欢迎和喜爱，先后再版16次，畅销全世界。瑞典文学院认为他的全部哲学著作表现了很强的文学性，充分显示了一个哲学家的写作技巧，对于世界文学同样产生了重大的影响。

法国哲学家柏格森成为继奥铿之后又一位获得诺贝尔文学奖的哲学家。他生于巴黎，自小便接受典型的法国式教育，对哲学、数学、心理学、生物学有浓厚兴趣。1889年获哲学博士学位，1900年任法兰西学院教授。柏格森的生命哲学具有强烈的唯心主义和神秘主义的色彩,但他对种种理性主义认识形式的批判和出击,对于人类精神解放确有重要意义,因而不仅成为现代派文学艺术的重要哲学基础,而且对现代科学和哲学也影响很大。他的著作采用的不是哲学界通行的要领法或抽象法,而是在风格上严谨和简洁,像柏拉图和培根的文章那样,充满了色彩和比喻,辞藻华丽,文字优美。1927 年,"为了表彰其丰富而生气勃勃的思想和卓越技巧",他被授予诺贝尔文学奖。瑞典学院高度评价了柏格森的生命哲学在批判传统哲学的理性主义机械论和决定论方面,具有解放人类思想的巨大意义,认为他的著作之一《创造的进化》是"一篇震撼人心的雄伟诗篇,一个含蕴不竭之力与驰骋天际之灵感的宇宙论","他亲身穿过理性主义的华盖,开辟了一条通路。由此通路,柏格森打开了大门,向理想主义敞开了广阔无边的空间领域。"

1950 年,当罗素以"非文学家"身份获得该年度诺贝尔文学奖的消息传遍世界的时候,没有人感到吃惊。人们相信,作为一个涉猎众多社会科学领域并取得较高研究成果的哲学家、数学家、社会学家,罗素在诺贝尔文学奖设立的第 50 周年荣获该奖是当之无愧的。世界公认,罗素无疑是这个时代最伟大的学者。他是理性主义和人道主义的代言人,是西方思想解放与言论自由的见证人。作为哲学家,罗素的主要贡献在于数理逻辑方面,是逻辑原子论和新实在论的主要创始人之一。以此为基础的现代分析哲学在西方近代哲学史上具有重要的地位。作为社会活动家,他一生追求真理,积极参加社会政治活动,为维护世界和平,反对侵略战争,多次发表声明和演讲。罗素作为他生活的时代的思想界的泰斗,一直是当时全世界注意与争论的中心人物。在人类知识和数理逻辑这两个领域,他的创作也是空前的。在研究的同时,他写下了众多著作,几乎涉及社会科学的各个领域。1946 年,74 岁的罗素发表了著名的巨著《西方哲学史》,他深厚的功底与敏捷的思维在书中得到淋漓尽致的表现。罗素一生的追求可说是力图作为大众良知最热烈的发言人。总是能够出色地把艰深的学术思想深入浅出地普及与大众,这些著作即使是从纯文学的角度看,也是无与伦比的。

　　作为政治家的英国首相丘吉尔一直在全世界享有盛名。但是，这位政治家1953年也以"非文学家"的身份获得了诺贝尔文学奖。他曾就读于著名的哈罗学校，但生性执拗，学习成绩不佳，只喜欢历史和军事游戏。1893年勉强考入陆军军官学校后，由于志趣相投，毕业成绩名列前茅，获军官资格。因渴望冒险的战斗生活，他以志愿兵和随军记者的身份先后参加过西班牙对古巴的殖民地战争和英国军队在印度、苏丹、南非的战争，以作战英勇，敢于履险犯难闻名。其间，在印度驻守的两年中，他还广泛阅读了历史、哲学、宗教和经济方面的著作，以弥补自己在教育上的欠缺。1899年，丘吉尔退伍参政。20世纪30年代，由于法西斯势力的崛起，欧洲形势日益紧张，丘吉尔坚决反对英法等国的绥靖政策，成为强硬派领袖。他到处发表演说，揭露战争的危险。他的演说滔滔雄辩，被公认为出类拔萃的大演说家。1940年，他临危受命，出任首相，领导英国人民保卫英伦三岛，并积极展开外交活动，与美苏结盟，形成国际反法西斯统一战线，为反法西斯战争的最后胜利作出重大贡献。丘吉尔的一生虽主要从事政治活动，但他的历史著述和传记写作成就卓著。在1953年，由于他在描述历史与传记方面的造诣，同时由于他那捍卫崇高的人的价值的光辉演说，丘吉尔获得了诺贝尔文学奖。

人生悟语

　　在中国有两句古话，一句是：余事做诗人；另一句是：行有余力，则以学文。因为文学不过是人生的装饰，拥有美好的品质才是最根本的。就像一棵参天的大树，只有它的根扎得深，才会枝繁叶茂；就像是平静的大海，只有拥有足够的深度，才能呈现给我们平静的蔚蓝；只有拥有伟大的人格，才能写出伟大的文章。　　　　（刘秋波）

帕瓦罗蒂走了，一个歌剧天才走进天堂，一个温暖的声音长留世上，留给我们无数的怀念和铭记……别了，我的太阳！歌王，一路走好！

帕瓦罗蒂：别了，我的太阳！

鸿　声

帕瓦罗蒂的离去，让 2007 年 9 月 6 日充满了哀伤。美国《洛杉矶时报》以"天籁之声今成绝唱"为题来评价世界歌王的离去，老搭档多明戈也对他表达了深切的哀悼。他形容帕瓦罗蒂的声音是"上帝赐予"的，能够"准确无误地从最低音提至男高音音域的最高点"。

71 年的人生旅程，帕瓦罗蒂是幸运的，他与挚爱的意大利歌剧携手走到生命尽头。与音符相伴的日子，帕瓦罗蒂取得的成就震惊世界、无人可及，从歌唱生涯早期至 20 世纪 90 年代，他凭借自身的天赋和勤奋，再加上音乐大师们的提携，迅速在世界歌坛成名，他以强劲的高音和胸腔共鸣著称，与多明戈、卡雷拉斯并称世界三大男高音。

帕瓦罗蒂走了，一个歌剧天才走进天堂，一个温暖的声音长留世上，留给我们无数的怀念和铭记……别了，我的太阳！歌王，一路走好！让我们在挥手告别天边最后一抹夕阳的时候，重温一下传奇歌王那光彩夺目的一生。

意大利，太阳冉冉升起

帕瓦罗蒂于 1935 年 10 月 12 日出生于意大利摩迪纳，父亲费尔南多·帕瓦罗蒂是面包师,母亲阿黛勒是雪茄烟厂女工,他们都酷爱音乐,父亲是当地颇有名气的业余男高音。帕瓦罗蒂呱呱落地时就拥有一副好嗓子,他的第一声啼哭,就让母亲和医生格外惊讶,医生从来没有听过音调这么高的啼哭。母亲更预言,小帕瓦罗蒂将来会前途无量。

他的家境不富裕,但帕瓦罗蒂却认为家里总是"充满快乐"。"我们的财产很少,但我当时无法想象一个人还能拥有更多东西。"他说。孩提时代的帕瓦罗蒂爱好足球,同时也表现出对音乐的热爱。他喜欢听父亲收集的唱片。帕瓦罗蒂生前曾回忆说,他当时对美国歌手兼演员马里奥·兰扎的表演很着迷。"我十几岁时,经常去看马里奥兰扎的电影,回到家后对着镜子模仿。"他说。

1940 年,5 岁的帕瓦罗蒂拥有了一把自己的吉他玩具,他用吉他伴奏唱一些民歌,这些民歌是他听了父亲播放的唱片后学会的。即便如此,音乐对那时的帕瓦罗蒂来说仅仅是爱好。

在 17 岁那年,帕瓦罗蒂由父亲介绍到"罗西尼"合唱团,从此开始随合唱团在各地举行音乐会。为了能引起某个经纪人的注意,帕瓦罗蒂不时在免费的音乐会上演唱,但都没有成功。在菲拉拉举行的一场音乐会上,他还曾因表现不佳被满场观众轰下舞台。

1955 年,帕瓦罗蒂一边向歌唱家阿里哥波拉学习唱歌,一边在保险公司做保险推销员,同时还在一所小学做代课老师。帕瓦罗蒂上午教课,下午卖保险,由于兢兢业业,不久就成了卖保险的行家;但对于教课,他却一直觉得不在状态。

直到 1961 年,25 岁的帕瓦罗蒂在阿基莱佩里国际声乐比赛中,因成功演唱歌剧《波希米亚人》主角鲁道夫的咏叹调荣获一等奖之后,他的命运彻底迎来了转机。帕瓦罗蒂的音乐之门真正打开了,从此他走向了阿姆斯特丹、威尼斯、歌德堡、伦敦、北京……1972 年,帕瓦罗蒂在纽约大都会歌剧院与萨瑟兰合作演出了《军中女郎》,他连续唱出 9 个带有胸腔共鸣的高音 C,震动了国际乐坛,他也因此而成为全世界报酬最高的歌唱家之一。

照耀别人的光是最热的

40 年前,帕瓦罗蒂演出一场歌剧的酬劳大约相当于 400 美金。妻子曾经描述过他,一个面包师的儿子,第一次领到一大笔酬金时的情景:"我看见卢奇亚诺把挣来的钱一张张铺在卧室里,床上、衣柜上和椅子上到处都是,他甚至把钱粘到了墙上。"而事业鼎盛时期帕瓦罗蒂的出场费最少在 50 万美元到 100 万美元之间。20 世纪 90 年代后期开始,他的年收入超过 3000 万英镑,近几年来,这个数字更是突破了 5000 万英镑。而他的个人资产早已超过几亿美元。有乐评家说:"帕瓦罗蒂的嗓子不是嗓子,而是独一无二、点石成金的超级品牌。"在豪宅、名车、私人马场、数不清的银行账户应有尽有之后,金钱再也不会让帕瓦罗蒂那么兴奋了,他想得最多的是把音乐的光和热传达给其他的人。

从 1990 年开始,帕瓦罗蒂联手多明戈和卡雷拉斯组成了史上最强的演唱组合和演出品牌"三大男高音演唱会",从罗马古代浴场、洛杉矶道奇体育场、巴黎埃菲尔铁塔⋯⋯直到北京紫禁城的午门广场,"三大男高音"的歌声响遍全球。此外,帕瓦罗蒂还创立了"帕瓦罗蒂和朋友们"的超级品牌,与斯汀、U2 乐队等众多流行音乐巨星同台演唱,为遭遇贫穷、战乱的地区和儿童筹款。帕瓦罗蒂以多种轻松、娱乐的方式,将几百年一直局限于古典音乐殿堂的美声歌唱,带到了普通大众中间,并受到了最广泛的关注和欢迎。他的男高音一次又一次为体育、慈善、环保、和平纵情高歌,让高雅的古典音乐变成大众的世俗盛典,他的歌声唱遍全球。

帕瓦罗蒂在 40 多年的歌唱生涯中,不仅创造了作为男高音歌唱家和歌剧艺术家的奇迹,还为古典音乐和歌剧的普及作出了杰出贡献。帕瓦罗蒂的闪光之处并不仅仅局限在他出色的歌艺,帕瓦罗蒂之所以成为帕瓦罗蒂,还因为他灵魂深处闪闪发光的纯真天性与高尚人性:一位享誉全球的歌唱家,一次又一次地举行慈善音乐会,与来自全世界的流行歌手、艺术家及年轻的艺术家们携手合作,用他们热情的歌声、高超的技艺，为那些饱受战乱摧残、蹂躏，在饥寒交迫中苦苦挣扎的孩子，为那些处于社会底层的弱势人群送上发自内心的关怀、仁爱和救助。

和中国的 3 次握手

帕瓦罗蒂对中国人民怀有深厚的情谊。他曾 3 次到中国进行盛大演出，给中国观众留下了深刻印象。

1986 年，帕瓦罗蒂应我国文化部之邀率领意大利热那亚歌剧院演员来到北京。第一次登上中国舞台的他，在天桥剧场演出了普契尼的歌剧也是他艺术生涯的顶峰之作《波西米亚人》，并在人民大会堂举行独唱音乐会，成为第一个在人民大会堂举办独唱音乐会的歌唱家。回忆起当年在中国演出的场景，帕瓦罗蒂动容地说："我没有想到中国观众这么喜欢我的音乐，他们给予我的热烈掌声，直接融化到了我的心里，那一幕我永远记得，至今我都备感骄傲。"据说，当年他还快乐地骑着自行车绕天安门广场转了一圈。

也是从那个时候起，"帕瓦罗蒂"这个名字在大多数中国人心目中，成为意大利歌剧的代名词。

帕瓦罗蒂与北京再次续缘是 2001 年，是北京努力争取主办 2008 年奥运会的重要时期。为支持北京申奥，他联同多明戈和卡雷拉斯在故宫午门广场举行了"三高"音乐会，这种三人同台演出在世界实属少见，也令北京在世人面前展现了自己的辉煌。他说："我来到这里就是为了支持北京申奥。北京对维护世界和平起着非常重要的作用，北京应该得到主办奥运会的权利。"帕瓦罗蒂这种对中国的关注和支持得到中国人民的赞赏，在演出期间，前国家主席江泽民还在中南海接见了帕瓦罗蒂、多明戈和卡雷拉斯。

2005 年初，年过 69 岁的帕瓦罗蒂开始了世界巡回告别演唱会。帕瓦罗蒂表示，将在全球巡演后结束自己长达 44 年的辉煌演唱生涯。在全球巡演计划中，出于对中国的深厚感情，他将世界巡演的最后一站

放在了中国。2005年12月6日和10日，年逾七旬的帕瓦罗蒂相继在中国上海大舞台和北京首都体育馆举行了告别演唱会。他称"中国的观众是伟大的观众"，为中国观众演唱了他最具代表性的30多首作品。当晚，场内座无虚席，人头攒动，舞台帷幕拉开后，只见帕瓦罗蒂张开双臂，满怀热情地迎接他最后一场演唱会。帕瓦罗蒂随后演唱了《小夜曲》、《啊，温柔的少女》、《我的太阳》等动人的歌曲；最后，他以一首《今夜无人入睡》作为结束曲，宏大的交响乐响起，帕瓦罗蒂金色的嗓音在整个会场回荡，在最后一个音符结束之前，热情的观众早已按捺不住激动的心情，掌声响彻整个会场……

像狮子一样与病魔战斗

世界上的事物往往具有两面性。当帕瓦罗蒂成名后，他每年在全世界各个城市马不停蹄地奔波，至少演上50~60场。因为忙于"赶场"，他曾好几次出现在高音区唱破的情况。这样无休止的奔波使帕瓦罗蒂至少过了15年没有规律的生活，庞大的身躯导致他身体状况不佳，经常生病，使他在舞台上的活动大受限制。意识到身体上的力不从心，帕瓦罗蒂不得不在2004年提前退休，此时，他已疾病缠身。2005年3月，帕瓦罗蒂做了颈部手术，修复了两根椎骨。2006年初，他进行了背部手术，又被传染，不得不取消了在美国、加拿大和英国预定的音乐会。

帕瓦罗蒂的最后一次公开演唱是在2006年2月10日的都灵冬奥会的开幕典礼上。这以后，他的生活使命从音乐转向了与病魔的斗争。他最初被查出病情是在2006年7月，他的全球告别巡回演出途中。当时医生确诊帕瓦罗蒂患上了胰腺癌，他只好在纽约接受手术，并取消了2006年剩下的演出。

手术一个月后，帕瓦罗蒂接受意大利《晚邮报》采访时表现出了乐观心态。"我是一个幸运、快乐的人。因此，打击来了，"他说，"现在我要为以前的好运和幸福付出代价。"在接受化疗期间，由于病痛折磨，他的体重由160公斤骤减到70公斤，但帕瓦罗蒂还在醉心于音乐，一边录制一张圣歌专辑，一边每天花几个小时教学生唱歌。后来，他获得意大利政府颁发的"文化名人奖"。

2007 年 7 月，面对外界有关帕瓦罗蒂即将辞世的猜测，帕瓦罗蒂的妻子尼科莱塔接受意大利《新闻报》采访时说："他(帕瓦罗蒂)正像狮子一样战斗，他从没有丧失过勇气。"

当地时间 9 月 6 日清晨 5 时，帕瓦罗蒂在意大利莫迪纳的寓所内逝世，享年 71 岁。

我们眼前的时光倏忽回到 66 年前，年幼的帕瓦罗蒂站在厨房的餐桌上为参加家宴的来宾们高歌一曲，稚嫩的歌唱引得人们满堂哄笑，那时的人们无论如何也猜不到，站在他们面前的这个小孩将会创造一部属于 20 世纪的伟大的音乐传奇。

人 生 悟 语

　　人生其实就像是一轮红日，他的降生就像是旭日初升，当人生到达顶峰的时候就好像是正午的太阳，光芒四射。太阳的幸福是把光赐予人间，人生的幸福就是把爱传递给他人。太阳总有落山的时刻，生命也一样，但是只要把光和热传递给了别人，人生就是幸福的。

(刘秋波)

有一种前进叫先锋

我们的理想繁多闪烁，但是每个人的第一步，其实都一样。即使那些现在远远走在我们前面的带头人，他们财富的光芒也是一天一天一步一步积累的。他们之所以站在高高的财富数字之上，被称为财富先锋，最大的原因，就是因为他们起步得早，而且一直在前进。

熬要有耐心，熬不是你一个人熬，而是一代人熬。

伟大是熬出来的 冯 仑

男孩子最大的问题，是30多岁自己还没有找到出路。

现在社会反差特别大，怎么坚守自己的人生目标就特别难，随波逐流总是成本低，但对自己不负责任，不如设定一个特别大的目标，然后熬，一直熬下去。

熬是个什么概念？

20多岁刚毕业，你是社会的边缘，什么事都是哥哥、姐姐，这些30多40多的人在做，你得求这些人；等到30多岁你开始进入到剧场最后一排，有了一张门票可以看别人演，到40、50岁就是中排靠前一点儿的观众，看戏你就可以看得清楚了；你如果要出类拔萃就变成第一排了，再出类拔萃你就成演员了，等到你演完了，别人一鼓掌你也就该下场了。

20多岁一定要有一个准备，你就是边缘，边缘是尽快拿到入场券。比如说你到了公司，有了一个稳定的职业，或者一个基本稳定的生活。但是你骑自行车、赶公共汽车这就是入场券，很正常。我研究生刚毕业，中间工作8年，每天骑自行车赶到374车站，然后坐公共汽车，公共汽车下来再走一站地，回头想来不委屈，20多岁肯定是这个过程，20岁就像跟50岁人一样，那这个戏就乱了，中国十几亿人都这么演的。插队是偶然性，比如像网易的创始人丁磊他是另外一种人生，这种概率极小极小，你可以朝着奋斗，成功不是设计出来，是靠信念支撑，加上各种机遇偶然蹦出来了。当你成为演员，基本上也该谢幕了，接下来的又来了，这个戏才能不断唱，现在 70 多岁的人基本上又退回到场外了，看他儿子演孙子演，就这么一茬一茬。

熬要有耐心，熬不是你一个人熬，而是一代人熬。

人生悟语

美玉以它的温润傲然于凡石之中，成为石中之王；黄金以它的耀眼光辉超然于泥沙之中，而成为价值非凡的宝物……凡是与众不同的佼佼者都与无以计数的凡俗同在，在这个所谓浮躁的时代，什么东西可以使你与众不同并走向成功？那应该就是耐心。

（王晓晓）

假如你们想成功，一定得知道自己在做什么。

投资大师吉姆·罗杰斯写给女儿的信
郭奕伶

你们的父亲是位投资家，也是个勤奋的人，尽其所能学习新知识来赚钱，所以才能在 37 岁时退休。我想告诉你们我从这些经验中所学到的东西。

第一封信：没有人靠模仿而成功

在生命中总会有某个时刻需要你做非常重要的决定——关于你的

工作、家庭、生活。这时会有很多人愿意提供你忠告，但是记住这句话：你的生活是你自己的，不是别人的。

你们天生就有能力为自己的最大利益做最好的决策。在大多数的情况下，经过自己的思索，比违背自己的意愿而听从他人的决定，更能够令你作出正确的决策并采取正确的行动。

过去，我在几个重要的投资决策上，曾经听从别人劝告而忽略自己内心的决定。奇怪得很，每次这样的投资都失败。于是我不再让别人影响我，而是根据自己所下的决定采取行动。

假如每个人都嘲笑你的想法，这就是可能成功的指标！

这个道理非常重要，你们一定要了解：与众人反向而行是非常需要勇气的。事实是，这个世界上从不曾有过哪个人是只靠"从众"而成功的。

仔细观察每个领域的成功者，不论是音乐家、艺术家或是什么专家，他们之所以成功，都不是因为模仿别人。有任何人因为看着别人的作为有样学样而成功的吗？

第二封信：做你热爱的事

我在 6 岁时，第一次借到钱来开展自己的事业。你们或许会觉得，这也太早了点儿吧，其实年龄与你想开始做什么事并不相干。

我买了一部卖花生米和可乐的小推车，在儿童棒球联盟比赛时，成功地赚了不少钱。当你发现有一件事是你感兴趣的，千万别让年龄牵绊你，去做就是了。

我在投资方面会成功，因为那是我最喜欢做的事。假如你喜欢烧菜，就去开一间你自己的餐馆；假如你擅长跳舞，就去学跳舞。想成功最快的方法，是做你喜欢做的事，然后全力以赴。

大部分人之所以不成功，原因往往出在研究不够彻底，只看他们随手可拿到的信息。我所做的成功投资，都是因为事先花时间尽可能地搜集信息，详细研读每个细节。假如你涉入自己不懂的事物，那你永远不会成功。

在纳米比亚的旅行途中，我买了一颗钻石送给你们的母亲，店家说这颗钻石值 7 万美元，我杀价杀到 500 美元。(才看了这颗钻石一眼，你们母亲就宣称我被坑了。)

后来，我在坦桑尼亚把这颗钻石秀给一位钻石商人看，他大笑，因为那不是颗钻石，而是玻璃珠！我当然知道钻石的价值，但是我所知道的也就只是这样。我不能分辨真的和假的钻石，所以我会上当。我一直告诉人家只能投资在你懂的东西上，自己却在钻石上栽了个大跟头。

假如你们想成功，一定得知道自己在做什么。如果你连如何分辨一颗钻石的真假都做不到，最后你手上握有的，会和我一样，就只是一颗玻璃珠。

人 生 悟 语

一个人只有在了解自己，并且了解自己所做的是什么的时候，他才能做好那件事。盲目的自信，缺乏对外界的研究，只能导致失败。在开始一项工作的时候你准备好了没有，你是否了解你自己以及你即将从事的工作？

(王晓晓)

消除金钱的魔咒，其实就是要消除我们给自己设定的荒谬思想，减弱对金钱支配力的崇拜。

钱不会走错路 潘石屹

我出生在西北农村最贫穷的地方，我家又是村里最贫穷的一户人家。小时候，我想做医生，因为医生能够解除人们的痛苦。医生是很受尊重的，天天背着药箱，挨家挨户地转，所有的人家都杀了仅有的老母鸡请他吃。我还想过做电工，村子里那时刚刚装上电灯，这个东西多神奇啊，一拉线，灯就突然亮了。我觉得世界上最了不起的人除了医生就是电工。上了中学，我的理想又变了。那时经常被饥饿折磨，看到食堂里的馒头和发糕，想长大后当一名厨师，因为能吃饱饭。后来渐渐感到有钱太重要了，有了钱我就能去给妈妈治病，就能让全家人有饭吃、有衣穿。

从当医生、电工的理想，到想做一个有钱人的理想，中间有很大的转变。当医生、当电工，首先要学习技能，并且把有关技能应用于对他人的服务，这是个朴素的职业规划的萌芽，还有一些人生的设计在里面，我觉得很好。其实后来的理想根本不能叫做理想，那是为贫寒所迫，是一种对金钱的支配力的崇拜。

抱着年幼时候的贫寒记忆，怀着对金钱的强烈占有心，是改革初期大多数人的状况。那时"钱可以解决一切问题"的思想将金钱放大到无比崇高的地位。到处都是财神，法国部长给当地的华人拜年时，都会说"恭喜发财"。外国人都认为中国人有信仰，信仰财神。财神取代了玉皇大帝，取代了观音菩萨，取代了释迦牟尼，在任何事中我们都唯财神马首是瞻。那些年的生存渴望，令金钱对我们施了咒语，控制了我们的灵魂。现在很多人富裕了，觉得这种想法有问题了，觉得我们的神不应该仅仅是财神，还应该有智慧之神、爱情之神、艺术之神。我们的精神应该全面发展，首先就要从单一的财神信仰中解放出来。

金钱几乎给我们整整一代人都下了咒，我们就像受到鞭打一样急急忙忙地到处找钱。找到一分钱就赶紧放在床底下藏起来，感觉占有了钱。十几年前我曾经拿到一张钞票，上面写着某个人的名字，还盖着手印。估计这个人想的是把这张钱签名画押了，这张钱就永远是他的了。

消除金钱的魔咒，其实就是要消除我们给自己设定的荒谬思想，减

弱对金钱支配力的崇拜。当时因为贫穷导致的急功近利、见识短浅的思想,现在看来确实是十分荒谬了。

钞票是商品价值的度量,同时钞票只有在流通之中才能发挥其功能智慧。它状如流水,没有一个人能够在流水中挖一个坑,占有某一部分,说自己是这里的"财主"。资金流,跟随信息流,代表着物流,永远在流动之中。在世界巨大的流动资金里,可能有部分划归你的名下了,那是标记你做了其中某一部分工作,是你工作的报酬。就是这部分法律保护下的私有财产放在你口袋中了,也很难说它就安静了,你还是要把它花掉。因为你生活在一个互为支持、互为服务的社会,金钱是这种服务往来的凭证。总想着占有金钱的人,事实上是挣不了多少钱的。你也许理财的才能高明,懂得将资金放到合适的水渠中去,成为组织和调动某个商业事件的力量,从而能够创造更大的价值与财富,那你就是一个资金流动的指挥者,但你不能占有它。你一占有它,就是僵化了它,就好像把一条鱼放到冰箱里一样。一个最善于使用钱的人,终其一生,可能会留下一个优秀的企业。他死后,这个企业依然在社会中自行生存、发展,给其他人带来收益,给社会创造价值。

爱钱,不如去了解钱的力量,而钱的力量就是你不能独占它。流通是它的天性,从这点来看,它是人类发明的灵性之物。在健康、合理的社会中,金钱的流向、交易的保证都完善,钱不会走错路,它走的路永远是绝大多数人的需求满足和财富增值之路。

人 生 悟 语

谈到钱,我们脑海里会想到很多东西,更直接地我们想到了贫穷和富有的划分。其实钱是用来花的,你花它,它就是钱,你不花它,它就是纸——这就是钱的本性。钱本身没有品性,人的品性就是钱的品性。没有财富修养,钱就会成为一个人的福终祸始。

(王晓晓)

鲍尔默开玩笑地抱怨过:"在微软里面太累了,因为要管理一群天才,我必须要每天 24 小时启用 8 个大脑才能够应付。"

史蒂夫·鲍尔默:
天才背后的天才 张文佳

提及微软(Microsoft)公司,人们首先想到的是它的创始人比尔·盖茨,一个前所未有的天才和大慈善家。但是人们不知道的是,比尔·盖茨的成功,很大一部分都应该归功于一直在背后支持他的不为人熟悉的影子天才——现任微软 CEO 史蒂夫·鲍尔默。

2008 年 6 月 27 日,世界科技史上值得书写一笔的日子。这一天,比尔·盖茨正式退休,离开了他亲手创办并工作了 33 年的微软公司。微软首席执行官史蒂夫·鲍尔默将搬入盖茨离职之后腾出来的那间办公室,正式接替盖茨成为微软新的领头人。事实上,8 年前史蒂夫·鲍尔默已经开始担任微软首席执行官。只是因为比尔·盖茨,人们选择性地忽略了鲍尔默,这个与比尔·盖茨不同的另一类天才。

外界曾用这样一句话来评价比尔·盖茨和史蒂夫·鲍尔默,那就是:如果没有比尔·盖茨,就不会有 Windows 操作系统的诞生;如果没有鲍尔默,就不会让全世界都用上 Windows 操作系统。正是因为两个聪明人传奇般的友谊和亲密无间的合作,才建立起这颗蓝色星球上最宏伟的帝国——微软帝国。

伟大的友谊:一生最幸运的事

史蒂夫·鲍尔默因为参加全国数学大赛顺利进入前 10 名而成为公

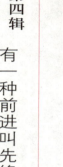

认的数学天才,顺理成章地进入了哈佛的数学系学习,并且拿到了哈佛大学数学系的奖学金。1974 年,18 岁的鲍尔默在哈佛读大二。这一年他在学校电影院观看《雨中情》和《橙色钟表机械》时,认识了同楼一个瘦瘦的红头发家伙,这家伙就是后来大名鼎鼎的微软创始人、全球首富——比尔·盖茨。在看完电影之后,两个人还一起合唱了电影中的歌曲。

如果说盖茨是思考者,那么鲍尔默就是行动者。盖茨性格内向,不喜欢抛头露面,喜欢整晚写程序;而鲍尔默则相反,他性格生来外向,热情洋溢,有幽默感,喜欢用丰富的语言表达自己,有超强的社交能力。在哈佛,鲍尔默继续化高中之后的领导生涯,包括:成为男性学生"狐狸俱乐部"的骨干,担任橄榄球队的经理,担当学生报纸《红色哈佛报》和学生杂志的"教练";鲍尔默在哈佛校园的时候,热衷于参加校内的各种俱乐部并担任领导者,以致后来盖茨办理退学手续并邀请他出来一起创办微软的时候,鲍尔默拒绝盖茨的理由简单而可爱:自己好不容易才当上哈佛橄榄球队的"掌门人",不想这么轻易放弃。

不过,鲍尔默和盖茨的友情并没有因为两人的性格不同而疏远,反而因为两人的共同爱好,比如数学、对拿破仑的激情,成了永远的好朋友。鲍尔默和盖茨一样,也是一个数学疯子,两人一样精力充沛,可以在一起几个通宵不眠不休地玩桥牌、讨论应用数学、参加数学游戏。最后,他们终于搬进了同一个寝室,并且还给自己的寝室取名为"雷电房",以显示他们像雷电一样的激情。

那段时间,鲍尔默和盖茨两个人热衷于他们自己的一个游戏:花最少的时间获取最高的成绩。盖茨回忆在哈佛期间和鲍尔默的友谊时曾说:"史蒂夫主修数学,和我同住在一个宿舍里。我们彼此的生活方式截然不同,但有一个共同的爱好——花最少的时间来获取最高的成绩。我把这种拖延当做游戏,而当我新结交的朋友史蒂夫也加入到这个游戏,我尝到了一种遇见知音而高兴的心情。我每天故作轻松,故意逃课反而拿最高分数,就会感觉很酷。我把课余时间用在桥牌上。我在桥牌上赢了不少创业资金。投资最少的时间得到最高回馈成为一种游戏。他和我一样,平时没有时间读书,直到考试前才临时抱佛脚。有一回我们同时选修一门相当高深的研究所课程——代号为 2010 的经济学。我和史蒂夫整个学期都在忙别的事，期末前一个星期，我们像疯子一样猛啃资料，结果两个人都得了 A。"

1975 年，盖茨退学，开始创办微软；鲍尔默拒绝了盖茨的邀请，继续哈佛的学业；两人从此分道扬镳。短暂的分离没有使两人炙热的友谊冷却，因为命运注定他们的生活轨迹要在不久的将来再次相交。

谁是改写历史的人

1979 年，鲍尔默进入斯坦福大学读 MBA，准备在商业上继续他的"教练情结"。1980 年，盖茨在斯坦福校园里找到雄心勃勃、踌躇满志，但还是纸上谈兵的鲍尔默，再次邀请他加入微软。

此时，微软已经成立 5 年了，却仍然还在孵化之中，并没有如盖茨当初梦想的那样迅速成为一飞冲天的凤凰。这个时候的微软处在一种十分尴尬的处境中：公司里全是天才，却都只是技术天才，没有管理天才。所以，盖茨再次想到了他的好朋友，永远精神饱满充满激情的天才教练史蒂夫·鲍尔默。

盖茨深知自己急需一个管理型人才帮他处理公司在技术之外的其他事务，所以他第一时间找到了鲍尔默。盖茨从内心里欣赏鲍尔默，他深深地知道鲍尔默超人的煽动力、凝聚力、亲和力和一流的管理才能，正是他和微软所缺乏和需要的。

从另一方面来说，如果鲍尔默端着斯坦福的架子依然拒绝好朋友的邀请，可能微软在不久之后就将夭折，那么就没有了现在的微软帝国。

在 DOS 系统出现之前，微软名不见经传；在 Windows 操作系统出现之后，微软统治了全世界大部分的计算机桌面。鲍尔默曾经说过，比尔·盖茨是改变历史的人。然而事实上，在 20 世纪 80 年代，IBM 逐渐强大、声望逐渐提升，它的 OS/2 操作系统被业界人士认为是 DOS 的继承者，而同时微软的 Windows 项目却迟迟无法完成，成为一堆烂摊子。

此时，鲍尔默挺身而出，主动承担起微软项目管理方面的责任，全力

监督项目进度,终于在 1985 年使 Windows3.0 成功出现在市面上。

　　实际上，在微软的发展史上，你经常可以看到鲍尔默仿佛超人一般，总是在公司出现问题的时候及时站出来挑起重担，解决问题。

激情四溢的拉拉队长

　　作为微软的首席执行官，他对能改变世界的微软以及微软的产品有种无法表述的热情。在 2001 年微软员工集会上，鲍尔默的激情表演成为他"表演史"上的一次经典：拥有庞大身躯的他在台上来回走动，并且还跟着美国流行歌手格萝利娅·伊斯特梵歌曲的调子大叫"Microsoft，Microsoft，Microsoft"。他像疯子一般踏着节奏强劲的音乐，在全场欢蹦乱跳将近半分钟，结果也为自己赢得了一个绰号"舞猴"。

　　据说，当时作为微软销售副总裁的鲍尔默体重大概有 150 公斤，这也是他最胖的时候。但是为了活跃会场气氛，他可以把自己打扮成一个非常底层的销售员，甚至大跳"猴子舞"。用鲍尔默自己的话说，他爱着微软，为了微软，他可以牺牲一切，包括自己的形象。

　　正因为这种无法形容的对微软的热爱和激情，鲍尔默愿意借任何机会推广微软产品而从不介意被人看做傻子。

　　鲍尔默被《福布斯》评选为全球最勤奋的亿万富翁也正是因为他对微软的激情。在他为早期微软工作的时候，他制定了员工手册，其中包括了 600 名员工的名字、毕业学校、考试分数、在微软的职位以及将来可能的安排。而让人觉得不可思议的是，鲍尔默记得他们每一个人的名字，在遇见的时候，他可以很清晰地叫出对方的名字；在询问对方工作进展的时候，鲍尔默甚至可以对上次见面的细节脱口而出，哪怕这些细节连员工自己都可能已经忘记了。

管理天才的天才

　　鲍尔默开玩笑地抱怨过："在微软里面太累了，因为要管理一群天

141

才，我必须要每天 24 小时启用 8 个大脑才能够应付。"或许，鲍尔默那光亮的额头闪烁着的智慧光芒，就是他每天要思考 8 个大脑才能思考完的问题的结果吧。

在鲍尔默看来，微软的成功之处在于，它是一个吸引人才的地方。鲍尔默认为，一个好的企业首先应该有一群人才，然后利用现有人才的品牌效应，吸引新的人才；其次，还要在现有条件下培养人才，让每个人的潜质得到淋漓尽致的发挥。因此，在微软看来，人是第一位的，而不是战略。这也是为何世界上大部分的人才都以能为微软工作为荣，因为鲍尔默成功地把微软塑造成一个天才的集中营地，它不但能吸引一流的人才和科学家，也能培养一流的人才和科学家。

鲍尔默说，自己在微软的工作主要就是激励人才，激发鼓舞他们的工作热情。

在微软，每个人都有自己的一个圈，这是鲍尔默提倡的。他让所有的员工划出一个属于他们自己的圈，在这个圈子里面，员工干什么他不管，但是他会隔一段时间去查看他们做得怎么样。因为所有能力强的人都希望在一个范围内没有人管自己，所以，给他们自己空间，员工的创造性才能够得到最大限度的发挥。

鲍尔默的企业管理风格给微软营造了一种轻松愉快的工作氛围。微软的行销经理们都以能得到鲍尔默的夸奖为荣，甚至在他们看来，工作的目的不是为了其他的什么，只是为了得到鲍尔默的认可和赞许。且不说这种想法正确与否，至少我们可以从一个角度看到鲍尔默在管理方面的人格魅力。

正是鲍尔默的市场和营销能力，与盖茨的技术敏锐性互补，才使得微软从一家小公司成长为世界级的软件公司。特别是在微软的后盖茨时代，他依然和以前一样衬托着盖茨。盖茨是一个严肃、勤奋、有条不紊的人，而鲍尔默知道，要和盖茨成为有足够动力推动公司发展的"二重唱"，他需要表现出和盖茨互补的一面。这种聪明的做法也正是鲍尔默超越其他天才的地方，是使他能够管理其他天才们的真正聪明之处。

在 1998 年成为微软总裁之后，鲍尔默就开始按照自己的想法来塑造后盖茨时代的微软。鲍尔默给微软带来的新原则是"销售、服务、可靠、安全"，在他的计划表中，将有更丰厚的收入、更大的营销计划在迎接着微软，而抓住它们的重点是微软对用户给予更多的关注。

鲍尔默要求微软公司按照消费者需求而不是产品需求进行改革，即使一些高级主管的离开也丝毫没有动摇他的计划。在鲍尔默领导下，微软的这一转变标志着微软以客户和消费者为中心的经营原则开始了。

在他的领导之下，员工开始走出办公室去拜访消费者，甚至将投诉电话的解决效率纳入部门的盈亏报告。鲍尔默具有对客户的忠诚及良好的商业素养，恪守公司最不可动摇的客户承诺原则。这种独特的性格特质，帮助热情投入的鲍尔默带领微软走向了更大的成功。

在鲍尔默担任微软 CEO 之后，微软的雇用员工已经增加了将近一倍，这和盖茨时代的微软已经有很大的区别。这么庞大的一个公司，要想在这个竞争激烈高手林立的时代保住行业领军者的地位，同时还要取得更大的成绩，不但需要一个正确的策略，还必须有一个人来向微软 5 万多名员工解释这个策略，这个角色的最佳人选，当然就是史蒂夫·鲍尔默。

5 万多名员工、250 亿美元年销售收入和总价值数千亿美元的资本，在这些沉甸甸的数字背后，鲍尔默用事实证明，即便在老友盖茨退休之后，他也能够不负众望，为巨大的微软航母把握好航向。

人 生 悟 语

宇宙需要太阳的热度同时也需要月亮的温柔，森林需要猛虎的勇猛也需要夜莺的轻灵，蓝天需要雄鹰的矫健也需要白鸽的舒展，事业上需要盖茨的沉着也需要鲍尔默的热情奔放，人生也是如此，需要热情也需要冷静，需要苦涩也需要甜美。这或许就是宇宙的互补性法则。

（王晓晓）

这个立志终身做最职业的职业经理人的男人，正在用世上最辉煌的"战绩"证明，成功并不一定就要创业，不想当将军的士兵也能成为一个好兵！

10亿元先生唐骏 范佳丽

有这样一个员工，他辞职时，世界首富比尔·盖茨亲自致电挽留，给他一个微软史无前例的终身荣誉总裁称号；为了他，网游大鳄陈天桥不惜动用两大武器："金手铐"和"金降落伞"；不用他开口，便有人主动以10亿天价盛情邀请他"转会"。他就是"中国第一打工皇帝"唐骏。

这个立志终身做最职业的职业经理人的男人，正在用世上最辉煌的"战绩"证明，成功并不一定就要创业，不想当将军的士兵也能成为一个好兵！

青铜时代

"为什么就少这一分？"谈到自己的高考语文成绩，唐骏总要自嘲一番，因为只考了59分，没有去成最心仪的大学。

唐骏上的是北京邮电学院(后更名为北京邮电大学)，大学头三年，他几乎都在自暴自弃中度过。不久，唐骏去中科院半导体所实习，第一次看到了计算机。这个发现让他意识到以往的懒怠是多么愚蠢。女友孙春蓝 (后来成为他的太太) 给他出主意："修光纤通信吧，我帮你补课。"唐骏花了1年半时间完成了别人4年才能完成的课程，并报考了该专业的研究生。

那次的考试结果让所有人大跌眼镜——第一名正是"摸了3年鱼"的唐骏。然而因为从未当过"三好学生"，他失去了从北邮出国的资格。

这次英语题非常难，北邮才有5个学生合格，那其他学校肯定会有名额用不上！如此推理后，唐骏脑筋一转，立刻给各大学研究生处打电话。终于，北京广播学院的一个老师说："我们可以帮你把材料报上去。"可教育部能不能批下来呢？穷学生没钱没门路，怎么办？

于是，唐骏干脆拿着介绍信，去教育部出国司门口死守，认准了一位副司长后，连续好几天到大门口"上班"。教育部8点上班，唐骏7点半就到了，见到副司长，就赶紧嘴上抹蜜地打招呼："司长，早上好！"中午人家出来吃饭，又说："司长，您出来吃饭啊？"晚上下班，他还在门口送行。一天，两天，三天……到后来，外边来办事的人都把他当成保安了。第六天中午，副司长终于把唐骏叫进了办公室……也许是被他的诚意打动，也许是不胜其烦，总之看了材料后，领导当场宣布："你可以出国了！"

1985年，唐骏出国留学的第一站是日本，5年之后赴美读博。一直研究数字信号处理的唐骏想到了发明卡拉OK评分系统，他把自己的构思申请专利，没钱做芯片，唐骏找到了三星。三星花8万美元买断了唐骏的专利。靠着这第一桶金，他在1993年成立了一家名叫"双鹰"的软件公司。4年时间里，唐骏先后创办了3家公司。到1994年去微软之前，他已经从一个穷学生变成了有几十万美元资产的小老板。

白 银 时 代

1994年的一天，收到微软面试通知的唐骏启程赶往微软总部所在地西雅图。当他真正成为微软一名普通程序员时，感觉就像一条小溪突然汇进浩瀚的大海，一下子就被淹没了，不禁自问："唐骏，你何时才能在这里熬出头？"

唐骏知道，在微软，技术上比自己强的人太多，只有找到自己的核心竞争力，并把它发挥到极致，才有可能从几万人中脱颖而出。1996年，唐骏向上司建议:在发布英文 Windows 的同时,发布中文版和日文版。中文版和日文版滞后于英文版近一年的问题在微软一直存在。"唐,你不是第一个提出这个问题的人,但却是第一个带着解决方案和认证办法的人。"上司这样评价唐骏。很快,微软就调派了资金和人手,放手让唐骏去做,他一下子从默默无闻的小工程师一跃成了部门经理。

微软大部分员工都是美国人,同事之间除了工作几乎没往来。然而,唐骏却牢牢记住了所有帮助过自己的同事,逢年过节,他就会发邮件向他们表示感谢和祝福,这给人际关系淡薄的微软人留下了深刻印象。其中包括只有两面之缘的一位总监级人物劳丽,她为他带来了改变一生的机会。

1997 年,微软高层提出要在中国建立微软技术中心的计划,劳丽推荐了唐骏。1998 年 1 月,时任微软总部开发部门高级经理的唐骏从美国来到上海,组建微软大中国区技术支持中心。

2002 年 3 月,唐骏正式荣升微软中国区总裁。当时的微软中国业绩不佳,士气低落。技术管理者出身的唐骏必须迅速在以市场销售为主的微软中国建立自己的威信。

一天,微软中国的员工忽然发现饮料室里除了免费供应的咖啡和饮料之外,还有了酸奶。员工没时间交水电费或交通罚单,公司有人替你去交;楼下开了一家干洗店,方便员工洗衣服;中秋节,唐骏不仅给每个员工发月饼,还免费为其父母亲人快递月饼,并附上他亲自写的慰问信。"要让员工觉得这是一个家。"唐骏说。

技术出身的唐骏坦承并不精通销售和管理,他只是善于沟通和处理人际关系,懂得去了解别人内心的需要。微软中国当时有一个不成文规定——任何应聘者都需经过唐骏亲自面试。他希望让所有进微软的人都感受到公司的重视。

"让他人变得伟大",这是唐骏倡导的管理理念:首先,由员工选出20 个"公司最优秀员工";其次,未被评上过的人,将无法享有各类晋升机会,于是最初对评选无所谓的人,也有了想获奖的冲动。

一年后的员工满意度调查,北京公司排名很快从原来的亚洲倒数

第二上升到第一，销售业绩也得到大幅增长。

当年，微软中国华南区总经理赵方跳槽到苹果公司，唐骏正在澳大利亚开会。放下电话，唐骏便飞到广州，他并没有挽留赵方，而是和她闲扯了半小时广州的天气，又马上赶回了澳大利亚。但第二天媒体却纷纷报道：唐骏为了挽留赵方专程飞回国。唐骏说："虽然我辛苦了一点，但我希望她带着荣誉感离开，也让对方觉得挖到了特别重要的人才。"

后来微软召开全球峰会，唐骏激动地发现，每个人胸前的卡片上都写着："Make Others Great(让他人变得伟大)"。他的理念后来成为了微软公认的七大文化之一。

2004年3月，唐骏离开工作了10年之久的微软。比尔·盖茨亲自致电挽留，言辞恳切："唐，能否不走？你可以选择更高的职务，负责中国、印度、巴西、俄罗斯4个国家市场。"但唐骏毅然选择了离开，在他离盖茨最近的时候。

黄 金 时 代

离开微软后，在一片怀疑声中，唐骏走马上任盛大公司总裁，所做第一件大事，就是赴纳斯达克上市。此前中国没有网游企业上市的先例，当时的大盘环境也很糟糕，盛大几乎是逆市上市。

唐骏一进伦敦某投资人的办公室，对方劈头盖脸就问："昨天中国概念股全面下跌15%，我干吗要买你们？"随即，投资人悠闲地抽起了雪茄，完全不把眼前的唐骏当回事。唐骏突然急中生智："你信盖茨吗？你知道盖茨信谁吗？""谁？""盖茨信我。"对方觉得很不可思议。"我是微软历史上唯一拿到终身荣誉总裁的人，能不能说明盖茨相信我？盖茨信我，你也应该信我。"唐骏这招真的奏效了……

唐骏在2004年将盛大推到纳斯达克上市，随即盛大便开始了从付费网络游戏平台向免费平台的艰难转型。整个2005年，盛大股价一度跌破13美元。当时盛大的高管纷纷离职，也有多家公司力邀唐骏加盟，包括对他许以中国区总裁位子的Google，这些邀请均被他回绝，用他的话来说："我在盛大的使命还没有完成。"唐骏在危急时刻的不离不弃，成了陈天桥4年中最感动的事。

2007年2月，盛大股价大幅回升。3月，美国《商业周刊》评选出"中国最重要十大上市公司"，盛大位列其中。

大凡打工者跳槽，基本上是越跳越稳定，但是唐骏却总是选择一家"潜力股"，在其快上市的时候进入，将企业推到顶峰的时候离开。2008年4月1日，唐骏正式向东家陈天桥提出辞职。

2008年初，唐骏认识了福建新华都集团老板陈发树。"你要不要来新华都当总裁？我找了10年都没找到合适的人选，但第一眼就觉得这个人应该是你。"陈发树简单直接。"好啊！"唐骏只思考了一分钟，就答应了下来。他当时对新华都具体是个什么样的公司、有多少资产都不知道，更没提任何条件，就凭两人的谈话他认定陈很厚道很大气，可以合作。

几个月后，"厚道"的陈发树主动给唐骏提出"10亿元"的天价条件，让所有人瞠目结舌。

唐骏从来都把压力放在很低微的地方，只是，在即将宣布自己加入新华都的前一天，他失眠了。他给女儿发短信，女儿说，爸爸，你做什么我都支持你。

"我希望通过我的努力使新华都成为中国前十名最有影响力的民营企业之一，请相信，未来两三年之内，陈发树定会成为中国首富。"

好兵唐骏的黄金时代，才刚刚开始……

人 生 悟 语

"不想做将军的士兵不是好士兵"，这句话在人们的脑海里似乎已经成为了经典论断，其实仔细想想并不然。每个人都有自己最适合做的工作，虽然你是个不想做将军的士兵，但是只要你把士兵的工作做得出色，那么你仍然是一个出色的士兵。并不是每一个人都会成为时代的弄潮儿，但只要你把自己的工作做得完美，你就是一个优秀的人！

(王晓晓)

多年后的今天，人们在安徽芜湖，也无数次地为中国汽车心潮难平，然而大家心中充满的是感动，为一个叫奇瑞的公司。

尹同耀：奇瑞掌门人

白 勇 王方剑

曾经有一位机械工业部的老部长在北京长安街上数汽车，发现街上跑的轿车95%以上是外资品牌。民族汽车产业败落如此，令老部长痛心疾首。

多年后的今天，人们在安徽芜湖，也无数次地为中国汽车心潮难平，然而大家心中充满的是感动，为一个叫奇瑞的公司。

没想到在"铁桶一般、完全不可能"的条件下，竟然还有这样一群疯狂的、不服输的中国人，以'不成功就跳长江"的必死决心，顶着强大的外资压力将一个崭新的民族汽车品牌，顽强地扛了起来！

仅仅5年，奇瑞成了中国的骄傲。今天，奇瑞已经出口到了全球50多个国家和地区，占中国汽车出口量70%以上，所到之处华侨们总是万分激动。国外的车展上，奇瑞的"东方之子"更是被外商们摆在奔驰、奥迪同一个展厅。这一切都是合资品牌们想都不敢想的事。

2005年，董事长尹同耀以其杰出贡献被评为"CCTV年度经济人物"。2006年奇瑞被美国《财富》杂志评为"最受赞赏的中国公司"第11位，成为中国所有合资非合资汽车企业中唯一一家进入此排行榜前25位的企业。

奇瑞无疑已成为了一个符号，一个中国汽车产业不甘沉沦、自主自强的精神符号。

"干不成,我跳长江!"

当尹同耀还在长江边的一所中学上学时——那是 20 世纪 70 年代末,中国政府正在和德国大众谈判是否能引入一条轿车生产线。很快,少年尹同耀背着行囊从安徽巢湖出发去省会,成了合肥某高校汽车制造专业的学生。毕业时,德国大众与长春一汽的合资公司也成立了,他成为其中的一员。12 年后的 1996 年,当他离开合资公司时,已经是一汽"十佳杰出青年",并以总装车间主任的身份主持生产了中国第一辆奥迪车。那时,在中国市场上,自主品牌轿车还难得一见。

尹同耀离开一汽,直接去了安徽芜湖,在那里芜湖副市长詹夏来正等待着他去主持一个汽车项目。奇瑞就这样,从尹同耀风尘仆仆的行程中开始了。

詹说:"总是为外国人做事没有出息。你来,我们做中国人自己的车。"就这句话,深深打动了尹同耀。没有人比他对这句话体会更深刻了。在外方占品牌和技术主导地位的合资厂干了十多年,外国人瞧不起中国人。更主要的是,外国人赚够了中国人的钱,却并不在技术上帮助中国,这致使民族汽车产业前景黯淡。

一个人改变命运的方法,在于改变对待命运的态度。尹同耀终于下定决心迎接命运的挑战。他抛妻别子,与几个事先谈定的志同道合的同事,踏上了南下的列车——辞职,到芜湖去,"做中国人自己的车!"

8 个人来到需要从零开始的地方,眼前的一切让他们惊呆了:除了农田荒滩乱草和几间破败的茅屋,什么都没有!一群人仿佛坠入人迹罕至的原始洪荒中,创业艰难可想而知。"即使这样,我们仍然迈出了第一步。租了农民的旧房子做办公室,开始做技术规划,画图,然后一点点招人,搞培训。"面对过去,尹同耀已经很淡定,仿佛说着别人的事。"起步时太艰难了,没钱,没人,没技术,一切都从无到有,连饭都是自己做。有时真觉得,这是不是开玩笑啊!"

但梦想在前面,就不会退缩。"最重要的是要有初恋般的激情,在

我们企业,这叫'不服输'！'"尹同耀说。

置之死地而后生。基坑上的第一根柱子很快立起来了,工程进度加快。办公桌不够用了,他们就用设备包装板搭成许多简易办公桌。没钱,不敢去买空调,冬天技术人员的手冻得连画图的笔都拿不稳……

在如此艰苦的条件下,机器仍在日夜轰鸣,工地一天天艰难扩大,投入的人力越来越多,厂房骨架渐渐有了雏形。就在这时,尹同耀也渐渐开始对外国工程技术人员不满意了。

原来,负责设备安装调试的英方人员慢慢悠悠地,上午一杯咖啡,下午一杯咖啡,中午晒晒太阳,晚上跳舞唱歌,故意拖延时间想让中国人多加钱。实在不行了,再耗下去整个项目都非常危险。而离开外国人行吗?

1998年11月26日,又一个晚上,熟悉技术情况的尹同耀咬咬牙说:"让外国人走,我们自己干。"詹夏来面无表情,两眼盯着他:"干不成怎么办?"尹同耀将心一横:"干不成,我跳长江！"

"图纸就是你的命！"

奇瑞人最大极限地发扬他们的创业精神,到1999年初,生产线终于安装完毕。这其中有说不完的感人故事。

要安装设备了,机器要从8个仓库运到发动机厂房。为了不丢掉一颗螺丝钉,在刺骨的寒风里,工人们三五成群地骑着自行车跟在卡车后,看见掉一颗螺丝钉马上捡起来。因为缺一颗,都得用外汇去买。骑着自行车又要看汽车,又要看地面,很不安全。好几次被交警拦住,结果无不感动放行。

为了完全掌握发动机和生产线技术,一个叫曹玉龙的年轻人肩负着从英国拿回图纸的使命。尹同耀对他说:"这图纸就是你的命！"等了一个月,156斤重的图纸终于拿到,他匆匆赶到机场,却因为超重无论如何不能通过安检。他知道图纸比什么都重要,一狠心把自己给亲人朋友买的所有贵重细软物品连带自己的行李、换洗衣物统统扔在了英国。最后他背着这箱比人还重的图纸，蓬头垢面筋疲力尽地回到了小草房里。

火灾发生过，他们靠团队的力量扑灭了大火，救出了掉进火海的队友；水灾发生过，一个接一个人在深夜的电闪雷鸣滂沱大雨中，爬上数十米高没有任何防护的厂房顶，去堵爆裂的大洞……

所有的故事都让人歆歆不已。他们连死的决心都敢下，还有什么困难不能克服呢!

1999 年 4 月 27 日下午两点，生产发动机的所有配件全都到齐了。当夜，第一台发动机顺利下线，点火成功。1999 年 5 月 18 日，奇瑞正式宣布发动机点火成功。在场的所有人都激动得抱头痛哭。为了这一刻，他们艰苦奋斗了 3 年。

接着尹同耀开始四处招揽可以一起来实现梦想的人。他任奇瑞副总多年，总经理职位一直空着，他常对"海龟"说："你回来，领导我。"尹同耀招兵买马更善于"杀熟"，杀同学、同乡、老同事："来帮帮我吧。"又熟又在海外的，他就用激将法骂："民族汽车这样危急，你不回来你对得起国家对得起爹娘吗?！"

就这样，随着国内大汽车集团合资后纷纷停止自主研发项目，大量爱国家又深感"无用武之地"的英雄们被尹同耀招至帐下。

有了发动机有了人才还远远不够，还需要整个协作制造系统同时配合。

路在一步一步走，但前面有更大的困难:缺钱、缺人、缺经验、缺技术、缺配套商，更缺用户。为了让车下线，尹同耀带着自己的人才四处寻找配套商，"我们那时候叫'磕头买'、'磕头卖'，完全是在求爷爷告奶奶，就差真的磕头了。但是没人愿意提供零部件，因为没有人愿意为初出茅庐弱小无比的奇瑞投资开模具。他们认为奇瑞不能成功，哪怕投入一分钱，也是打水漂。"

流过汗，流过泪，努力过，坚持过，不放弃，向前走。总会有人看好奇瑞的理想和精神，总会有人愿意给奇瑞配套和奇瑞一起成长，终于有了第一家，然后有了第二家，第三家……

1999 年 12 月 18 日，第一辆奇瑞风云轿车驶下生产线。3 个月，造就一座现代化轿车工厂，这是世界汽车史上的奇迹！

随着奇瑞的出现，中国汽车市场开始发生剧烈的变化——汽车高价神话的坚冰被打破了。奇瑞的出现成为中国汽车行业一道标志性的分水岭，从此中低价位的车大量进入市场，"旧时王谢堂前燕，飞入寻常百姓家"……

"进攻，而不是防守反击"

2005 年，奇瑞销量 18 9 万辆，2006 年销 30.5 万辆，紧随上海通用、南北两个大众之后，稳居中国乘用车四强，并成为自主品牌的一面旗帜，成为中国汽车史上第一个年销售量超过 30 万辆的自主汽车。

2007 年 7 月 4 日，奇瑞与美国克莱斯勒签订协议，用奇瑞的技术生产美国车。中国人终于开始改变外国人掌控汽车核心技术的游戏规则。到 2007 年 8 月，奇瑞完成了自己的第 100 万辆，仅用 93 个月就完成了欧美及日韩汽车数十年乃至近百年的发展之路。中国人不仅打破了神话，并开始制造神话。

工程师出身、戴着眼镜、气质儒雅的尹同耀喜欢穿工作服，他的交谈同样也不加修饰，坦荡直白。"奇瑞一定要做一个进攻型企业。我非常希望先进攻，而不是防守反击，要不就不干，要干就拼命往前冲。"因为不拼搏就没前途，"不疯狂，就死亡！"

即使是这样的努力，仍然无法消除尹同耀的危机感，他认为："世界著名汽车企业在'走'，而我们只有'跑'才能追得上！骄傲和懈怠是奇瑞今天面临的危险。就像一辆汽车开到了 180 公里的时速，你才知道它哪里松动，哪里在响。虚誉之下，要清醒地感受奇瑞还存在很多短板。汽车的产业链很长，只有整个产业链的各个环节都努力拼搏，我们中国才能制造出高质量、低成本的汽车。"在尹同耀眼里，奇瑞的成长只是一场马拉松的开始。

人 生 悟 语

拼搏——一个激动人心的字眼，可是有多少人知道，拼搏需要付出什么？有时候要丢下对家人的关爱和关爱着他的家人，就像大禹治水，三过家门而不入。有时候要付出生命，就像抗洪抢险一线的战士。有时候需要勇气，就像第一个进入汶川的救援人员。为了祖国，为了荣誉，也为了自己的尊严，我们应该拼搏，应该学会付出。

(王晓晓)

这么多年，我敢说，我和我的建筑都像竹子，再大的风雨，也只是弯弯腰而已。

我和我的建筑
都像竹子 [美]贝聿铭

我 17 岁到美国宾州大学攻读建筑专业，后转学麻省理工学院，一直成绩优秀，所以 1945 年尚未获得硕士学位，就被哈佛设计院聘为讲师。

31 岁的时候我作了一个让人惊讶的选择：离开哈佛，到一家房地产公司去工作。因为觉得学校里不够自由，希望能学点新东西，当时的公司负责人对我信任，眼光长远，能给我一点自由，让我自己开展工作。

当时第二次世界大战刚刚结束，纽约最具吸引力的建设项目是一些廉价房屋的利用开发，我说服上司，创造性地用水泥墙代替了砖块墙，采用舷窗式的窗户来扩大屋子的空间，改善采光，并在楼与楼之间留出空地作为公园。这种设计思路改变了部分市民的生活环境，当时得了个称号——人民的设计师。

正在叫好的时候，我再次作出选择，离开房地产公司发展，因为那里还不够自由，尤其是发展建筑构思非常困难，但我很坚决，更渴望在文化建筑方面出点力，譬如美术馆之类，而非纯粹的商业运作。

有人说一个设计师的命运75%来自他招揽生意的能力，我不同意，建筑师不能对人说："请我吧！"自己的实力是最好的说服工具。怎么表现你的实力？就要敢于选择，敢于放弃，决定了的事情，就要有信心进行下去。

64岁，我被法国总统密特朗邀请参加罗浮宫重建，并为罗浮宫设计了一座全新的金字塔，当时法国人非常不满，他们认为我会毁了"法国美人"的容貌，高喊着"巴黎不要金字塔"、"交出罗浮宫"。法国人不分昼夜表达不满，翻译都吓倒了，几乎没有办法替我翻译我想答辩的话。

当时的确有压力，我面对的是优越感极为强烈的法国人，而且罗浮宫举世闻名。不过做事情最重要的是要有十足的信心，必须相信自己，把各种非议和怀疑抛诸脑后。旁人接受我与否不是最重要的，我得首先接受自己，总而言之，建筑设计师必须有自己的风格和主见，随波逐流就肯定被历史淹没。

后来金字塔获得了巨大的成功，改建之后参观人数比之前翻了一倍，法国人称赞"金字塔是罗浮宫里飞来的一颗巨大的宝石"，我也被总统授予了法国最高荣誉奖章，那天记者采访我，我仍然保持一贯的低姿态，说："谦恭并不表示我有丝毫的妥协，妥协就是投降。"

这么多年，我敢说，我和我的建筑都像竹子，再大的风雨，也只是弯弯腰而已。

在保守和创新之间

我生在中国，长在中国，17岁赴美国求学，之后在大洋彼岸成家立业。20世纪70年代初，我首次回到阔别近40年的中国探亲观光，心

中无限感慨。中国就在我血统里面，不管到哪里生活，我的根还是中国的根，我至今能说一口流利的普通话，平时的衣着打扮，家庭布置与生活习惯，依然保持着中国的传统特色。越是民族的，越是世界的。

当然美国新的东西我也了解，中美两方面的文化在我这儿并没有矛盾冲突。我在文化缝隙中活得自在自得，在学习西方新观念的同时，不放弃本身丰富的传统。在作品中我极力追求光线，透明，形状，反对借助过度的装饰或历史的陈词滥调，去创造出独特设计。

"志于道，据于德，依于仁，游于艺"，建筑不是服装，可以赶时髦，建起来以后，不能说明年不流行了就立刻拆掉，我从来不赶时髦，你问美法两国的建筑师，他们都知道我比较保守；但我也从来不把自己定位成古典或者现代派。

我曾受邀在日本东京的静修中心建造一个宗教的钟塔，这座钟塔的形状很像日本一种传统乐器：底部是方的，往上逐渐变平变扁，越往顶端越锋利，日本人很喜欢，后来再次邀请我为博物馆作设计，博物馆的馆址被选在偏远的山上。当我还是孩子的时候，读过《桃花源记》，很羡慕那种世外桃源的感觉，于是把博物馆选在山上，在山上修了一座桥，穿过山谷通向博物馆。

在现代做建筑应该现代主义，不能往后走，要往前走，但是传统的东西也要恰当使用。的确，创新并不容易，我相信持续的艺术，但创新必须有一个深厚的源头。我在时代、地域和出现的问题中寻找创新。为达到自己最理想的设计风格，我不参加任何形式的竞争投标，起初总是有些困难，但很快就能以自己的风格和实力得到世人认可。

我一生之中设计了 70 多件作品，在建筑界小有建树获得荣耀，那是因为我了解自己以及自己的思想和能力范围。用自己独特的方式诠释建筑，注释人生。

没有人能永远风光

我从不缅怀过去，而是专注于现在。我把每个睡醒后的早晨都当成一件礼物,因为这表示还有一天可以工作。

人生并不长,我的原则是,只做自己认为美丽的事,创造出有震惊效果的美感,我也一直尽力保持活力。在纽约,人们常常看到我像青年人一样敏捷地冲过第57街,赶着回家。

我86岁时把自己的"封刀之作"选在苏州,想用全新的材料,在苏州3个古典园林——拙政园、狮子林和忠王府旁边修建一座现代化的博物馆。设计方案一出台,又引起了各界强烈的争论。很多人认为,这座全新博物馆将破坏原有建筑的和谐,损害这些古建筑的真实与完整,但这不能改变我的设计初衷,苏州博物馆真正呈现在世人面前时,我想他们会理解并喜欢的。那不仅是人们对贝氏建筑光环的追逐,而且是一个建筑师在年近90岁的一份认真、执著和创新,会给他们一个满意的答案。

没有人能永远风光,但建筑是悠久的,最要紧的是看你的工作如何,工作能否存在于50年以后、100年以后……任何名分都会随时间流逝,真正留下来的只是建筑本身。

人 生 悟 语

苏轼有诗曰:"可使食无肉,不可居无竹。无肉令人瘦,无竹令人俗。"人们赞美竹子,就是欣赏它坚强不屈的精神和品格,它遇风不折,经霜不凋,永远都是那样傲然挺立着,令人敬畏。人也该像竹子一般,不畏困难、不惧压力,任凭雨雪风霜,我自怡然。　　　　　(王晓晓)

在生命中总会有某个时刻需要你下非常重要的决定——关于你的工作、家庭、生活。这时会有很多人愿意提供给你忠告，但是记住这句话：你的生活是你自己的，不是别人的。在大多数情况下，经过自己的思索，更能令你作出正确的决策并采取正确的行动。

有一个世界叫文学

　　文字真是一个无比奇妙的东西，它是历史，它是文明，它是时光——它组成的世界，是一个无比迷人的花园，进去的人流连忘返，出来的人还一再重温。当文字世界的喜、怒、哀、乐有了自己的生命，那么，这个世界也就有了自己的秩序。而创造这个世界的人，我们一般尊称为作家。

钱钟书开始学做家务,分担一些劳动之余,也说点痴话;他对阿季说:"我不要儿子,我要女儿——只要一个、就像你这样的。"

杨绛和钱钟书:夫妻、情人亦朋友 吴学昭

恋　爱

我曾问杨先生:"您和钱钟书先生从认识到相爱,时间那么短,可算是一见倾心或一见钟情吧。"杨先生答:人世间也许有一见倾心的事,但我无此经历。

"1932 年 3 月在清华古月堂门口,我们第一次见面。我觉得他眉宇间'蔚然而深秀',瘦瘦的,书生模样。孙令衔告诉我,他表兄(钱钟书)已与叶恭绰的女儿叶崇范订婚。

"我曾听姐姐们说,这位叶小姐皮肤不白,相貌不错。生性很大胆淘气;食量大,所以绰号'饭桶'('崇范'二字倒过来)。

"我第一次见到钱钟书时,就想到了这位淘气的'饭桶',觉得和眼前这个穿青布大褂,毛布底鞋,戴一副老式大眼镜的书生是不合适的。当时只闪过这个念头而已。"

"你们初次见面后,怎么互相联系的呢?"我问。

"钱钟书见我后,曾写信给我,约在工字厅见面,想和我谈谈。他带我进客厅坐在一张大桌子边上,斜对面。他要说清一个事实,孙令衔所说不实,他并未订婚。孙令衔和我一同走回燕京的路上,曾告诉我说,他告诉表兄,我是费孝通的女朋友。所以我说我也并非费孝通的女朋友。他说起身体不好,常失眠。我介绍他读 *Outwitting Our Nerves*,他

介绍我读 Henri Bergson 的 *Time and Free Will*。"

"你俩都是无锡人,用家乡话交谈?"我又问。

"大约讲国语,不讲无锡话,没那么亲密。我们只是互相介绍书,通信用英文。那时清华园内有邮筒,信投入邮筒,立刻送入宿舍,通信极便。他的信很勤,越写越勤,一天一封。

"钱钟书曾和我说他'志气不大,只想贡献一生,做做学问'。我觉得这点和我的志趣还比较相投, 他也常到古月堂约我出去散步。我不走荷塘小路,太窄,只宜亲密的情侣。我们经常到气象台去。气象台宽宽的石阶,可以坐着闲聊。有时我和好友恩钿散步回屋,我就知道屋里桌上准有封信在等我,我觉得自己好像是爱上他了⋯⋯

"学期终了,钟书要我留校补习一两个月,考入清华研究院,两人就可再同学一年。他放假就回家了。他走了,我很难受,难受了好多时。冷静下来,觉得不好,这是 fall in love 了。认识才短短几个月,岂不太造次呢?"

阿季(杨绛原名杨季康)没有钱钟书那么热切,更没有他的急切,她还不想结婚呢。所以,钱钟书要求订婚,阿季写信说,不能接受他的要求。暑假报考清华研究院她还不够格,得加紧准备,留待下年。钱钟书一心想和阿季同学一年,不赞成她本年放弃投考清华研究院,何季无暇申辩,就不理他。钱钟书以为阿季从此不理他了,大伤心,作了许多伤心的诗。他曾用"辛酸一把泪千行"形容此时自己的伤心。《壬申年秋杪杂诗》中,多半是他的伤心诗。现将若干首抄录如下,或许有助于了解和体会年轻的钱钟书那时的心情。

著甚来由又黯然? 灯昏茶冷绪相牵;春阳歌曲秋声赋,光景无多复一年。

海客谈瀛路渺漫,罡风弱水到应难,巫山已似神山远,青鸟辛勤枉探看。

颜色依稀寤寐通,久伤沟水各西东;屋梁落月犹惊起,见纵分明梦总空。

良宵苦被睡相谩,猎猎风声恻恻寒;如此星辰如此月,与谁指点与谁看!

困人节气奈何天,泥煞衾函梦不圆,苦雨泼寒宵似水,百虫声里怯孤眠。

峥嵘万象付雕搜,呕出心肝方教休,春有春愁秋有病,等闲白了少年头。

"钱先生当时这样伤心,您就一点无动于衷吗?"我又问杨先生。"我虽然不写信,还是很想念的。恩钿知钱钟书伤心,劝他再给我写信。他写得很诚恳,我很感动,就又和他通信了。"

我 们 仨

婚后钱钟书和阿季同赴英国留学。一年后,阿季怀孕了,钟书的潜心研读并没有影响他对怀上孩子的阿季格外关心和体贴。钟书开始学做家务,分担一些劳动之余,也说点痴话;他对阿季说:"我不要儿子,我要女儿——只要一个,就像你这样的。"

1937 年春,钟书早早就到牛津妇产医院为阿季订下房间,预约接生大夫。

女院长问:"要女大夫?"

钟书答:"要最好的。"

5 月 18 日清晨,分娩有迹象了,钟书忙陪阿季乘了汽车住进医院。19 日,阿季竭尽全身力气也无法使婴儿出生,医生不得已对阿季施了麻醉,用产钳把婴儿夹了出来。可能大夫的产钳夹红了婴儿的脸,她感到委屈,哭得特响。护士们因她啼声洪亮,称她 Miss Sing High;阿季后来为女儿译意为"高歌小姐",译音为"星海小姐"。

不过此时阿季因为用力过度又施了麻药,全身疼痛,昏昏欲睡,什么也顾不上。可怜钟书这天来看阿季四次,公交车不能到达,他步行来回。上午他来,知道得了一个女儿,正合他的心意。想看望阿季,医院不准许。第二次来,知道阿季麻醉,还没醒来。第三次见到了阿季,昏昏地睡,无力说话。下午茶过后,钟书又来,阿季已醒过来,得知他已来回走了七趟,怕他累坏,让他坐汽车回去。

护士特为钟书把娃娃从婴儿室抱出来给爸爸看。钟书看了又看，高兴地说："这是我的女儿，我喜欢的。"阿季记住了钟书的"欢迎辞"。女儿长大后，阿季把爸爸的"欢迎辞"告诉女儿，她很感激。

女儿懂事后，每逢生日，爸爸也总要说，这是"母难之日"。钟书没要第二个孩子，他曾很认真地对阿季说，我们如再生一个孩子比阿圆好，而喜欢那个孩子，我们怎么对得起阿圆呢？除了对女儿的用情专一，其中是否也包含不忍阿季再受生育的艰难和痛苦呢？阿季体弱难产，几乎是在医院坐完的"月子"。她向护士学会了给婴儿洗澡、穿衣、换尿布。

这段时间，钟书一个人在家过日子也真是不容易。常不经意闯些小祸，用他自己的话说，"又做坏事了"。

他不时愁兮兮地告诉阿季：他打翻了墨水瓶，把房东的桌布弄脏了；他把台灯弄坏了；门轴两头的球掉了一个，门关不上了……阿季跟他说，不要紧，桌布，她会洗，墨水染的，也能洗掉。台灯、门轴，她会修。钟书一听阿季说"不要紧"就放心了。他对阿季说的"不要紧"总是又佩服又放心，这句话在近两年的共同生活中已屡次得到验证。这回也同样：阿季到家，果然把桌布洗得干干净净，看不出一点墨水迹印，台灯，门轴也——修好。

阿季回家坐完最后几天的"月子"，她怎么也没想到一向不善料理生活的钟书，竟给她端上一碗他亲手炖的鸡汤，汤里还漂着鲜绿的嫩豆瓣，多温馨！就这样，阿季喝汤，钟书吃肉，女儿"吃"妈妈。初为人父的钱钟书以他的爱心和责任心，尽量照顾好阿季和女儿。而这一切，都是在他繁复艰巨的论文写作过程中穿插进行的。

人 生 悟 语

无论现在或将来，每个人都会找到属于自己的另一半，每个人都梦想琴瑟和鸣的幸福生活。在携手共度人生之时，愿我们每个人都能够把对方看做你相濡以沫，心心相印的情人，生死相依的朋友。在风雨人生的道路上，痴爱相守，不离不弃。　　　（晨　曦）

就在离孩子的行期只有十余天的时候,签证下来了。亦池获得了通过,这一下,我们母女俩又不由自主地相拥而泣了。

女儿去英国读高中 池 莉

编者按:著名作家池莉有一个优秀的女儿吕亦池,她绕过中介求学异国,从申请学校到做签证,未花一分钱,完全靠自己一路过关斩将。这段求学之旅的确有点儿不同寻常。

报考国外高中

随着 2004 年冬季的到来,我的孩子一边坚持上课,一边开始在网上筛选中学。我们的选择依据,一是该校历年来的高考升学率,二是不要太贵族气,三是要混校不要女校,便于孩子对男女两性的认识与交往继续健康发展,四是首选国际学校,只有各种族的学生多,文化的融合才会广大。

不久,我们选定了一所各方面条件都满意的中学,姑且称它为 C.C。我的孩子飞快地用英文写信,她是直接写给校长的。C.C 在英国 2400 多所私立中学中,排名非常靠前,历年来它的高考升学率也是百分之百,而能够以优异成绩进入英国排名前十位的顶尖大学的深造者,竟然高达 89% 左右。在我想来,似这般重点中学的校长,会理睬一个中国女中学生的来信?

然而,五天以后,C.C 的莫里斯校长给亦池回信了! 莫里斯校长一

定无法想象,他一封简单的回信,改变了我孩子的一生。本来我们是试探性的,并没有完全决定一定要出国念书,也并不一定去英国,然而,莫里斯校长及时的回信立刻拴住了亦池的心,还有我的。

我的孩子,兴奋得双眼闪闪发亮,美丽的绯红在她脸颊上花朵般盛开。人生的 16 年,3 岁开始进入幼儿园接触老师校长,到现在,亦池头一次品尝到了学生被校长尊重的感觉,饭也不吃了,立刻动手回信。上一封信,是投石问路,使用的是恭敬的模式化的信件语言,现在的回信,语言就活灵活现起来,字里行间充满了激情。她把自己现在的基本情况,求学的要求,求学的原因和心情,一一写给了莫里斯校长。

拿什么打动英国校长

亦池激情的信件非常起作用,莫里斯校长次日就回信了。莫里斯校长希望及时的回信能够表达一些歉意,因为他的学校今年招生名额已经满员,建议亦池明年再次申请与报考。

那天黄昏,亦池冒着大雪请假赶回家,想看看莫里斯校长有无来信。没名额了,她的情绪一下子跌落千丈。我建议亦池继续写信试试:一般国际学校的招生,尽管报名已经满员,但是变数也很大,各国情况千变万化,随时有报名的学生不能按时上学,如果校长愿意帮助我们,他会随时通知我们补缺——不过你要能够真的感动他!

我的孩子啊,以你的真诚感动校长吧,既然莫里斯是这么一位慈爱勤政看重学生的校长,你就从今夜冒着大风雪赶回家看信写起吧。你为什么急于求学于他的学校?你看中了他学校的什么?又渴望在他学校学到什么?你都坦诚地告诉莫里斯校长吧。

亦池听从了我的建议。当晚,她就给莫里斯校长写了一封长信,恳切希望能够给她提供一个考试机会。果然,莫里斯校长被打动了。在次日的回信里,他答应亦池,愿意随时把缺额提供给她。不过,他也严肃地告诉亦池:即使有了缺额,亦池同样必须通过 C.C 的招生考试,如果考试不及格,他就无法帮助她了。

一看有戏,亦池立刻下载了 C.C 的招生申请表格,填好表,还制作了自己期末的成绩单,并且在成绩单后面诚实地说明,自己是全班 57 人之中的第 13 名。同时, 也说明了自己为什么是第 13 名而不是前 3 名。她真诚地答应莫里斯校长,一定会耐心等待缺额,并十分乐意接受 C.C 的招生考试。通过网络, 她已经对英国中学进行了广泛细致的了解,她确定 C.C 中学的教育理念和教学方式,符合自己的要求和希望。

等待莫里斯校长提供缺额的日子,每一天都无限漫长。一天没有消息,三天没有消息,五天也没有消息。亦池绝望得快要哭出来了。谢天谢地! 又过了两天,莫里斯校长来信了! 亦池获得了一个名额!

参加网上考试

莫里斯校长在给我们名额的同时,还给了一个密码:勤劳的小蜜蜂。莫里斯校长将发来考卷,只要把密码输入,考卷就会展开。20 道题目,40 分钟的时间。时间一到,卷子会自动闭卷收回。莫里斯校长要求:必须独自进行考试,辅助工具规定是一本英语小辞典和一台普通的计算器。他还清楚地告知:到了英国,C.C 还将用同等程度的卷子进行复核考试,如果两次成绩相差太远,考生将被开除出学校,退回自己国家。

2004 年 12 月 18 日下午,亦池按要求准备好辅助工具,示意我退出书房。我不时地看手表,心在咚咚跳。这是怎样的考试啊,三个人, 就一个考生,监考的校长在另一个遥远的国度,孩子做卷子,母亲的手却在发抖。

40 分钟过去了。亦池打开房门走了出来,平静地告诉我:时间把握得不错,题目正好做完;内容主要是英语与数学,考试题目有一定难度,不过她并不觉得很陌生。她说如果考不上,她会安心继续上课。

两天之后的 20 日,莫里斯校长来信了:亲爱的葛洛瑞娅(亦池的英文名),恭喜你,考得不错,你被录取了!

自己做签证材料

第二天，我们一起商量下面的行动步骤以及要准备的东西：签证材料，签证，衣物用品，申请银行卡，机票，行李，向学校辞行，等等。我拿着笔记本，开列清单，脑子都有点不够用了。孩子把我的笔接过去，说："妈妈我来。"

撇开留学中介公司，亦池自己直接求学就已经为我们家节省了2.5万元。现在她又倡导我们自己做签证材料。她建议："妈妈你做中文版本，我翻译成英文版本。在网上把签证材料的要求看明白就行了，找什么中介公司？他们未见得比我们认真细致，而且又成千上万收费，这笔钱完全可以省下来。"

尽管朋友介绍的留学中介公司愿意优惠到8000元钱做一套送签材料，我还是积极接受了孩子的倡议。我想让孩子的英语能力获得进一步的锻炼，想让孩子学会整理自己的个人资料，想让孩子懂得无论是2.5万元，还是8000元，都是不可以随便浪费的。我想让孩子懂得技多不压身，勤俭是个宝，这是我们中国人的传统美德，我想让我的孩子历练得更加能干，以后是她自己独身闯荡了，得靠她自己为自己谋幸福。

万万料不到的是，我们的第一次送签，签证被拒！当场拆开文件袋，我整个人都傻了。亦池上学的日期很快就要到了，在送签材料中，莫里斯校长亲手签名的录取信写得很清楚：英国C.C中学很荣幸地期待着新生葛洛瑞娅小姐。并且银行单据也清楚表明，已经缴纳了全年的学费，资金证明也是按英国大使馆的规定提供的。此时此刻，报名上学的日期不可更改，学校费用已经缴纳，国际机票已经购买。

被拒签之后

后来索得签证官的拒签信，才发现理由是他们认为我们没有经济能力支撑亦池的学费。

签证官这么说的："葛洛瑞娅小姐，你提供的资金证明是可以满足你在英国的中学学费，但我们要考虑到你的监护人，你母亲将来的生活费用。"我气坏了，签证官你瞎操什么心呢？我们的确不是富翁，可是我又没有衰老到不能工作！孩子将来也可以打工啊！怎么英国人同样也是认钱不认人呢！

我的孩子说：妈妈，和他们不能这么计较，英国当然也有人只认钱不认道理，让我来吧。我这个一贯少言寡语的腼腆女儿立刻提笔，给签证官写了一封信，打印出来密密麻麻一大张信纸。我的孩子，在这封遏制不住激愤之情的"讨伐檄文"里，理直气壮地告诉英国签证官：我们中国悠久的文化最讲究孝道，我会首先孝敬我的母亲，我在确保她丰衣足食的情况下，才会求学贵国。我仅仅是认为贵国的教育资源优秀，我也只是想去学习科学知识，以便将来更好地报效我的祖国，报效我的母亲。信的最后，我的孩子写道：尊敬的签证官，我请你务必相信我，如果我妈妈没有经济能力提供我在英国的求学，我会是第一个反对自己去英国上学的人！

我听了非常解气，拍案叫好。可是，我担心孩子感情用事的信件会惹恼签证官，就找英国大使馆文化处的朋友给看了一下。朋友看了惊叹说："你孩子英文很好啊！简直有写英文小说的才情呢！很感人很有说服力，这么好的英文信这么好的说理文章，签证官不会恼的，送去吧。"于是，我们重新整理增补了签证材料，把亦池的信放在首页，第二次送签。

就在离孩子的行期只有十余天的时候，签证下来了。亦池获得了通过，这一下，我们母女俩又不由自主地相拥而泣了。

人 生 悟 语

有一种精神叫自强，自强的人就像傲然挺立的山峰，让人景仰；有一种精神叫自信，自信的人就像翱翔天宇的雄鹰，令人震撼；有一种精神叫自尊，自尊的人就像一条清澈的小河，叫人心生敬重；有一种精神叫自爱，自爱的人就像一朵白云，让人觉得高洁清逸……

（晨　曦）

除非遭受磨难，你不会真正认识自己，也无法知道你和朋友之间的关系有多铁。这些才是失败馈赠给你的真正的礼物。

哈利·波特之母：
失败的收益 [英] J.K.罗琳

对于我这样一个已经 42 岁的人来说，回头看自己 21 岁大学毕业时的情景，并不是一件舒服的事情。那时，我一直在自己内心的追求与亲人对我的要求之间，进行抗争。

我曾确信自己唯一想做的事情是写小说，但我的父母都来自贫穷的家庭，他们希望我去读一个能学到专业技能的学位，而我想去攻读英国文学。最后，达成了一个双方都不甚满意的妥协：我改学外语。可是等父母一离开，我立刻报名学习古典文学。

我忘了自己是怎么把学古典文学的事情告诉父母的了，他们也可能是在我毕业那天才第一次发现。在这个星球上的所有科目中，他们很难再发现一门比希腊文学更没用的课程了。

我想说明，我并没有因为父母的这些观点而抱怨他们。他们希望我能摆脱贫穷，因为贫穷会引起恐惧、压力，有时候甚至是沮丧。这意味着心胸狭窄、卑微低下和很多艰难困苦。通过自己的努力摆脱贫穷，确实是件很值得自豪的事，只有傻瓜才对贫穷本身夸夸其谈。

可以说，仅仅在我毕业 7 年后，我经历了一次巨大的失败。我突然间结束了一段短暂的婚姻，失去了工作。作为单身妈妈，而且在这个现代化的英国，除了不是无家可归，你可以说我要多穷就有多穷。父母对我的担心以及我对自己的担心，都成了现实，从任何一个通常的标准

169

来看,这都是我的最大失败。

我不是站在这里和你们说"失败"很好玩。那么我为什么还要谈论失败的收益呢?那是因为失败后我找到了自我,我开始把所有的精力都放在我关心的工作上。如果我在其他方面成功过,我可能就不会下决心在自己喜欢的领域获得成功。我变得从容,因为我已经历过最大的恐惧。而且我还活着,我有一个值得自豪的女儿,一个陈旧的打字机和很不错的写作灵感。我在失败堆积而成的硬石般的基础上,开始重筑我的人生(此后,J.K.罗琳写就了风靡全球的《哈利波特》系列——编者注)。

失败给了我内心的安宁,这种安宁是不会从一帆风顺的经历中得到的。失败让我认识自己,这些无法从其他地方学到。我发现自己有坚强的意志,而且,自我控制能力比自己想象的还要强,我也发现自己拥有比红宝石更珍贵的朋友。

除非遭受磨难,你不会真正认识自己,也无法知道你和朋友之间的关系有多铁。这些才是失败馈赠给你的真正的礼物。

人 生 悟 语

　　如果失败是一个曾经破碎的梦,那么你将如何把它重新连缀使之幻化为美丽生动的图景?如果你做到了,得到了一个欢快无比而又色彩斑斓的梦,那么你将如何描述你已经获得的成功?真正使你的灵魂得以升腾的不是成功本身,而是一路连缀的风景和感动。

(晨　曦)

我的大学梦 莫 言

20 世纪 60 年代初，我刚上小学的时候，我的大哥便以优异成绩考中了华东师范大学，成为高密东北乡的第一个大学生。大哥的考中，给家庭带来了荣耀，也激活了我的大学梦想。但很快便爆发了"文化大革命"，我因编写《蒺藜造反小报》得罪了当权的老师，被开除出校。时当1967 年，我 12 岁，读小学三年级。

失学后，每当我赶着牛羊、背着草筐从学校窗外的小路上走过时，听到教室里昔日同学的喧闹声，心中的滋味确实不好受。不但大学梦彻底破灭，连中学也上不成。我的家庭出身是富裕中农，当兵很困难，招工没希望，看来只能在农村待一辈子了。在绝望中，我把大哥读中学时的语文课本拽出来，翻来覆去地读，先是读里边的小说、散文，后来连陈伯达、毛泽东的文章都读得烂熟。

过了几年，出了一个有名的人物张铁生，尽管他不是什么好人，但他的方式的确启发过我——使我在黑暗中看见了一线光明。原来靠一封信就可以堂而皇之地上大学呀！于是，我就学着张铁生的样子，给当时的国家教育部部长周荣鑫写了一封信，表达了我想上大学的疯狂愿望。信发出半个月后的一个傍晚，我正在灶前帮母亲烧火，父亲步履踉跄地回家来了。他的手上，捏着一个棕色的牛皮纸信封。我的脑袋嗡的一声响。我本能地猜到了：父亲手里捏着的，就是我发出的那封信的回音。我既激动又害怕，不知道是福是祸。父亲捏着那封信——他的手在微微颤抖——并不急于给我，他的双眼盯着我，眼神是那样的迷惘、苍凉——令我至今难忘——他终于说话了："你想什么呀？"然后他把信递给了我。那是一张很小的印有红头的便笺，上边有 18 行用圆珠笔写的字迹。信的内容大概是：您的信我们收到了，您想上大学的愿望是好的，希望在农村好好劳动，等待贫下中农的推荐。虽然是官腔套话，但当时真让我感动得不得了，这毕竟是教育部的回信啊！

教育部回信，使我的大学梦愈加疯狂。但我清楚地知道，在村里待着即使我干活比牛还卖力，也不会有贫下中农来推荐我上大学。于是我想到了当兵。当了兵，只要好好干，就有可能被推荐上大学。

经过连续 4 年的努力，在 21 岁的时候，我终于当了兵，那是 1976 年 2 月。到了部队，我积极得小命都快豁出去了。淘厕所，挖猪圈。有一次去农场割小麦，我一个人割的比全班割的还要多两垄。就这样，我赢得了部队上下普遍的好感。

1977 年底，领导告诉我，让我复习功课，准备来年夏天去北京参加考试，报考的学校是我们本系统的工程技术学院。我既激动又害怕，激动的是机会终于来了，害怕的是对数理化一窍不通——连分数的加减都不会。我连小学都没毕业呀。一连几天，我吃不下饭，睡不着觉。后来，发狠一咬牙，拼吧！写信让家里把大哥那些书寄来，在本单位一位马技师的辅导下，开始了艰难的自学。那半年里，我在一间储藏劳动工具的小仓库里，熬过一个又一个漫漫长夜，硬是从分数学到了复数。化学学了一册，物理学了两册。考期逼近，我心里越来越恐慌。别人见我如此勤奋，都说我必中无疑。但我心里清楚，半年的时间里，我只是把一些公式背熟、定理大概弄通而已，解题的能力极差，肯定考不上的。正在痛苦煎熬中，突然，上边来了电话，说考试的名额没有了，我不能去北京赶考了。听到这消息，我如释重负，但心中却感到悲喜交集。

经过这一番折腾，我的大学梦基本破灭了。不久，我调到一个新单位，在那里担任了政治教员兼图书管理员。为了讲课，我死背硬记了不

少政治理论书;利用职务之便,读了很多文艺方面的书。80 年代初,在百无聊赖中,我开始学习文学创作,1981 年发表了处女作。1984 年,当我已经不再幻想上大学时,大学的门,却突然对我敞开了。那是个炎热的夏天,我听到了解放军艺术学院文学系招生的消息。那时,报名工作早已结束,我在命运的引导下,拿着自己的作品,闯进了军艺的大门。我的恩师徐怀中先生看了我的作品后对系里的干事刘毅然说:"这个学生,文化考试即使不及格我们也要了。"又是命运引导着我,让我的文化考试得了高分。

1984 年 9 月 1 日,我扛着背包,走进了大学的校门。

人 生 悟 语

再坚硬的东西也经不住日复一日的销蚀,水滴尚且穿石,铁杵尚且成针。再艰难的路,只要肯去跋涉,肯去开拓,就有一步步走下去的希望。你看那石隙中生长出的屈曲的松,虽细瘦,却坚挺。你看那岩壁上斜出的沧桑的柏,经风雨,仍傲立。　　(晨　曦)

文如其人,文风质朴大气的迟子建有着北方人爽朗、直率的个性,她每年都有几个月要回到漠河北极村,她喜欢那里的山林、雪原,享受远离都市喧嚣的宁静。

迟子建:写我所爱 乐此不疲　佚　名

"我是雨和雪的老熟人了,我有 90 岁了。雨雪看老了我,我也把它们给看老了。"这是迟子建年初出版的新长篇《额尔古纳河右岸》(下称

《额》)的开头，古老神秘的鄂温克部落故事由一位饱经沧桑的鄂温克酋长之妻口中不紧不慢地铺展开来，有着浓重的宿命意味。

2003年出版长篇《越过云层的晴朗》，迟子建时隔3年完成的《额》，写作过程非常流畅，在两个多月里一气呵成20万字的初稿。"《伪满洲国》我断断续续写了两年，其间往来于漠河老家和哈尔滨之间，稿子放下几天还可以继续写。《额》的写作则把我变成了另一个人，写得很连贯，好像是一口气要吐出去，不能断。"迟子建很享受这次的写作体验："这篇小说动笔前，我用来查阅、准备资料的时间远远大于写作时间。我的本子上记满了几万字的笔记，只要能找到的关于鄂温克族的资料我差不多都看了，这对我来说是一个严谨的功课。我的写作不会过多考虑与文学无关的因素，那会使写作了无乐趣。我只愿写我想写的东西。"

同迟子建以往的作品相比，《额》中流露出更强烈的对生死、人性的超然态度。写了20多年小说的她，认为自己作品的这些变化与她的生活经历相关："这篇小说中确实有一种超然的态度，我觉得更多的还是悲悯。我很羡慕鄂温克人身上朝气蓬勃的生命观，在他们心中没有什么东西是不可放弃的。来自自然、来自萨满教无我的精神气质，使他们张嘴就唱歌，哪怕不知道唱的是什么，为什么唱，完全是原生态。很多诗性埋藏在他们血液里。除了超然，鄂温克人还有一种巨大的忧伤，这种忧伤不同于都市人的烦躁，这种忧伤很美好，是对生命本身的忧愁，非常自然。"

书中不仅时间跨度长达百年，众多个性分明的人物也令读者印象深刻。男男女女，生老病死，原始的力量蕴涵着最纯粹的情感。书中人物有着各种各样的"生"，伴随着的是迥异的"死"，迟子建告诉记者，书中最后一个酋长死于熊掌之下确有其事，是发生在现实中的死亡，而她最为感动的是书中妮浩萨满之死，她死于为部落祈雨灭火的一次跳神。"她为这个纷乱的世界祈雨，我写到这里，每写几句话就难过得要停下来，感动于她的精神。这种'死'是我理想中的。"书中分为"清晨"、"正午"、"黄昏"几部分，是否预示着古老的鄂温克民族连同游牧文化在现代文明的冲击下所将面临的命运？"我写作的时候这样设置是为了小说结构，鄂温克人每次搬迁都是从清晨开始，于是我很自然地从

清晨写起，恰好整个故事的发展走向跟这个结构很契合。'清晨'的鄂温克人，安静平和，受外来因素干扰非常少。令我难过的是'黄昏'部分，节奏比较快，面对外面的世界，他们真正的痛开始了。"

《额》出版后，有评论质疑迟子建这位汉族作家写少数民族题材会有隔阂，在大兴安岭山林中长大的她并不认同这种评价。这些鄂温克人曾经就生活在她周围，在山林中游猎。对鄂温克人的熟悉和尊重已经渗入她的骨子里："他们所经历的四季风景变化、白灾（雪灾）、瘟疫等我都能理解，所以写这篇小说是我灵魂深处对鄂温克部落这种情感的集中爆发，是一个宣泄口。"

文如其人，文风质朴大气的迟子建有着北方人爽朗、直率的个性，她每年都有几个月要回到漠河北极村，她喜欢那里的山林、雪原，享受远离都市喧嚣的宁静。迟子建不上网，很少读时下流行的书，最近的枕边书是辛弃疾的词选、《乐府诗集》，契诃夫的短篇小说也是她心目中百读不厌的经典。迟子建不打算在今年再写长篇小说，会写几部中短篇："虽然我写《额》的过程很快乐，但写完之后还是觉得很累，有透支身体的感觉，后反劲儿（东北方言）。"她说，当她完成这篇小说的时候，觉得书中的鄂温克人和游牧生活离她远去，令她陷入浓浓的伤感。

中国的艺术有诗歌与绘画互相渗透的传统，诗人兼画家王维就是一个绝好的例证。然而，艺术的美与人生的美相互渗透，更加散发着姿态绰约的诱人风韵。无论是诗与人、画与人、音乐与人、作品与人……艺术就是这样悠然相伴、与人三完美地契合着。

人 生 悟 语

生活中，我们常常会听到这样的抱怨：自己的专业并非所爱，而只是由于热门；自己的工作也并非所想，而只是由于钱多……其实我们忘了兴趣才是真正能给人生带来快乐的不竭动力。因为发自内心的爱，苦点累点也才能够乐而忘忧。只有乐而忘忧，才能够由衷体会到人生的幸福与美好。

（晨 曦）

前两年,我在表叔的陵园刻了一块石碑,上头写着:"一个士兵,要不战死沙场,便是回到故乡。"献给他,也献给各种"战场"上的"士兵",这是我们命定的、最好的归宿。

平常的沈从文 黄永玉

1946 年开始,我同表叔沈从文开始通信。可惜那些信件在"文革"时,全给弄得没有了。新中国成立后,他说过这样一句话:"我和我的读者都行将老去。"这句伤感的预言并没有应验,他的作品和读者都红光满面、长生不老。

在平常生活中,说到"伟大",不免都牵涉到太阳,甚至有时候连毫无活力的月亮也沾了光。若是有人说沈从文伟大,那简直是笑话。他从来没有在"伟大"荣耀概念里生活过一秒钟。他说过:"我从来没想过'突破',我只是'完成'。"他的一生,是不停地"完成"的一生。他不过是一颗星星,一颗不仰仗什么而自己发光的星星。

如果硬要在他头上加一个非常的形容词的话,他是非常非常的"平常"。他的人格、生活、情感、欲望、工作和与人相处的方式,都在平常的状态运行。老子曰:"上善若水。"他就像水那么平常,永远向下,向人民流动,滋养生灵,长年累月生发出水滴石穿的力量。

好些年前,日本政府派了三个专家来找我。据说要向我请教,日本某张钞票上古代皇太子的画像,因为服饰制度上出现了怀疑,因此考虑那位皇太子是不是真的皇太子? 这是个大事情,问起我,我没有这个知识,我说幸好有位研究这方面的大专家长辈,我们可以去请教他。

在他的客厅里请他欣赏带来的图片。他仔细地翻了又翻,然后说:

"……既然这位太子在长安住过很久,人又年轻,那一定是很开心的了。青年人嘛!长安是很繁荣的,那么买点外国服饰穿戴穿戴、在迎合新潮中得到快乐那是有的;就好像现在的青年男女穿牛仔裤赶时髦一样。如果皇上接见或是盛典,他是会换上正统衣服的。敦煌壁画上有穿黑白直条窄裤子的青年,看得出是西域的进口裤子。不要因为服装某些地方不统一就否定全局,要研究那段社会历史生活、制度的'意外'和'偶然'。"

问题就释然了,听说那张钞票今天还在使用。

那次会面给我留下深刻的印象,我至今还记得的是,他跟大家还说了另外一些话。客人问起他的文学生活时,他高兴地谈到研究服饰的经过,说:"……那也是很'文学'的!"并且哈哈笑了起来,"我像写小说那样写它们。"

谈话快结束时,他说:"我一生从不相信权力,只相信智慧。"

沈从文对待苦难的态度十分潇洒。"文革"高潮时,我们已经很久没见面了,忽然在东堂子胡同迎面相遇了,他看到我,却装着没看到我,我们擦身而过。这一瞬间,也头都不歪地说了四个字:"要从容啊!"

他是我的亲人,是我的骨肉长辈,我们却不敢停下来叙叙别情,交换交换痛苦;不能拉拉手,拥抱一下,痛快地哭一场。

中央美院有位很有学问的研究家,是他以前的老学生,和我们的关系十分亲密。"文革"一开始,他吓破了胆,一个下午,他紧张地、悄悄地走近我住的门口,轻轻地、十分体贴地告诉我:"你要有心理准备,我把你和你表叔都揭发了!"

我恨不得给他两拳,连忙跑去告诉表叔。难以想象地,表叔偷偷笑起来,悄悄告诉我:"这人会这样的,在昆明跑警报的时候,他过乡里浅水河都怕,要比他矮的同学背他过去……"

日子松点儿的时候,我们见了面,能在家里坐一坐喝口水了,他说他每天在历史博物馆扫女厕所。"这是造反派领导、革命小将对我的信任,虽然我政治上不可靠,但道德上可靠……"

他说,有一天开斗争会的时候,有人把一张标语用糨糊刷在他的背上，斗争会完了，他揭下那张"打倒反动文人沈从文"的标语一看，说："那人的书法太不像话了，在我的背上贴这么蹩脚的书法，真难为情！他原应该好好练一练的！"

有一次，我跟他从东城小羊宜宾胡同走过，公共厕所里有人一边上厕所一边吹笛子，是一首造反派的歌。他说："你听，'弦歌之声不绝于耳！'"

时间过得很快，他到湖北咸宁干校去了，我也在河北磁县劳动了三年，我们有通信。他那个地方虽然名叫双溪，有万顷荷花，老人家身心的凄苦却是可想而知的，他来信居然说："这里周围都是荷花，灿烂极了，你若来……"

在双溪，身边无任何参考资料，仅凭记忆，他完成了 21 万字的服装史。他那种寂寞的振作，真为受苦的读书人争气！

钱钟书先生，我们同住在一个大院子里，一次在我家聊天，他谈到表叔时说："你别看从文这人微笑温和，文雅委婉，他不干的事，你强迫他试试！"

表叔桌子上有架陈旧破烂的收音机，每天工作开始，他便打开这架一点儿具体声音都没有只会吵闹的东西。他利用这种声音作屏障隔开周围的喧嚣进行工作。

一个小学甚至没有毕业的人，他的才能智慧究竟是从哪里来的？我想来想去，始终得不到准确结论，赖着脸皮说，我们故乡山水的影响吧。

他真是个智者，他看不懂乐谱，可能简谱也读不清，你听他谈音乐，一套又一套，和音乐一样好听，发人聪明。他说："美，不免令人心酸！"这，说得像是他自己的生涯。

前两年，我在表叔的陵园刻了一块石碑，上头写着："一个士兵，要不战死沙场，便是回到故乡。"献给他，也献给各种"战场"上的"士兵"，这是我们命定的、最好的归宿。

　　在麦家看来,作家是历史的旁观者,是生活的记录者,从事写作的人本来就应该生活在幕后,以冷峻的目光审视现实,这样才能写出优秀的作品。

作家麦家:畅销和文学性 并不矛盾 佚名

　　"每个人小时候都做过文学的梦,有些人半途放弃了,而我坚持了下来。"第七届茅盾文学奖的"新科状元"麦家对自己的文学之路给予如此评价。2008 年 12 月 1 日下午 3 点,当麦家和本届"茅奖"的另外两名"状元"贾平凹、周大新现身中心书城为其作品签名售书时,面对北区大堂台阶上人头涌涌、满脸激动的深圳读者,麦家情不自禁地感慨道:"深圳真是一座令人惊叹的城市!"麦家表示他曾经看到过一个数据, 讲的是深圳市的人均购书量在全国各大城市中名列榜首。"单单从这一点来看,深圳就是一个令人尊重的城市。"麦家说,"读书是一件幸福而美好的事,今天大家因为读书聚集到这里,我感到特别高兴。"

以人为本的作品才能充分拓展文学的魅力

2008 是中国改革开放 30 周年纪念,在 2008 年的脚步即将走过的 12 月,麦家也显示出他作为一个作家、一个文人、一个知识分子的时代情怀。"当下的文学深受改革开放影响,没有改革开放就没有当代文学!"麦家动情地说,他是成长在改革开放前,而生活在改革开放中,经历了两个时代的碰撞,与当下的人有着不一样的人生态度,所以在写作上也有着不一样的态度。归结而言,麦家说自己是处在回忆的状态,因为他的作品都是在讲过去的故事。

而坐观当下文坛,麦家惊喜地发现,在深圳和浙江的温州这两个城市,近年来都涌现出了一批思维独特、文法犀利的年轻作家,他认为这跟城市在急剧变动和发展中带来的丰富生活素材有很大关系。虽然改革开放已经将近 30 年,但时代从来没有放慢它的脚步,此时的作家犹如坐在一辆风驰电掣的火车中,窗外的风景一闪而过,给准确清晰地描述它带来了一定的难度。然而正是这样的考验,才能够让真正的大师显露出来,一部优秀的作品可以打开时代的一个"切面",从那些清晰的纹路中揭示出时代的秘密。为了更明了地廓清"时代"与"文学"之间的关系,麦家特别为记者打了一个生动的比喻:如果把时代比作一条奔涌向前的河流的话,文学作品就像是河中的鱼和水草,可以使这条河流优美起来、生动起来。

因为能够打动人心的文学总是作用于人们温暖、柔软的一面,所以,反映改革开放 30 周年的文学也不能总是像一个火车头一样轰隆隆向前,而是在宏大叙事之外也关注个人的声音,对当代人在改革开放背景下经历的呻吟与阵痛、思考与彷徨都进行细致的表现。"总之一句话,刚柔相济的文学才是最好的文学,以人为本的作品才能充分拓展文学的魅力。"麦家坚定地说。

文学被边缘化将是一种历史的必然

那么,《解密》和《暗算》是否也打上了鲜明的"时代烙印"呢？答案是绝对肯定的。"如果没有军旅生活,没有新中国,自然也不会有我笔下的那群人,小说自然也无从谈起。"麦家说。而对于《暗算》能够折桂茅盾文学奖,麦家表示,自己在得此消息后也颇感意外。"茅盾文学奖到现在已经举办七届了,它的评价规则都有一些约定俗成的条款。比如,宏大叙事、关注现实等等。如果以这些标准来衡量,《暗算》的确不那么'主流',所以,得奖的确是个惊喜。"

麦家同时也表示,时代总是在不断变化的,文学的表现形式、内容手法也日趋多元,面对"变动的现实","茅盾文学奖"也并非是永远"一成不变"。"从《暗算》的得奖来看,茅盾文学奖的视野更加开阔,这个奖项本身也在'与时俱进'。"麦家笑称,"可能,我就是在其中侥幸赚了个先机。"虽然已经是"茅奖"折桂,但是麦家对于文学、对于自身的处境并没有随之"欣欣然"起来。他说,在一个多媒体的时代,文学被边缘化将是一种历史的必然。

然而,对于文学的"边缘化",麦家并未表现出"心有戚戚焉"的悲观情绪,相反,他的表情格外从容。他说,"20 世纪 80 年代,作家是明星,生活在聚光灯下,这本来就不是一种正常现象。"在麦家看来,作家是历史的旁观者,是生活的记录者,从事写作的人本来就应该生活在幕后,以冷峻的目光审视现实,这样才能写出优秀的作品。麦家还向记者透露了一个小秘密,他说,自己的写作速度特别慢,一天只能写 500 个字。一部《解密》整整耗费了他十年心血！"我比较注意改稿工作,一部作品出来之后要反反复复改上几遍。我始终相信好稿是改出来的。"麦家说,"小说是讲故事的艺术,在写作之前,我会反复研究优秀的小说,摸索成功之道,畅销和文学性并不是矛盾的两极,身为小说家,就是要苦心研究这两者之间的关系,即便不是康庄大道,羊肠小道总是有的。"

人生悟语

　　白居易的诗通俗易懂，历史上流传着"老妪能解"的传说；柳永的词尽人皆知，以至于留下了"凡有井水饮处，皆能歌柳词"的佳话。这些作品都得以千古流传，原因也许就在于，把艺术和人性完善地融合在了一起。如若缺乏人性的关怀，那么闪光的便只能是金子而不是文学艺术了。

（晨　曦）

　　在《平凡的世界》全部写作过程中，我的早晨都是这样从中午开始的。对于我，对于这部书，这似乎也是一个象征。

早晨从中午开始　路　遥

　　在我的创作生活中，几乎没有真正的早晨。我的早晨都是从中午开始的。

　　通常情况下，我都是在凌晨2点到3点左右入睡，有时甚至延伸到4到5点。天亮以后才睡觉的现象也时有发生。

　　午饭前一个钟头起床，于是，早晨才算开始了。用烫烫的水好好洗洗脸，紧接着喝一杯浓咖啡，证明自己同别人一样拥有一个真正的早晨。这时，才彻底醒过来了。

　　午饭过后，几乎立刻就扑到桌面上工作。我从来没有午休的习惯，这一点像西方人。整个下午是工作的最佳时间，除过上厕所，几乎在桌面上头也不抬。直到吃晚饭，还会沉浸在下午的工作之中。晚饭后有一两个小时的消闲时间，看中央电视台的新闻联播，读当天的主要报纸，这是一天中最为安逸的一刻。这时也不拒绝来访。

夜晚，当人们开始准备入睡的时候，我的思绪再一次活跃起来。如果下午没完成当天的任务，便重新伏案操作直至完成。然后，或者进入阅读，或者详细考虑明天的工作内容，以至全书各种各样无穷无尽的问题，并随手在纸上和各式专门的笔记本上，记下要点以备日后进一步深思。这时间在好多情况下，思绪会离开作品，离开眼前的现实，穿过深沉寂静的夜晚，穿过时间的隧道，漫无边际地向四面八方流淌。睡前无论如何都要读书，直到睡着后，书自动从手中脱离为止。

第二天午间醒来，就又是一个新的早晨了。

在《平凡的世界》全部写作过程中，我的早晨都是这样从中午开始的。对于我，对于这部书，这似乎也是一个象征。当生命进入正午的时候，工作却要求我像早晨的太阳一般充满青春的朝气投身于其间。

劳动，这是作家义无反顾的唯一选择

当时，已经有一种论断，认为《人生》是我不能再逾越的一个高度。

在无数个焦虑而失眠的夜晚，我为此而痛苦不已。在一种几乎是纯粹的渺茫之中，我倏然想起已被时间的尘土埋盖得很深很远的一个早往年月的梦。也许是 20 岁左右，记不清在什么情况下，很可能在故乡寂静的山间小路上行走的时候，或者在小县城河边面对悠悠流水静思默想的时候，我曾经有过一个念头：这一生如果要写一本感动自己且规模最大的书，或者干一生中最重要的一件事，那一定是在 40 岁之前。我的心不由为此而战栗。这也许是命运之神的暗示。真是不可思议，我已经埋葬了多少"维特时期"的梦想，为什么唯有这个诺言此刻却如此鲜活地来到心间？

几乎在一刹那间，我便以极其严肃的态度面对这件事了。是的，任何一个人，尤其是一个有某种抱负的人，在自己的青少年时期会有过许多理想、幻想、梦想，甚至妄想。这些玫瑰色的光环大都会随着时间的流逝和环境的变迁而消散得无影无踪。但是，当一个人在某些方面

一旦具备了某种实现雄心抱负的条件，早年间的梦幻就会被认真地提升到现实中并考察其真正复活的可能性。

经过初步激烈的思考和论证，一种颇为大胆的想法逐渐在心中形成。我为自己的想法感到吃惊。一切似乎是不可能的。但是，为什么又不可能呢！

我决定要写一部规模很大的书。我想，有时要对自己残酷一点儿。应该认识到，如果不能重新投入严峻的牛马般的劳动，无论作为作家还是作为一个人，你真正的生命也就将终结。

我想起了沙漠。我要到那里去走一遭。

我对沙漠——确切地说，对故乡毛乌素的大沙漠有一种特殊的感情或者说特殊的缘分。那是一块进行人生禅悟的净土。每当面临命运的重大抉择，尤其是面临生活和精神的严重危机时，我都会不由自主地走向毛乌素大沙漠。

无边的苍茫，天边的寂寥，如同踏上另外一个星球。嘈杂和纷乱的世俗生活消失了。冥冥之中，似闻天籁之声。此间，你会真正用大宇宙的角度来观照生命，观照人类的历史和现实。在这个孤寂而无声的世界里，你期望生活的场景会无比开阔。你体会生命的意义也会更深刻。你感到人是这样渺小，又感到人是不可思议的巨大。你可能在这里迷路，但你也会廓清许多人生的迷津。在这单纯的天地间，思维常常像洪水一样泛滥。而最终又可能在这泛滥的思潮中流变出某种生活或事业的蓝图，甚至能明了这蓝图实施中的难点、易点以及它们的总体进程。

这时候，你该自动走出沙漠的圣殿而回到纷扰的人间。你将会变成另外一个人，无所顾忌地去开拓生活的新疆界。现在，再一次身临其境，我的心情仍然像过去一样激动。赤脚行走在空寂逶迤的沙漠之中，或者四肢大展仰卧于沙丘之上，眼望高深莫测的天穹，对这神圣的大自然充满虔诚的感恩之情。

在这里，我才清楚地认识到我将要进行的其实是一次命运的"赌博"(也许这个词不恰当)，而赌注则是自己的青春抑或生命。只有初恋般的热情和宗教般的意志，才可能让人成就某种事业。写作中最受折磨的也许是孤独。

人是一个非常复杂的矛盾体。为了不受干扰地工作，常常要逃避世俗的热闹；可孤独常常叫人感到无以名状的忧伤。而这忧伤有时又是很美丽的。我喜欢孤独。但我也惧怕孤独。现在，屈指算算，已经一个人在这深山老林里度过了很长一段日子。多少天里，没和一个人说过一句话。白天黑夜，一个人孤零零地呆在这间房子里，做伴的只有一只老鼠。

极其渴望一种温暖，渴望一种柔情。整个身体僵硬得如同一块冰。写不下去，痛不欲生；写得顺利，欣喜若狂。这两种时候，都需要一种安慰和体贴。

尤其是每个星期六的傍晚，我常伏在窗前，久久地遥望河对岸林立的家属楼。看见层层亮着灯火的窗户，想象每一扇窗户里面，人们全家围坐一起聚餐，充满了安逸与欢乐。然后，窗帘一道道拉住，灯火一盏盏熄灭，一片黑暗。黑暗中，我两眼发热。这就是生活。你既然选择了一条艰难的道路，就得舍弃人世间的许多美好。

长长地吐出一声叹息，重新坐回桌前，回到那一群虚构的男女之间。在这样的时候，你描绘他们的悲欢离合，就如同一切都是你自己切身的体验和感受。你会流着辛酸的或者是幸福的泪水讲述他们的故事——不，在你看来，这已不是故事，而是生活本身。长长地吐出一声叹息，突然从远处传来一声火车的鸣叫，便忍不住停下笔，陷入到某种遐想之中。这充满激情的声音似乎是一种召唤。你会想到朋友和亲人从远方赶来和你相会，以及月台上的那揪心的期盼与久别重逢的惊喜。

有一天半夜，当又一声火车的鸣叫传来的时候，我已经从椅子上起来，什么也没有想，就默默地、急切地跨出了房门。我在料峭的寒风中走向火车站。

火车站徒有其名。这里没有客车，只有运煤车。除了像山一样的煤堆和一辆没有气息的火车，四周围静悄悄地没有一个人。我悲伤而惆怅地立在煤堆旁。我明白，我来这里是接某个臆想中的人。我也知道，这虽然有些荒唐，但肯定不能算是神经错乱。我对自己说："我原谅你。"

185

悄悄地，用指头抹去眼角的冰凉，然后掉过头走回自己的工作间——那里等待我的，仍然是一只老鼠。

啊，阳光！我愿意在你的照耀下生活

每天傍晚抬起头来，总会如期地看见窗外又红又大的落日在远方沙漠中下沉。这是一天中最后的辉煌，给人留下了特别美好的印象。时令已进入初冬，广阔的高原一片莽莽苍苍。残破的古长城像一条冬眠的蛇蜿蜒伏卧在无边的黄沙之中。大自然雄伟壮丽的景象往往会在无形中化作某种胸臆，使人能以更广阔的视角来审阅自己所构建的艺术天地。在有些时候，环境会给写作带来重大影响。

再一次充满了对沙漠的感激之情。这部书的写作当初就是在此间的沙漠里下的决心，没想到最后的部分竟然又是在它博大的胸怀中来完成。

晚饭后，有时去城外的榆溪河边散步。沿着河边树林间的小道慢慢行走，心情平静而舒坦。四周围静悄悄没有一个人。只有小鸟的啁啾，只有纯净的流水发出朗朗的声响。想到自己现在仍然能投入心爱的工作，并且已越来越接近最后的目标，眼里忍不住旋转起泪水。这是谁也不可能理解的幸福。回想起来，从一开始投入这部书到现在，基本是一如既往地保持着真诚而纯净的心灵，就像在初恋时一样。尤其是经历身体危机后重新开始工作，根本不再考虑这部书将会给我带来什么，只是全心全意全力地去完成它。完成！这就是一切。在很大的意义上，这已经不纯粹是在完成一部书，而是在完成自己的人生。

在日复一日的激烈工作中，我曾有过的最大渴望就是能到外面的院子里晒晒太阳。

几年来久居室内，很少接触阳光，看到阳光就抑制不住激动，经常想象沐浴在它温暖光芒中的快乐。

但是，这简直是一种奢望。阳光最好的时候，也常常是工作最紧张最关键的时候，根本不敢去实现这个梦想。连半个小时也不敢——阳光会烤化意志，使精神上的那种必要的绷紧顷刻间冰消雪化。只好带着

可亲而不近的深深遗憾，无限眷恋地瞥一眼外面金黄灿烂的阳光，然后在心灵中抹掉它，继续埋下头来，全神贯注投入这苦役般的工作。

直到今天，每当我踏进阳光之中，总有一种难以言语的快乐。啊，阳光！我愿意经常在你的照耀下生活。

这是一次漫长的人生孤旅。因此，曾丧失和牺牲了多少应该拥有的生活，最宝贵的青春已经一去不返。当然，可以为收获的某些果实而自慰，但也会为不再盛开的花朵而深深地悲伤。生活就是如此，有得必有失。为某种选定的目标而献身，就应该是永远不悔的牺牲。

无论如何，能走到这一天就是幸福。

再一次想起了父亲，想起了父亲和庄稼人的劳动，从早到晚，从春到冬，从生到死，第一次将种子播入土地，一直到把每一颗粮食收回，都是一丝不苟，无怨无悔，兢兢业业，全力以赴，直至完成——用充实的劳动完成自己的生命过程。

我在稿纸上的劳动和父亲在土地上的劳动，本质上是一致的。由此，这劳动就是平凡的劳动，而不应该有什么了不起的感觉；由此，你写平凡的世界，你也就是这平凡的世界中的一员，而不是高人一等；由此，1988 年 5 月 25 日就是一个平平常常的日子，而不是一个特殊的日子；由此，像往常的任何一天一样，开始你今天的工作吧！

是的，我刚跨过 40 岁，从人生的历程来看，生命还可以说处在"正午"时光，完全应该重新唤起青春的激情，再一次投入到这庄严的劳动之中。

那么，早晨依然从中午开始。

人 生 悟 语

当有人对我们说："我的早晨从中午开始"，那我们多半会感到这人的懒惰与懈怠。然而，当我们重新感受"中午"的意味，再次涵咏"早晨"的含义，便会发现，这是一种多么积极的人生态度！如果我们的生命已近"中午"，而能依旧保持着"早晨"时候的激情，那么，生命将焕发怎样的光彩？！

（晨　曦）

有一种精神叫自强，自强的人就像傲然挺立的山峰，让人景仰；有一种精神叫自信，自信的人就像翱翔天宇的雄鹰，令人震撼；有一种精神叫自尊，自尊的人就像一条清澈的小河，叫人心生敬重；有一种精神叫自爱，自爱的人就像一朵白云，让人觉得高洁清逸……

有一种爱叫娱乐

也许灯光太多光怪陆离，也许花边新闻太多眼花缭乱。这个叫"圈子"的地方，总是吸引着最多的目光，承受着最多的非议。但是，所谓爱无处不在，总是有一些人用爱的力量和温度，慢慢转变着环境的冷酷和目光的质疑。而转变的武器，就是那个"爱"字。

我在心里祈愿："把爱传出去。"

把爱传出去 李亚鹏

来香港出差，住在港岛香格里拉 52 层。坐在窗前看半山的景色，绿葱葱的山被薄雾笼罩着，山边高楼林立，香港的住宅楼大多又瘦又高，总让人担心会倒下来，不过还好，每次来它们都依然挺拔地立在那儿，让我的担心成为多余。房间内淡淡的背景音乐衬得窗外的景色更加静谧，只是偶尔能看见红身灰顶的出租车在山路上爬行，只一下就又钻进绿葱葱里看不见了。

明天是"嫣然天使基金"正式成立的日子，距第一次从医生嘴中得知嫣儿的问题已快一年了。这一年的事儿很多，却又是如此清晰地出现在脑海里。

想到当时我和妻子用了一分钟就做了不放弃的决定。我问："什么想法？"妻答："就算被医生说中，又怎么了？"我说："那好吧。"此后我们便绝口不提。

想到临近产期媒体围堵，我拉开车门冲下去，像一头愤怒的公牛，怒视，我只能怒视——还有更重要的事在等我；想到分娩那天我在等待，医生进来表情凝重："孩子有点问题……"我说："严重吗？"她点头。

想到我穿着医生的白大褂，戴着帽子和口罩拿着病历随一个护士走出电梯和等待在那儿的媒体擦肩而过，去儿童监护病房看嫣儿，她躺在那儿是那么安静，皮肤光滑完全不像初生的婴儿。我隔着一段距离望着她，我听见自己的心在跳，正要离去时，她突然大哭，我回转身来对她说："嫣儿，别哭了，你会没事的，相信爸爸。"她居然真的不哭了，旁边的护士倒开始抽泣起来。

想到妻刚刚从昏迷中醒来，我搬了椅子坐在她床前，我说："有件事……"她便问道："严重吗？"我点头。我们握手相望，良久，良久。

想到嫣儿满月那天我们乘机去美国，一路行程十七八个小时，嫣儿一声都没哭，真乖；想到第一次去就诊，我抱着嫣儿斜躺在躺椅上，她仰面向上，小脑袋躺在我的肩头，我两只手紧紧搂住她的手脚好让医生检查，嫣儿在我的耳边号啕大哭，可我还得死死地按住她，我咬着牙努力地睁着眼睛看着窗外，护士拿纸巾帮我擦不知什么时候流出的眼泪，习惯而自然，大概每一个躺在这儿的父母都会如此吧！

想到在博客里公开了嫣儿的事情后，我和妻把嫣儿放在胸前的婴儿袋里大摇大摆地去逛街，那篇博客其实是写给我们自己的，好让我们能把心真的放下来，真的坦然。

想到这几个月为慈善基金的事奔波，我们要把这件事坚持下去，当嫣儿懂事的时候，希望大家听到唇腭裂会像听到感冒一样稀松平常，给嫣儿，也给所有和她一样的孩子创造一个好的成长环境……

要出发了，拿着行李走出房门，在门关闭前的一瞬，我回头看见窗外的薄雾依然，却有一缕阳光破天而降。

我想，生活，就是这样。

曾经看过一部让我为之感动的电影，叫做《把爱传出去》。讲的是一个美国小男孩帮助了一个流浪汉，不要他的感谢，只要他许下诺言去帮助另一个需要帮助的人。流浪汉照做了，并让被帮助的人又许下这个诺言，如此连绵不绝。最后这个社会为之感动，这个小男孩成了一个备受瞩目的明星。他的梦想"如果每个人都能去帮助别人，那么每个人就都会得到别人的帮助，这个世界将会多美好"一时间仿佛实现了，但他却被同校嫉妒他的孩子们殴打致死。理想与现实，光明与黑暗，仿佛只是一步之遥。

"嫣然天使基金"的成立，来之不易，感谢中国红十字基金会和所有帮助它的人。我们作为嫣儿的父母发起这个基金是有感而发，没什么了不起。了不起的是与此无关而又伸出援手的你们，至少在这一刻，你们是善良和伟大的；至少在这一刻，你们让这世界变得美丽。

我在心里祈愿："把爱传出去。"

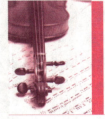

其实在这条路上难免偶尔下坡，偶尔上坡……那都是我真实经历过的事。不管如何，我都不会再害怕。

寻找人生的转角 （中国台湾）罗志祥

当我以为自己的工作是偶像歌手的时候，我就因为合约问题不能唱歌了。

这就好像你走在一条路上，前面的路突然就塌方了，没有路了。

于是我开始主持，在那个塌方的死角，我用我自己的力量，努力去开发，让它转变成我人生的一个转角。

我很幸运，因为还有很多长辈给我机会。我在节目里面被砸过蛋糕、丢过水球，穿女装、套丝袜……虽然觉得跟以前偶像歌手所做的事情很不一样，但我觉得没有关系，因为我没有对不起自己，我很尽力在走我自己的路，即使没有了别的选择。

我很骄傲我的最高纪录是同时主持三个节目，甚至还有媒体封我为"三冠王"的美名……

我以为那就是我未来的路了。

直到有一天我突然同时失去了三个节目。没有任何迹象。没错，那条路又塌方了。

我直到现在都还记得 当媒体报道这件事情的时候所用的标题：票房毒药。

很伤人的字眼。

很难形容我那几个月的心情。我没有工作，但我想做很多事情，我最想的是去当一个 dancer（舞者）。

我的经纪人小霜在很久以后才跟我说，她看过我一个她永远忘不了的表情——那时她正开着车，我坐在后面。她很想安慰我还是突然想到什么事情准备要告诉我，但当她看了看车子里的后视镜时，她说她忘记要跟我说什么了……

但是她说她永远不会忘记我的那张脸。那张我从来没让她发现过的、失神到绝望的脸——狠狠地印在我罗志祥的脸上。

我跟宇宙无敌天后蔡依林小姐开始比较熟的时候，应该是她事业最低潮的时候。

"今天有没有走上坡一点？"我常常在短信里开她玩笑，其实是想鼓励她。我从没跟她说，其实那个时候我也处于低潮，我应该比她在更急速地狂冲下坡！

我不想说，我爱面子，我更爱我身边的人都带着笑容。

有件事让我印象很深刻。我终于有了一个广告，但是要录一整天。到中午饭时间了，我看大家都在吃盒饭，就走过去问一个制作：请问盒饭在哪里？

"在那里，自己去拿！"他指着摄影棚远方的一个角落说。

我后来就在那个角落把盒饭吃完，其实吃完就忘了。但是 3

年多后,同样的情节在同样的摄影棚又发生了:请问要去哪里拿盒饭啊?

"喔!你先去休息一下,我去拿给你!"还是那个制作,还是那个人。

我在休息室吃着盒饭,一样好吃。我很爱吃盒饭的,边吃边想:好在我这3年多来都在继续努力。

因为发生了这些事,我发明了"冰水说"——以前你红的时候,可能工作人员倒一杯冰水给你,你想都没想就喝掉了;但当你不红的时候,他给你半杯冰水,你就会问他为什么只给半杯……所以现在我都只喝一口冰水,然后把它冰起来,以后再慢慢地喝——我经常用"冰水说"提醒自己。

"罗志祥越来越红了,广告越来越多了!"有时身边的长辈会这样夸我。害得我都不知道该怎么回应,只好害羞地低着头说:"还好啦……"其实在这条路上难免偶尔下坡,偶尔上坡……那都是我真实经历过的事。

不管如何,我都不会再害怕。

人 生 悟 语

日出日落、潮涨潮消、四季轮回,生命也是这样,有高潮也有低谷,有成功也有失败。成功的时候,不妨怀着感激和谦卑享受成就;而在无人喝彩的日子里,就让我们用宁静、淡泊的心境去品味人生,去期待生命的下一个转角、下一段风景……　　　　(毛文丽)

现代女孩除了外表,内在的美丽也很重要,女孩子如果没有自己的事业,无所事事的话,你再美丽,也会变得没活力。

章子怡:10年,还不是我的里程碑

邱致理

10 年,从零开始,15 部电影,至少 23 个奖项;10 年,从中戏学生到国际巨星、最年轻的戛纳电影节评委;10 年,从 13 平方米筒子楼,搬入北京豪宅,通过优才计划变身香港居民……1998 到 2008,章子怡用 10 年完成了很多人想都不敢想的事。奋力进取还是野心勃勃? 这些价值判断,章子怡说自己不在乎,10 年不是里程碑,只要心态平和,接下来 10 年会更好。

在这 10 年之际,《南都周刊》对章子怡进行了独家专访。

奋斗史——舞蹈让我坚强

章子怡从不缺少运气 但运气不会连续 10 年里眷顾同一个对象。在中戏时,她不是班里最漂亮的,也不是专业最突出的,她和刘烨常因为交不出好功课而被导师下"最后通牒",但她绝对是班里最狠最拼的女生。大二期末汇报演出,章子怡在舞台剧《大荒漠》中演一位油田队长的妻子。演到最后一幕,章子怡投入地冲出去,整个人撞向一面玻璃,满手鲜血,可她一点都没出戏,照样按着伤口谢幕。

拍《我的父亲母亲》时 她等了 5 个月才等来张艺谋的赞扬:"做得好!"同样在拍摄《卧虎藏龙》时,用孤独的 5 个月和拼了命的练习换来李安这句认可，大导演们的这三个字总会令她喜极而泣，同时也成为她每天拼命的动力。

在国际电影节上，她曾因不标准的英语发音和浅薄的词汇量，在全世界面前出丑，这激起了她的好胜心，于是她聘请贴身老师用最原始的方法恶补英语，直到她完全可以用第二语言出演纯好莱坞影片。

章子怡身上的这股"狠劲"，要感谢6年的舞蹈生涯，给她人生以韧劲。"小时候受过那么大的体能训练，要弯腰抓脚，像大桥一样，根本就抓不到，但你没办法跟老师说不，就这样子一点点一点点练。所以舞蹈让我变得坚强，我忍痛的能力也特强。"

问：1998年你拍摄了第一部电影《我的父亲母亲》，到今年正好10年，10年中有什么特别难忘的？

答：既然你都经历了，就让它随风而去吧。小女孩时可能不懂，我刚出来就是不断工作，想证明给大家看，我不只是有机会，我还有能力。但今天我不会解释太多，成功与否，如果只是机遇决定，那只是瞬间的。

问：看你学英语的劲头也是为了证明自己吧？

答：学语言一开始很难，但你别害怕，很多人一开始都是张不了嘴的。我那时住在美国公寓里，就学到一个人像发洪水一样痛哭。我在想我干吗要受那么大的苦，一个人很艰难很艰难。但我觉得都可以挑战，没什么过不去的，可能是舞蹈锻炼了我的吃苦耐劳。

问：当面对重大压力时，你怎样减压？

答：比如说拍《梅兰芳》两个月，一直在训练，就为了一个在电影里两分钟都不到的京剧画面，我要唱要表演，要有架势，我会连续失眠，然后自己偷偷地哭，太难了太难了！但我对电影就是这样子的，为了把人物塑造得很立体很成功，再难再苦也值。

问：有没有回头再看看1998年演的戏？

答：有，还特别喜欢。我觉得这10年还不是里程碑，只有不断成长才能让更多的人喜欢，这就是一个新起点吧，我希望每一次的挑战都是全新的，这样才有热情和冲动，这也就是为什么我现在接电影会那么少，但每一个角色都很特别。我想接下来的10年我会做得更好，只

要我心态平和。

事业心——女人要有事业

在好莱坞"打"开知名度，章子怡用的是拳脚；让这份异国事业能顺利经营，章子怡靠的是头脑。人们把她染指"权力榜"的评价，视为她"野心"的企图。可章子怡说这一切只是工作，是事业，她所强烈拥有的不是野心，而是事业心。'一个女人没事业，便会黯然失色，失去活力，女人一定要有自己的事业。"

现在，章子怡每年有一半时间待在洛杉矶，和好莱坞影人接触，接受采访、学习英语、研读剧本、制作电影，在时尚秀场交流取经。她还醉心于公益事业，"章子怡慈善基金"已经在美国成立，今年她在戛纳电影节上为5·12汶川地震募捐的形象，成为这个中国女星在国际舞台亮相的别样方式。

问：最近你被 *VOGUE* 杂志评选为20岁年龄段"不老偶像"的代表，如今是造星速度飞快的时代，你保持人们对你长久喜爱的秘诀是什么呢？

答：和工作有关系吧。不管你在哪个年龄段，你自己要做到最好。不断超越自我，是我保持美丽自信的妙方。

问：在今年的戛纳电影节上，你着素衣落泪为汶川地震募捐的形象深入人心，这件事后你最大的感触是什么？

答：我觉得我第一次感受到人性的温暖。全国上下那么多人在为汶川募捐，瞬间你会觉得每一个人都在灾难面前成长了。我觉得中国新一代年轻人的力量像火一样，无限大。我非常有幸成为年轻人中的一分子，所以能做多少就做多少。这样做的时候，你的一滴泪、一句话都是很由衷的。

问：你觉得你的成功是否代表了现代新女性的一种特质？

答：现代女孩除了外表，内在的美丽也很重要，女孩子如果没有自己的事业，无所事事的话，你再美丽，也会变得没活力。

2006 年的第一天，章子怡赶到北京参加哥哥章子男的婚礼，她在婚礼上动情地说："今天，看到哥哥娶到这么好的嫂子，比获什么奖、拿到什么提名更让我高兴。"章子怡身上有很强的传统家庭观念，她 11 岁就离家住校，不容易得到的总是要加倍珍惜。她和长她 6 岁的哥哥感情甚好，小时候背的红色小书包也是她哥哥背过的，所以她甘愿和狗仔队坐在同一个饭局上吃饭，共庆她哥哥的人生大事。

还有她的感情世界，和她的演艺事业一样"传奇"。毫无意外地，在拍完《我的父亲母亲》之后，传出她和导演张艺谋的绯闻。之后她的名字和成龙父子一同登上了八卦版头条，三个人的关系显得不同寻常。再之后的很长一段时间里，章子怡和香港富商霍英东的孙子霍启山出双入对，似乎预示着又一段美女与豪门的姻缘。直到真命天子的出现，章子怡再次让世界惊叹，她的新男友是时代华纳重要股东、一个 41 岁的以色列富翁。她说："我憧憬孩子和家庭。"

问：现在会特别珍惜和家人在一起的时间吗？

答：现在我基本上一半时间给工作，一半给家人。如果给我一个选择，一个奢侈品还是和我哥哥的小孩玩两个小时，我会选择后者，因为和小孩子玩会让我很放松。我不会穿高跟鞋或者漂亮裙子，有一天我和他玩，他叫我前滚翻，然后就拉我到床上去前滚翻，旁边的人都说，可能这个世界上就他能让我干什么我就干什么了。我突然觉得这才是生活最本质的东西。

问：最近你的状态越来越放松，在演艺圈，你如何去保持一种很健康的心态或者生活方式？

答：我觉得女人谈恋爱以后就会变得安逸，女人首先就是要有感情上的寄托，然后你在工作上也会很努力，这样你就会觉得没有什么事真的会让你很难过，你会有一个人可以去倾诉。

问：如果有一个机会让你重新选择，你会选择什么职业？

答： 教育吧，我很喜欢孩子，我有这份耐性，有这份坚韧的精神。其实做哪一行都是一样的，要有这样的一个准备，吃苦在先，才有所得。

电影是他的生命，他活一天，就得活在电影中。他最佩服黑泽明，因为黑泽明是死在拍摄现场的。他说他也会这样。

电影的谢晋 冯骥才

我曾对一向生龙活虎的谢晋说："你能活到 22 世纪。"但他辜负了我的祝愿，断然而去，只留下朋友们对他深切的痛惜与怀念以及一片浩阔的空茫。

前不久，台湾导演李行来访，谈到夏天里谢晋在台北摔伤，流了许多血，"当时的样子很可怕，把我们都吓坏了"，跟着又谈到谢晋老年丧子。我说老谢曾经特意把他儿子谢衍的处女作《女儿红》剧本寄给我，嘱我"非看不可"。李行说谢晋对谢衍这条根脉很在乎，丧子之痛会伤及他的身体。这时我忽然感到老谢今年有点流年不利。心想今年若去南方，要设法绕道去上海看看他。但现在这一切都只是过往的一些毫无意义的念头了。

太熟太熟的一位朋友了。自20世纪80年代以来在政协、文联以及大大小小各种会议和活动中，无论是会场上相逢相遇，还是在走廊或人群中打个照面，都会有种亲切感掠心而过。老谢是个亲和、简单、没有距离感的人。在我的印象中，他几十年说的话似乎只有三个内容：剧本，演员，为电影的现状焦急。他脑袋里再放不进去别的东西。如果你想谈别的——那你只好去自言自语，他听似没听进去；但只要你停下来，他立即开始大谈他的剧本和演员，或者对电影业种种弊端发火。他发火时根本不管有谁在座。这时的老谢直率得可爱。他认为他在为电影说话，不用顾及谁爱听或不爱听。他从不谈自己；他的心里似乎没有自己。他口中总是挂着斯琴高娃、姜文、陈道明、潘虹、刘晓庆、宋丹丹和第五代导演们那些出色的电影精英。他眼里全是别人的优点。能欣赏别人的优点是快乐的。还听得出来，他为拥有这些精英的中国电影而骄傲。

在此之外的老谢一刻不停地忙忙碌碌，找演员、搭班子、谈经费、来去匆匆地去看外景。难得一见的是他在某个会议餐厅的一角，面前摆着从自助餐的菜台拣的一碟子爱吃的菜，还戳着一瓶老酒，临时拉不到酒友就一人独酌。这便是老谢最奢侈也是最质朴的人生享受了。他说全凭着酒，才能在野战军般南征北战的拍片生涯中落下一副好身骨。他说，这琼浆玉液使得他血脉流畅，充满活力。前七八年我和他在京东蓟县选外景时，他不小心被什么绊了一跤，摔得很重，吓坏了同行的人，老谢却像一匹壮健的马，一跃而起，满脸憨笑，没受一点伤。那年他78岁。

天生的好身体是他天性好强的本钱。他好穿球鞋和牛仔裤，喜欢独来独往，不喜欢陪伴，一位标准的职业电影人。虽然他穿上西服挺漂亮，但他认为西服是"自由之敌"。他从不关心全国文联副主席和政协常委算什么级别，也不靠着这些头衔营生；他只关心他拍出的电影分量。一次，一位朋友问他是不是不喜欢炒作自己，他说他相信真正的艺

术评价来自口碑，也就是口口相传。因为对于艺术，只有被感动并由衷地认可才会告知他人。

这样的艺术家，活得平和、单纯而实在。那些年，年年政协会议期间文艺界的好朋友们都要到韩美林家热热闹闹地聚会一次。吴雁泽唱歌，陈钢弹曲，白淑湘和冯英跳舞，张贤亮吹牛，姜昆不断地用"现挂"撩起笑声。唯有老谢很少言语，从头到尾手端着酒杯，宽厚地笑着，享受着朋友们的欢乐。这时，他会用他很厚很热的手抓着我的手使劲地握一下，无声地表达一种情意。最多说上一句："你这家伙不给我写剧本。"

他心里想的、嘴里说的还是电影！

我的确欠他一笔债。20世纪90年代初他跑到天津要我为他写一部足球的电影。他说当年他拍了《女篮五号》之后，主管体育的贺龙元帅希望他再拍一部足球的影片。他说他欠贺老总一部片子。他这个情结很深。我笑着说，如果我写足球就从一个教练的上台写到他下台——足球怪圈的一个链环。他问我"戏"（影片）怎么开头。我说以一场大赛的惨败导致数万球迷闹事，火烧看台，迫使老教练下台和新教练上台——"好戏就开始了"。他听了眼睛冒光，直逼着我往下追问："教练上台的第一个细节是什么？"我想一想说："新教练走进办公室，一拉抽屉，里边一条上吊的绳子。这是球迷送给老教练的，现在老教练把这根上吊的绳子留给了他。"当时老谢使劲一拍我肩膀说，咱们合作了。但是在紧接着的亚运会期间，我和老谢一同坐在看台上看中国与泰国的足球赛，想找一点灵感。但那天中国队输了球，很惨。赛后，我和老谢去找教练高丰文想问个究竟，请高丰文一定说实话，到底输在哪里。没料到高丰文说："还得承认人有个能力的问题。"

这句话给了我很大的刺激，使我一下子抓不到电影的魂儿了。此后尽管老谢一个劲儿地催我写，但他也抓不住这部电影的魂儿了。合作就这样搁置。之后几年里，老谢一直埋怨我不肯为他出力，直到他看中我的一部中篇小说《石头说话》才算有了"转机"。我对他说："第一，我把这部小说送给你，不要原作版权；第二，我免费为你改写剧本。但欠你的那笔'足球债'得给我销账了。"我嘴上说是"还债"，心里却是想支持他。因为此时的谢晋拍电影已经相当困难。

谢晋无疑是中国当代电影史上一位卓越的创造者。20世纪后半个世纪，电影在中国是最大众化的艺术。谢晋是这中间的一个奇迹。从《舞台姐妹》、《女篮五号》到《天云山传奇》、《牧马人》、《芙蓉镇》、《鸦片战争》，他每一部作品都给千家万户带来巨大的艺术震撼。可以说从他的电影创作中可以清晰地找到当代电影史的脉络。谢晋的电影美学是典型的现实主义。他注重时代的主题，长于正剧，致力以强烈的戏剧冲突有声有色地推动故事；他善于调动观众的情感参与，尽可能面对最广大的受众；个性而丰满的人物是他的至上追求。不管电影怎么发展，电影的观念和技术怎么更新，历史是已经被认定的现实。谢晋是那个时代耀眼的骄子。他是在当代电影史上写过光辉一页的大师。

然而，从历史的站头下车的人是落寞又尴尬的。晚年的老谢，走出电影创作的中心，但他不改好强的本性，为了筹资和找选题四处奔波。他曾给我寄来《拉贝日记》，还想叫我去法国寻觅冼星海遗落在那里的一段美丽的爱情往事。这期间，我的那个一直未上马的《石头说话》，几次燃起希望随后又石沉大海。相信还有别人与老谢也有同样的交往。我不求那个电影拍成，只望他有事可做。一位友人对我说："老谢简直是挣扎了。他应该学会放弃，因为他的时代已经过去了。电影已经从文学化走向视觉化。他那种故事没人看了。"

我说："你不懂老谢。电影是他的生命，他活一天，就得活在电影中。他最佩服黑泽明，因为黑泽明是死在拍摄现场的。他说他也会这样。"

今天，老谢终于完成了他这个可怕又浪漫的理想。听说他正要去杭州为他的《大人家》去筹款呢。

一个把事业做到生命尽头的工作狂，一个用生命奠基艺术的艺术家。他用一生诠释了艺术家真正的定义。艺术家就是要把全部生命放在艺术里，而不是还留一些放在艺术外边。

原本开笔写此文之时，心中一片哀伤，隐隐发冷。然而，写到这里，已经浑身火辣辣地充满激情。正好，我愿用这样的文章结尾送一送老谢。

要把青春消耗在电视机面前观看别人的人生，抱怨自己的人生平淡，何不换个角度，把镜头对准自己，好好把握自己的人生。

方文山：用汉字我很骄傲 佚　名

喜欢周杰伦的人，没人不知道方文山。他个头不高，笑容羞涩，惯穿牛仔T恤，爱在满头乱发上罩顶帽子。正是这个样貌普通的男子，创作出了《东风破》、《菊花台》、《千里之外》、《青花瓷》等脍炙人口的歌词。低微的出身挡不住惊世才华，他的横空出世，令沉闷的华语词坛掀起阵阵风暴，树立了无可替代约"方式"品牌……

梦想照进现实

小城里岁月流过去/清澈的勇气/洗涤过的回忆/我记得你/骄傲地活下去——《霍元甲》

1969年，方文山出兰于台北一个偏僻小镇的蓝领家庭。他自小便勤工俭学,每逢寒暑假都要外出打工:派送广告,当餐厅服务员,做业务员,当高尔夫球童……只要能赚钱,他从不拈轻怕重,小小年纪已尝遍生活的苦辣滋味。每当回顾这段漫长的艰苦岁月,他总是心怀感激,"正因有过那些困顿和苦难,今天才懂得惜福。"

学生时代,因为成绩不佳,他一直默默无闻,还常挨老师臭骂。但作文是好的,往往老师出完题目,他三两下就交稿了。自己写还不够,还要帮同学写才过瘾。他自言并非天才式人物,既不早慧,也没有明确目标,只是在孤独寂寞时,靠乱写乱画来排遣心中的块垒。服完兵役,他慢慢开窍,意识到写作才是他的"宿命"。从此,他开始大量读书,勤勉笔耕,简直到了如痴如醉的地步。

然而那时他还藉藉无名,为求温饱仍需另辟蹊径。只有私立职高学历的他,做过纺织厂机械维修工、百货物流送货司机,去台北前最后一份工作则是安装防盗系统的工人,每天头顶安全帽,手拎电钻,在尘土瓦砾中汗流浃背地工作。

对作词的痴爱也愈发欲罢不能,因为这给了他快乐和自信。工作时,他常带上本子和笔,想到一个佳句就赶紧记下来。工作之余,他试着改写当时最走红的歌词,一个字一个字去推敲;为写一首不熟悉意境的词,他会耐心地翻阅无数资料,甚至还跑去上两期编剧班,学到场面调度、蒙太奇剪接等,这些技术让他后来写的词更具画面感,像在铺陈一部电影……就这样边工作边学习创作,半年里竟积累了 200 多首歌词。他精心挑选出 100 多首装订成册,并以"初生牛犊不怕虎"的精神投寄了 100 份给台湾各大唱片公司。

他有些忐忑,又相当清醒,当时估计,只有 12.5 份会被制作人看到,结果被联络的几率只有 1%。其实,从后来的结果看,这 1% 已经弥足珍贵,它就是他的 100%!

成为"宪哥的人"

我将潮来潮去的过往/用月光/逐一拧干/回忆/像极其

缓慢难以溶化的糖——《我施放过漂流最远的船》

回想那一天，至今仍有些如梦似幻。1997年7月7日凌晨，突然有人打电话给他，对方自称是吴宗宪。这名字太如雷贯耳，方文山简直不敢相信自己的耳朵。放下电话，他的心还跳得厉害。

方文山穿上平常的T恤，带上自己的作品去见吴宗宪。临行前，他想了想，去买了一张吴宗宪的专辑——找他签个名。

来到录音棚，吴宗宪正忙着，简单跟方文山说了一下签约的年限、版税分配比例，就约第二次来签约的时间了。

那时方文山最爱跟别人说的一句话是："我是宪哥的人。"他同时兼做公司的行政工作，薪水两万新台币，没钱租房子，只好住公司。所谓住公司，也不过就是躺在沙发上，或在录音棚里拼几把椅子。第一年，他有70%时间住公司，第二年减少为50%，第四年他买了自己的房子。

新人永远无法避开的是"比稿"。"比稿"就是把一首曲子同时给所有写词的人，大家要求一样，最后从交上来的作品里挑一个出来。方文山悟出了一套制胜秘诀：如果大家都讲情绪的字眼，我就突出画面感；别人都用形容词，我就加大背景的东西，这样就会比较注意你。几个月后，方文山作词、周杰伦作曲，交出了签约后的第一个作品：吴宗宪的《你比从前快乐》。

现在，方文山写一首词可以得到两万多新台币的预付版税，如果卖得好还有更多分成。他懂得知恩图报，成名后也并未中断与吴宗宪的合作，还续了约。

周曲+方词,无缝天衣

我们都拥有着/相同的大脑/一样的嗜好/我知道/共同的默契很重要/那骄傲/才不会寂寞的很无聊——《同一种调调》

方文山与周杰伦同时被吴宗宪招入麾下，都属无名小卒，一开始两人并无互动,彼此印象都只有一个字:酷。一天,吴宗宪拿方文山的新词给周杰伦听,周杰伦轻轻说"没什么"。自信的方文山顿时气爆,他把周杰伦这个"不懂音乐的人"视为"仇人"。同样,方文山会对吴宗宪说"周杰伦写的歌不好听"。

周杰伦录唱时常随性更改方文山的歌词,方文山不答应。但是,他常常最后让步,会写几个版本让周杰伦选择。分歧和争论悄然消失,他们渐渐成了好朋友。

周杰伦走红后的前两年,人人争抢周杰伦的曲,却没人要方文山的词,他们会找姚谦等名人来填词。然而,大家慢慢发现,周杰伦的曲子还是与方文山的词最配。他可以就着周杰伦跳脱的旋律给他李小龙的味道,忽而也可以深情款款。他们合作的音乐几乎曲曲风行,周杰伦也说:"我的歌没有文山不行。"

方文山和周杰伦几乎天天泡在公司,研究整个华语音乐市场,也培养出"革命情感"。两人一天比一天默契,也越来越知道彼此心里在想什么、需要什么。周杰伦前两张专辑几乎由方文山一手包办,后来周杰伦只需指出一个大方向就完全放手,他觉得方文山写出来的东西比他们交流到的更丰富!

"想把音乐做到极致,是我俩最大的共同点,虽然偶尔也会因为坚持自己的想法,在词曲搭配的观念上产生些小摩擦,但也就是因为这样,我反而更能看清自己在音乐上的无限可能性。"方文山说。

最爱中国风

让我来调个偏方/专治你媚外的伤/已扎根千年的汉方/
有别人不知道的力量——《本草纲目》

方文山年近不惑,但仍有着羞涩的微笑,你还能从他眼神中读到纯真。在所有的创作中,他特别强调纯爱。他解释不出那些高高低低、深深浅浅的句子来自哪里,因为一个真正好的词人是自发自然的,文字于他并非游戏，里面有伤害，也有隐秘的幸福。

在方文山创作的众多作品中，最引人注目的当属那些具有浓郁"中国风"、近似古诗词的歌词。比如《东风破》："一盏离愁孤单伫立在窗口／我在门后／假装你人还没走／旧地如重游／月圆更寂寞／夜半清醒的烛火／不忍苛责我。"方文山当时一气呵成，一字不改，满意得不得了。而周杰伦在春晚上演唱的那首《青花瓷》，泼墨山水般徐徐展开的古典意境，再次艳惊众生。

方文山说："我不是刻意要创造什么趋势，而是我的人格特质使然，对民族意识及民族文化有强烈的关心。我希望人家会注意到，噢，原来东方味也可以变成流行歌曲，而不是锁在抽屉里的唐诗宋词而已。"

方文山说话不快，甚至有些口拙，对老东西十分迷恋，回答问题总爱引典故。4 年前他初来北京，就和朋友去转悠待拆的老胡同，寻找、捡拾那些刻有"某某胡同"字样的门牌，就像他在《上海 1943》中写的："消失的旧时光，1943／回头看的片段／有一些风霜／老唱盘旧皮箱／装满了明信片的铁盒里／藏着一片玫瑰花瓣。"他特别喜爱那些带有时光痕迹、旧时记忆的小东西。

当然，他最痴迷的还是中国文字。他说，"汉字，尤其是传统的繁体字，是现今世界上唯一的表意文字，这是何等骄傲的事啊！在现今强调文化多元化的国际社会，维护中华文化独一无二、无可取代的特性，更显重要意义。"2007 年初，诗集《关于方文山的素颜韵脚诗》出版，一上市就引起疯狂抢购。他首度集结了"素颜"与"韵脚"的概念，宣誓不添加标点符号、阿拉伯数字以及任何外来语汇，坚持以汉字的素面朝天来写诗。

数十次登上各种音乐大奖的奖台，成为华语词坛地标性人物的方文山，朴质的本性丝毫未变。有时候，周杰伦假装别的唱片公司的人向他邀词，开玩笑整他。方文山真诚随和，从来不会拒绝别人的请求，更不会粗制滥造，所以总是忙个没完没了。他并不多产，出道以来，正式推出了不到 200 首歌，但许多都灵光四射、直抵人心。他要的不是一时走红，而是流传不朽，因为"只有文章能穿梭千年"。

作词、写书之外，方文山还有一个隐秘的梦想——电影编剧。他还写过一本励志小书《演好你自己的偶像剧》，其中写道：如果励志是一项商品，还有什么人比我更有资格、更适合代言的！不要把青春消耗在电视机面前观看别人的人生，抱怨自己的人生平淡，何不换个角度，把镜头对准自己，好好把握自己的人生。

人 生 悟 语

"菊花残/满地霜"，让人想起了走在现代都市霓虹灯下的孤独的我们；"夜太漫长/凝结成了霜/是谁在阁楼上冰冷地绝望"，又使我们想起了无言独上西楼的那份悲情与感伤。那逝去的田园牧歌是我们共同的梦想。你我都在追寻一个消失了的过往，就在这银灰色的月光下，是爱情，或是梦想……

(毛文丽)

破茧化蝶，慢热的梁静茹，和我们一起长大，带给我们对爱情的不同的感怀和对人生梦想不懈追求的勇气！

梁静茹：破茧化蝶的情歌公主 小 欢

从 1999 年推出首张唱片《一夜长大》以来，梁静茹以一年一大碟甚至更快的速度，稳步踏入一线歌手的行列。她演唱的《勇气》、《分手快乐》、《宁夏》等歌曲，常年占据着 KTV 的最高点击率。她在各大颁奖礼上，拿奖拿到手软。她的外表不够偶像，恰如我们常见的邻家女孩，她的声音也称不上完美，带着点儿沙哑和撕裂的感觉，然而她安静、认真唱来的情歌，总是让恋爱口的男女如获知音。

初进歌坛，李宗盛是领路人

1978 年 6 月 16 日，梁静茹出生在马来西亚森美兰州。她上中学的时候，就与朋友一起组建乐队、担任主唱。而静茹现在能够站在歌唱舞台上，最戏剧化的起因，却是在一次马来西亚海螺新韵奖(民歌创作比赛)中，她与同学获得了第三名。也因为此份殊荣，她在马来西亚滚石公司发行的一张合辑口，初试啼声。

之后，马来西亚的老板带着这张 CD 给李宗盛听，其实当时梁静茹并没有被列入推荐的名单之中，但是李宗盛听着听着听到了梁静茹的声音，开始对这个感情淳厚的女声产生了兴趣，认为她可以来试试。在试唱的时候，梁静茹以冷静可稳定的表现，赢得了李宗盛的赞赏，大家都没想到，一个新人，在面对天王级制作人李宗盛时，还能够那么气定神闲地唱歌。

不过当时梁静茹还在等着联考的成绩，她想读导游专业。"其实当时我也很挣扎，最后还是觉得机会来的时候就应该去争取、应该先把梦想实现，赚到点钱以后再继续升学，因为当时我家里的环境也不是很好。我的爸爸很喜欢唱歌，也一直鼓励我唱歌。但是他在我中学毕业前过世了。我妈妈一个人做车衣工，非常辛苦。我还有两个弟弟，我是长女，所以我很多时候会先想到家里。"

对梁静茹来说，李宗盛不仅仅是恩师，也如同一位严父。"他不只是在唱歌方面要求很严格，其实在个人成长方面要求也很严格。譬如说，他在我还没有发第一张唱片的时候就告诉我，'不管你能不能红，我希望你来到这个地方，主要目的不是说你来卖唱片，你来是多了一份生活的经历'。"

于是李宗盛签了梁静茹，梁静茹也在 18 岁那一年，来到台湾，开始进行专辑配唱与筹划的工作。一开始，她在歌唱比赛中积累的信心，在李宗盛一次次的纠正、批评里所剩无几。有一天，李宗盛对她说，静茹你是不是先回家,等到时机成熟再来。她以为,这就是拒绝了。面临着大多数少年都会面临的迷惑和加倍的自我怀疑,她回家了,回到了那个只有一家电影院、一家肯德基的村镇,那里有她最畅快玩耍的童年和在歌声里洗涤灵魂的青春。

家里的环境依然很艰苦。她下课就打工,贴补家里。她从心底体恤着妈妈,想念父亲,心疼自己的弟弟们。就在这种环境中,她心中的梦想却并没有熄灭。为了要找回那个当初爱唱歌的自己,她选择到较没有压力的民歌餐厅,唱别人的歌,唱过去她喜欢的歌,希望找回唱歌的乐趣与自信。

她想起李宗盛说过一句话:"不管在任何状态下唱歌,都要跟当初为什么要唱歌是一样的。"也许就是这句话,让梁静茹在熟悉的生活环境中理清了自己,整理了自己。

她 1997 年 4 月回到了台湾,告诉李宗盛:"大哥,我准备好了。"于是专辑又开始动作,她加盟滚石唱片,把所有的歌都重唱了一遍,并且推出了第一张个人专辑《一夜长大》。对她来说,这段过程真的很像歌词里所说的,让她成长了不少。

自信,是美丽法宝

刚刚出道的梁静茹,在公众面前常会显得紧张、拘谨,然而如今的她已蜕变得落落大方、自然亲切。她说,自己的转变是从《分手快乐》这张专辑开始的。因为那张专辑与之前的《勇气》成绩都很好,让她有了融入这个圈子的自信,后来在工作时也都很放松。

"我的个性本来就很乐观、顽皮。可是后来一个人到台湾发展,人地生疏,就变得比较内向与自闭。"等了两年发了第一张专辑,无论是销量还是影响力都没有预料的高,她有些自卑、怯懦地克服着初入娱乐圈的不适应,却不放弃内心的执著和坚持。

好在滚石不放弃她,李宗盛依然相信她。终于有了《勇气》,这首歌让很多人触动,至今还是 KTV 里排行榜居高不下的代表作。

出道以来，在衣着装扮上，梁静茹的女人味和明星味也越来越浓。

怎么会突然"变"漂亮，改变形象呢？梁静茹解释说："是态度的改变吧。突然觉得，人生常常就是在于寻找新的刺激。如果一直保持在一个状态太久，是不会进步的。现在自己愿意去尝试，也是因为自己能够全然地接受了。"

一夜长大，打造"梁式情歌"

从入行起，梁静茹就一直位于滚石门下。第一张专辑《一夜长大》，虽然没有引起太大波澜，但是第二张《勇气》可以说是一炮打响。时隔一年，专辑《SUNRISE 我喜欢》把《分手快乐》同梁静茹一起推到了一线的位置。

梁静茹不是那种音色和外形条件都特别优秀的歌手，她的声音有时候甚至有一点儿沙哑和带一点点撕裂的感觉，然而她确是在用她的心和内涵去表述，当你零乱悲伤，心理不平衡，不懂得超然的时候，你可以从她的微笑和声音里寻找到久违的答案。她的声音能在这样一种平凡中直指人心，直指你爱的世界。她告诉你"你也可以坚强，用微笑祝福离你而去的人，面对一切悲欢"。如果受到伤害，遇到感情迷惑，静下心来听听《彩虹》、《分手快乐》、《第三者》，你也可以体会到包容不是为了别人，而是为了自己的快乐。

重炮出击的第六张摇滚十足的专辑《燕尾蝶》让人眼前一亮，梁静茹明显得到了充分的肯定和滚石的重用。其中的《宁夏》成为 2005 年夏天，女生最爱的 K 歌。梁静茹也成为继陈淑桦、万芳之后滚石的最棒当家花旦。

现在，大众对待感情的态度已经从"我很伟大，但我很受伤"转变成"我很平凡，但我很坚强"。梁静茹的情歌显然也迎合了这种潮流，柔弱的小女生体现出一种坚强、果敢。她说，"我很希望大家一听就很快知道这是我的歌"。

如今,滚石的工作人员都很动情地称她是"滚石的女儿",甚至送她一辆小车。她抿嘴淡然地笑,说:"可能我比较念旧,以往一起走过的每个点滴都让我感动与珍惜,现在很快乐地唱歌、每天都有很快乐的工作时光,才是我最想拥有与把握的。"而对于那些开了天价力邀她加盟的大唱片公司,她只能轻轻说声抱歉。她懂得感恩。这样的女孩,情感丰富,经历磨炼,却维护自己的单纯,她的灵魂从来没有堕落在每一次的挫败里。

鉴于她近年来在华语歌坛的杰出表现以及自强自立的精神感召力,2007年12月18日梁静茹荣获当年度的马来西亚十大杰出青年文化成就奖。

破茧化蝶,慢热的梁静茹,和我们一起长大,带给我们对爱情的不同的感怀和对人生梦想不懈追求的勇气!她的歌声将会一如既往地带给我们温暖的感动和情感深处的触碰。

人 生 悟 语

流浪街头的吉普赛修补匠索拉利奥,每天早起的第一件事,就是大声对自己说:"你一定能成为一个像安东尼奥那样伟大的画家。"10年后,他真的成为一个著名画家。也许我们的现在很平凡,但是如果我们肯给自己信心跟坚强,那么总有一天,我们也会像索拉利奥一样,由一只毛毛虫幻化成优雅华贵、翩翩起舞的美丽蝴蝶……

(毛文丽)

从第一张专辑到现在，我都是很有志气地要做好音乐，我觉得人不能自满，一自满就骄傲。

周杰伦：我是个只想赢的人

郑呈皇　林亚伟

他，28岁，音乐上的皇帝。

外界看他天生反骨，最常挂在嘴边的字是"diǎo"，但其实他很传统，到现在仍听妈妈的话，身上没有一张信用卡；幕前说话酷酷的、吊儿郎当的他，幕后却是对成功极度渴望却又步步为营的艺人。

创作力是他崛起的关键。曲风无远弗届，从古典到摇滚、嘻哈、饶舌甚至中国传统戏曲，歌的意境更是贯穿中、西、古、今，从中国、欧洲到美国印第安部落；从本草纲目唱到外层空间。周杰伦用声音变魔术，如环游世界80天一般，总有意外的惊奇。出道前，写过数百首歌曲却乏人问津，他并不气馁，反而当成在累积创作能量。

"我是一个只想赢的人，从没想过会输。"周杰伦在接受台湾《商业周刊》访问时说。以下是访谈的部分内容。

问：你是个不怕挑战的人？

答：应该说是一个好胜的人。不管做什么事情，电影啦、音乐啦，都想当个赢家。从我学生时代就这样，因为功课不是很好，功课好的学生就看不起你，说你只会打球、只是钢琴好，音乐好只是玩嘛……所以我就做给他看，我要证明成绩不好的学生还是有别的活路。

问：《时代》杂志亚洲版给你的评价是"多元跨界"，你如何培养创造力？

答：我很喜欢想东想西，大家不会想到的东西我都想去尝试。最简单的方式就是扩大自己的生活圈，让自己无时无刻都像个"海绵体"，吸收所有好的、坏的信息。我很多歌的灵感都是这样来的。

创造力部分是天生的，但后天有很多东西要学，钢琴要学、用电脑做音乐要学、当导演要学，这些就是基本功。别人看我现在很光鲜，但事实上我四五岁时，别人在玩，我就只能学钢琴，很羡慕别人的童年……如果没有基本功，我有天分也没啥用。

问：除了基本功，还有别的吗？

答：还有一个很重要，创作力要强，要先从模仿能力开始。我没出专辑前，一开始先模仿别人唱歌，最后才找到自己的特色。最早时的那个中分头啊，就是模仿林强。还模仿张学友唱歌的方式和他写的歌曲。后来发现有些东西在他们身上没有，像是哭腔，还有我咬字也没有特意去清楚或不清楚，觉得这好像满"diǎo"的。

问：你大概模仿多久？

答：前后3年吧。

问：模仿最怕陷在里面，没了自己，你如何找到自己的特色？

答：那也要模仿不像才会发生的(笑)。比如说我模仿张学友，他唱歌很厚，我声音有点薄，但这就是我的特色。要从模仿里，不断提醒自己特色是什么，怎样才能跟别人不一样。有人会陷在里面。因为他们没有瓶颈，学得太像！所以我觉得……好险我不像张学友。

问：你现在已经到一个境界，创造力会不会碰到极限？就像爬山，还要再往上爬，其实很累？

答：不会耶，像我刚刚讲的，我很好胜。而且我的创作力，有点像职业病(笑)。我无法让观察能力休息。我听音乐无法像一般人那样享受，我会仔细听他的曲，这个段落是怎么样的，假音唱几度，已经成了职业病(表情苦恼)。

问：你会不会害怕不再有名、不受欢迎？

答：会啊，当大家喜欢的跟我喜欢的不一样，我真的会很慌张。艺术的价值观，别人无法认同，就跟垃圾一样。尤其在娱乐业，一定要跟消

费者贴近。这是我唯一会比较害怕的东西。如果那天真的来了，就是我退居幕后的时候。

人要留名，比起知名度，我反而觉得位置比较重要、被人尊敬比较重要。你想，一个人不可能到老知名度永远都很高。但他的位置，到死永远在那里。

问：你对欲望的看法？

答：年轻人欲望太多了，想跟上潮流、想跟偶像戴一样的项链。我也年轻过，20岁时也想要买跑车，我看到吴宗宪开跑车，唉！是多么羡慕。他有重型摩托车，我偷偷拿他钥匙出去开，撞到也不敢讲。那种欲望一定都会有，现在有人羡慕我的车子，我就让他去开，我拥有的东西想跟别人分享。

问：出道7年，你迷失过吗？

答：我觉得我没有改变。从第一张专辑到现在，我都是很有志气地要做好音乐，我觉得人不能自满，一自满就骄傲。我希望以后听到我的歌也能和现在一样佩服自己。

问：你觉得怎样叫成功？

答：就是很多不太讲好话的人看到你都会觉得很"diǎo"，就成功了。

人 生 悟 语

白石老人刻过一方印章，上书：学我者生，似我者死。真正的艺术，必须是与众不同的。失去了个性，也就失去了灵魂。一个真正的人，就是上帝所创造的一件至善至美的艺术品，只有拥有独一无二的个性，才算不辜负上帝造物的特别馈赠。

（毛文丽）

"我必须是第一名。我会成为第一名的。"话一说完，我就走开去，又开始练琴……

我曾经如此
痛恨钢琴 郎 朗

钢琴演奏家郎朗，一度被称做"当今这个时代最天才、最闪亮的偶像明星"。但是在他的钢琴人生起步之时，在北京报考中央音乐学院期间，他也曾深受重创，被老师拒绝、才华不被认可，甚至父子反目想要放弃钢琴……

拒绝：我的音乐生命就此毁灭

"我决定不再教你儿子了。"

死一样的沉默。我感到泪水盈满了眼眶。我看到父亲的眼圈也变红了。他说："我的儿子是个天才。"

"父母都认为自己的子女是天才。郎国任，你的儿子不仅离天才差得太远，他连进中央音乐学院的才华都没有。"

"您一定得再考虑一下，教授。我们全部的赌注都放在这孩子的才华上了。我放弃我的好工作，到这儿来住在一间小破房里，就是为了您能教他。"

"我主意已定……"

我们走出教授的家门，走进了雨中。一路上，我哭个不停。我的未来崩溃了。当父亲跨下车时，我看不出他脸上流着的是雨水还是泪水。

父亲完全失去了控制，一筹莫展。我没了老师，没了准备音乐学院

考试的路子,他不知道如何去把握这个现实。在这个庞大、无情的城市里,我们无亲无故,失去了方向。

战争:因为父亲,我痛恨钢琴

我唯一的安慰是我上的那所小学的校合唱团,因为合唱团的小孩子们都夸奖我的钢琴伴奏。

在教授拒绝教我的第二天早晨,父亲提前一个小时叫醒了我。他说:"我想让你每天上学前和放学后再多练一小时。"

我觉得那毫无意义。但父亲的眼睛里有一份我以前没有见到过的疯狂。他说:"你一定得象活不过明天那样地练琴。你必须练到每个人都能看到,没有人有理由拒绝你,你是第一名,永远会是第一名。"

但是那天在校合唱团的排练延长了一个半小时。排练结束后,我快步走回家。父亲冲着我声嘶力竭地喊:"你上哪儿去了?回来这么晚!你耽误了差不多两个小时的练习,这两个小时你永远也找不回来了!你把自己的生活毁了!你把我们所有人的生活都毁了!"他的声音尖锐而又狂野。父亲以前也吼过我,但从来没这样。他听起来真的像是疯掉了。

"老师要我留下排练——"

"我不信。你是个骗子,你是个懒虫!你太不像话了。你没理由再活下去了,一点理由都没有!"他狂喊道,"人人都会知道你没考进音乐学院!人人都会知道你的老师不要你了!死是唯一的出路!"

我开始往后退,他的吼叫却越来越歇斯底里。"我为了你放弃我的工作,放弃我的生活!你妈为了你拼命干活,勒紧裤腰带过日子。每个人都指望着你,你倒好,回来这么晚。老师不要你了。你还不练琴,你真是没理由再活下去了。只有死才能解决问题。即便现在就死,也不要生活在羞辱之中!这样对我们俩都更好。首先你死,然后我死。"

在我生命中,头一次感到了对父亲的深深的仇恨。

"吃了这些药片!"他边说,边递给我一个药瓶——我后来才知道

217

瓶里装的是药性很强的抗生素。"现在就把里面 30 片药片全都吞下，去死！"

我跑到阳台上，想要躲开他。

他尖叫："你不吞药片？那就跳楼！现在就跳！跳下去死！"

他冲我跑过来，我开始使劲踢他。我以前从没有过这样狂暴的行为，但我害怕他会把我从阳台上扔下去。在那一刻，我感到他什么事都做得出来。

我央求道："停一停！你这是疯了！别来碰我！我不想死！我不会死！"

我又跑回屋里。我从小到大父亲都一直教我不惜一切代价保护我的双手，它们是我身体中最宝贵的部分。但此刻我开始用拳头砸墙壁。我想要把双手砸成肉泥，把每根骨头都砸断。

父亲叫道："停下来！"

我也大声叫道："就不！"

"你会毁了你的手！"

"我恨我的手。我恨你。我恨钢琴。如果不是钢琴，这些事都不会发生！钢琴让你发疯。钢琴让你想要杀死我！我恨这一切！"

父亲跑过来，搂住了我，开始抽咽起来。"停下来！"他不断地重复着，一边把我抱进他的怀里。他说："对不起。我真的对不住你。但是你不能伤了你的手。郎朗，求求你，别伤了你的手。"他亲吻了我的手指，亲吻了我的脸颊，但我还是不停地诅咒他，踢他。他说："儿子，我不想要你死。我只想要你练琴。"

我边哭边说："我恨你。我再也不会练琴了。只要我活着，我就永远不会再碰钢琴。"

对抗：我失去任何弹琴的愿望

我连看一眼父亲都不愿意。当他问我问题时，我不回答他。他也为自己的所作所为感到羞愧，但这一点也不能打动我。

有时候,他会说:"郎朗,你得重新开始练琴了。你在浪费时间,会把学的东西全忘光的。"但我已经失去了任何弹琴的愿望。我甚至停止了为合唱团伴奏。如果我再大些,再勇敢些,我会离家出走。但我才刚刚10岁。每天夜里我都是哭着睡着的。

也许父亲先头没说错。也许还不如死了好。那时我已经开始惦念着钢琴——没有音乐的生活对我毫无意义。我会在脑袋里听到音乐,心中急切地想要去弹那音乐。但是我仍然无法鼓足劲坐到琴凳上。一想到练琴,我就想到父亲那次粗暴的行为。而且,弹琴会让父亲感到很高兴。但我想要折磨他。

这时,"二叔"出现了。

六月的一天,我去菜市场买西瓜,认识了一个姓韩的小贩。他比我父亲年轻一些,他的双眼温暖而诚实。我对他敞开了心扉。我把我全部的故事都讲给他听了。他说:"你钢琴一定弹得非常好,不然你父亲和母亲不会作出这么大的牺牲。这说明他们相信你能成为第一名。"

我说:"我是第零名。我现在什么名次都没有了。"

老韩坚持说:"我相信你会成为第一名。现在只是因为你很伤心。我想这个大西瓜会让你开心起来的。"他把西瓜送给了我。我拎着西瓜走回公寓。自从我们之间的冷战开始,我第一次和父亲讲了话。我告诉他老韩的故事。

父亲把老韩请到了我们狭小的公寓。从此,老韩成了我们家的一员,我管老韩叫二叔。他随和的脾气大大缓解了父亲和我之间的紧张空气。

一天,学校合唱团的同学希望我回去给他们伴奏,我没有和父亲提这件事,却告诉了二叔。

我问:"二叔,你说我该不该重新开始弹琴?"

"这完全取决于你的愿望。你想弹吗?"

"我不想让我父亲高兴。"

二叔说:"我明白你很生你父亲的气。但这和生钢琴的气不同。钢琴没有伤害你。你热爱钢琴。"

那天下午，我和合唱团额外多排练了一个小时。我回家后，父亲只字不提我没按时回家的事。我没有和他分享我的喜悦。我做不到。我仍然恨他。

如果我一个人待在公寓里，我会弹一段短的曲子，比如说海顿，好让自己高兴一下。但一旦我感到父亲快要到家门了，我马上就会停下来。如果他问我："郎朗，我是不是听到你弹琴了？"我硬是不回答他。我知道，我的沉默只会让他更痛苦。

和解：父亲助我回归音乐

那天，放学回家。刚走到家门口时，我听到了一个熟悉的声音——是我在沈阳的钢琴老师朱教授。她来看我了！我一把抱住她，眼泪流下了双颊。

我和她说的第一句话是问她我到底有没有才华。"你当然有。"朱教授告诉我，她在北京给我重找了一位水平很高的钢琴教授，她相信我会被中央音乐学院录取。我终于看到了希望。

那一年报考音乐学院的学生有 3000 人，只有 15 名学生能被录取。我有 9 个月的时间跟着我的新老师赵教授学琴，为考试做准备。

赵教授人很随和。他对我说："你需要做的就是放松自己，找到同时流动在音乐里和你心灵里的那份感觉。"

"放松自己"对我来说不是一个容易把握的概念。我喜欢难度高的曲目，我以为学了越多的高难度曲目就能赢得越多的竞赛，所以很少会想到"放松"。

渐渐地，我找到了那份感觉。

我父亲仍在努力。他用自己的方式努力弥补他那疯狂一刻对我造成的伤害。

天气酷热的时候，我练着琴，父亲会在一只盆子里添满水，让我把

脚放进去降降温。如果我快要热晕了，他会拿本书给我当扇子，有时候一扇扇上3个小时。当天气转冷，天寒地冻的时候，他不仅给我穿上我的大衣，而且把他的大衣也给我披上。如果我的手指冻僵了，他会一直揉搓我的手指，直到血液循环正常为止。

最重要的是，父亲成了我的秘密侦探。他会穿上他从沈阳带来的警察制服，混进音乐学院——家长是不允许进学院里的——看谁在开大师班，他就会混进去听。如果被校警请出来，他就站在教室外面，耳朵贴着大门，努力倾听里面的弹奏和解说。

到了晚上，他会把他学到的东西告诉我，然后耐心十足地坐在那儿看着我现学现卖。

他说："单跟着赵教授学还不够。赵教授的方法很好，但是如果我们把其他的方法也学来了，应用到你的技巧中去，那你就会成为第一名。"

住在我家的表弟听着我们这样的讨论总是忍俊不禁。

他会对我说："你们爷俩可真够严肃的，就好像你当不成第一名，这整个世界就没法转了。"

我说："确实如此。"

"那要是成不了第一名呢？"

"我必须是第一名。我会成为第一名的。"话一说完，我就走开去，又开始练琴……

最终，我获得了中央音乐学院入学资格考试第一名。

人 生 悟 语

有时候，我们会感到前途茫茫，寂寞而痛苦的感觉一阵阵侵袭，无声、无形却令人发颤。蓦然间，那曾经飘忽的希望又猛地奋力生长，朝气蓬勃，开出火红的花朵。而那逝去的往事，终究难以忘怀，寻找、捡拾，那斑斑的痕迹，淡淡地褪色，却也值得永久珍惜。

（毛文丽）

然而,这个不起眼的家伙却成了 2007 年度中国最耀眼的明星,2008 年又爬上了福布斯的榜单,新出的自传《向前进》成了各大媒体争相追捧的对象。

王宝强:我不是"许三多" 桑 桑

他总是憨憨地笑,戏里戏外,叫人分不出谁是谁。演"傻根",他就是青藏高原上天真朴实的民工;演"许三多",那就更是了,都是典型的"一根筋"、"二百五"。事实上,王宝强本身就是个绝佳的励志故事。甚至,比"许三多"来得更亲切一些,因为他就是那个成名后还得忙着回家收玉米的农村小伙子。

"红地毯"远吗?"福布斯"远吗?你要拿这些问题去问王宝强,他一准儿又憨憨地笑了。不过,这笑,来得比任何解释都更有说服力。一个穷困潦倒的农民家的儿子,从小别说接受艺术熏陶,就是吃饱肚子也是个问题。生活没给他和许多艺术专业的孩子一较高下的机会,但这并不妨碍一个孩子有理想。

只是这理想,也太理想化了一点——去少林寺拍电影。没人认同这个所谓的梦想,但他却从 8 岁就开始了自己的寻梦之旅。6 年的少林寺生活,非但没有成全他的电影梦,反而遭来乡亲们的冷嘲热讽。明星?你凭什么做这样的梦?论天资,他既没浓眉,也无大眼,个子还小,从里到外透着土气,真可谓其貌不扬、资质平平、不善言谈;论学历,他别说进入电影学院、戏剧学院,就连县文化馆的培训班也与他无缘。

然而,这个不起眼的家伙却成了 2007 年度中国最耀眼的明星,2008 年又爬上了福布斯的榜单,新出的自传《向前进》成了各大媒体争相追捧的对象。那英都感叹"不好混"的娱乐圈,王宝强却似乎如鱼得水。只是他对别人得体的微笑,精致的容颜及恰到好处的言谈都不感冒,面对镜头,一副憨笑闯天下,任谁都得相信,这小伙子说的是实话。再多的光环圈过来,也挡不了这农家本色。

柳云龙说:"从来没有人像他演戏那么真实。"其实,这些角色不过就是王宝强的一个个分身而已,他演的始终都是自己,否则让他演个皇帝试试,一准儿砸招牌。

这种近乎痴傻的想法,这种常人皆已遗失的"傻",让他一直走向了成功,也让我们开始反思自己的精明。

但是,身为2008年度最红的明星,王宝强却在自传中显露了自己的苦恼,并且很肯定地说,他不是"许三多",也不是"傻根",他就是王宝强,一个有着电影梦的农村孩子。让我们来看看他是怎么写的:

2008年的春节,我没能和父母一起度过。自从见过大海,我曾无数次梦想过,在这个春节,我应该拉着父母的手,在三亚的海滩、阳光和微风中快乐地散步。

2006年9月,回家帮二老收秋的时候,我坐在地头,看着像浪涛一样的田地,对自己说,我要带我的父母去看大海,我要让他们住最豪华的酒店,我要给我的母亲买漂亮的手镯、丝绸的棉袄,给父亲买上好的雪茄烟。所有他们年轻时因为贫困而无法享受和拥有的东西,我都要补偿给他们。

但是我的愿望暂时没有实现。最终,他们还是只能从电视上看到我。我内疚这个春节以这样的方式和他们一起度过,但电话里,妈妈竟然激动得话都说不连贯:"宝强,你也上春节晚会了!"

整个村,整个县,甚至整个邢台市,这么多年来,我可能都是唯一一个登上过中央电视台春节晚会舞台的人。在我的父老乡亲眼中,王家的小子闯出名堂来了。现在,家里的墙上,挂着的全是我的照片:我的剧照,我和各种人物的合影等。那一晚，住在我亲手为父母建起的房子里，看着墙上照片里那个露出憨厚笑容和雪白牙齿的人，心里竟然生出些许惶恐：那个人真的是我王宝强吗？

2005年和2006年，我曾是"傻根"、"阿炳"；2007年，我的名字从"傻根"变成了"许三多"、"许木木"。第一次看到《士兵突击》的剧本时，我几乎哭了。每一句台词，似乎都是摸着我的心写的。"许三多"说："不抛弃，不放弃。""要好好活，做有意义的事。"那些漂在北京，饭都吃不上的日子，有多少次，我就是这么对自己说，才一步步扛了过来。我根本没有去演，因为从进剧组的第一天起，我已经一遍一遍告诉自己，"许三多"就是我，我就是"许三多"。

然而，我真的就是"许三多"吗？"许三多"不会一天10小时接受采访，将人生的大部分时间花费在飞机、汽车、轮船以及一切交通工具上。最重要的是，"许三多"他没有绯闻呀！而《士兵突击》播出之后，我忽然发现，少林寺出来的我，原来也可以和绯闻发生如此密切的关系。

我想不通的是：一个喜欢电影的傻小子才刚刚起步，为什么就会有那么多的风雨袭来。我是"许三多"，但我不完全是"许三多"。演员赵丹说，好演员是一滴水，折射出来的都是角色的影子。换句话说，就是好演员没有自我，只有角色。然而，做演员最大的挑战也在于此：演戏要求全身心投入，但如果真正将自己和角色混为一谈，结局或许是悲剧性的。因为，戏毕竟是戏。如果一个人只记得他在戏中的角色，而忘记了他在社会中的社会角色，那他最终将无法找回自己。也许有一天，将不得不问自己："我，是谁？"

我，曾经是个地地道道的农民，只是偶然的机缘，才让我进入了演艺圈。

我告诉过所有人，我8岁那年，就想拍电影；为了拍电影，我才去了少林寺。如果当时家里只有我一个孩子，如果我的父母是城里人，是工人，或者不用那么奢侈，如果他们每年的收入稍微多一点点，我还会希望去少林寺吗？我去少林寺，是为拍电影，但我拍电影，是真的热爱这一我完全一无所知的事物，还是仅仅是为了离开？

我又为什么要离开？离开我的父亲、祖父及世代耕耘的土地？离开我善良的母亲？离开我的家？如果当初我不离开，今天的王宝强，和城市里街头上任何一个衣着平凡的人，又会有什么不一样？或许没有什么为什么。在我当初离开家乡登上开往他乡的火车时，我就已经作出了选择。而我今天的一切，都只不过是选择的结果。

人最终都会成为自己想成为的人，不是吗？如果我，一个13亿人里最不起眼的农民的儿子，一个走过你身边你都不会注意到的民工，都能够实现自己的梦想，成为一个"明星"，那么你，任何一个"其他人"，还有什么做不到的呢？

人 生 悟 语

也许我们抱怨难看的外表只是因为忘记脸上挂满笑容，也许我们抱怨生活没有色彩只是因为忘记抬头看看天空。我们无法苛求失去颜色的枯藤，也无法责备凝结成霜的露珠。也许，所有的不满与愤懑，只是由于我们忘记了随时该拥吻属于生命本质的真挚与善良。

(毛文丽)

日出日落、潮涨潮消、四季轮回，生命也是这样，有高潮也有低谷，有成功也有失败。成功的时候，不妨怀着感激和谦卑享受成就；而在无人喝彩的日子里，就让我们用宁静、淡泊的心境去品味人生，去期待生命的下一个转角、下一段风景……

有一位老师叫历史

那些远去的人和事，像镜子被时光埋在尘土里，需要寻找的眼睛,智慧的双手去寻找。当我们发现那些音容笑貌时,镜子里的过去有时让我们惊讶不已,有时让我们会心一笑。那么历史这面镜子用的好还是不好,全看我们怎么去看待,怎么去吸取。以史为鉴的古训,永远会让我们多一位老师。

乐观是一种能力，同样能培养，须从调整认知着手。苏东坡的名句可以给我们很好的教益。

向苏东坡学乐观 岳晓东

人人心中都有两种心态，一种叫乐观，一种叫悲观，我们能让"乐观"打败"悲观"。换言之，每个人都能培养这种乐观的心态。

所谓乐观心态，泛指一个人对周围人与事物正面、积极的认知取向。在心理学上，乐观心态突出表现为自信乐观、表达自如和耐受挫折等特质，乐观的人往往能够积极地看待挫折、辨证地对待得失。"唐宋八大家"之一的苏东坡曾被林语堂称为"不可救药的乐天派"，而今，我们仍可以以他为榜样，学习如何培养乐观的心态。

化悲愤为创作动力

苏东坡的仕途之路异常坎坷，在 42 年的为官生涯中，有三分之一的时间在"下放"中度过，但他并没有自暴自弃、放浪不羁，而是将一腔悲愤化作了文学创作的动力。此间，他寄情于山水，与古人神交，写下了《念奴娇·赤壁怀古》等流传千古的词作，在词坛开创了豪放之风，也给自己的创作开辟了一方广阔天地。

"心烦手不闲，手忙心怡然。"苏东坡在流放中，心中虽然烦闷，但却没有无所事事，反而事必躬亲，进而培养出耕地、烹调的爱好。在劳动中，他的心情也变好了。于是，他很快便成功地把"致君尧舜上"的入

世心态转变为"聊从造物游"的出世心态，并激发出独特的创造力。最典型的是，苏东坡在下放黄州、惠州期间，创造出 20 多种菜肴，如东坡肉、东坡鲫鱼、东坡豆腐等。这些菜品至今还被人们津津乐道。

在压力心理学中，有个理论：问题不在于压力本身，而在于对待压力的态度。也就是说，用乐观的态度看待挫折，就会让头脑变得更灵活。更重要的是，一条路走不通，乐观的人不会"撞了南墙也不回头"，而会转向其他路径，他们希望获得成功，一件事没做好，会激发出从事另一项工作的创造力。

乐观有益长寿

苏东坡最后一次被流放到儋（dān）州（即现在的海南省儋州县）时，已 62 岁高龄。史书记载，苏东坡当时是抬着棺材去的，因为怕自己在当地待得太久，不能活着回来，但他的乐观造就了顽强的生命力，使他在恶劣的环境中挺了过来。苏东坡的事例说明了乐观和生命力之间的关系，最近一项研究显示，乐观对长寿有帮助。研究者通过 10 年的跟踪调查发现，与非常悲观的人相比，非常乐观的人死于任何疾病的危险要比他们低 55 %。与这些数字比起来，近代养生家丁福禄的见解更有趣："欢笑能补脑髓、活筋络、舒血气、消食滞，胜于服食药耳，每日须得片刻闲暇，逢场作戏，口资笑乐，而益身体也。"由此看来，欢乐的情绪可以调节中枢神经系统，使经络通畅，血气舒展。

乐观心态可以培养

乐观是一种能力，同样能培养，须从调整认知着手。苏东坡的名句可以给我们很好的教益。其一，"人有悲欢离合，月有阴晴圆缺，此事古难全"。《水调歌头·明月几时有》中脍炙人口的名句提醒我们，要认识到生活并不完美，所以不要对人和事要求太高，这样才能承受生活的变化，给自己更多的希望和信心，快乐也会多一点。

其二，"枝上柳绵吹又少，天涯何处无芳草"。美国著名应激心理学家拉泽洛斯主张，人的应激成效不取决于应激的大小，而取决于对应激的评估。通俗地说，就是挫折的大小不是关键，而是人们如何看待挫折。在这里，苏东坡的词句给我们很好的启示，面对挫折要始终保持平常心，并从积极的角度看问题，不要过于悲观，更不能在一棵树上吊死。

其三，"忽闻河东狮子吼，拄杖落手心茫然"。这句诗告诉我们，要有意识地培养幽默感。好友陈季常总被老婆训斥，这让苏东坡想起释迦牟尼狮吼的样子，加上陈季常的妻子来自河东郡，便有了"河东狮吼"的笑谈。从这个故事中，我们可以看到诗人幽默的一面。多学点幽默，不仅能化解尴尬，还能让自己快乐。

人 生 悟 语

最明亮的欢乐火焰大概是由意外的火花点燃的。人生道路上不时散发出芳香的花朵，也是由偶然落下的种子自然生长出来的。那就让我们随时播撒乐观的种子吧，当我们失意的时候，这些乐观的种子就会开花、结果，重新点亮我们的人生。　　　　（王立淇）

军阀不一定都是坏的，也不一定都是好的。但我坚信，懂得办教育的军阀，起码是一个可爱的人，或者说他具有可爱的一面。

两个军阀办教育 魏得胜

我学生时期所受的文化训练，使我对军阀向无好感。有一天，我在文海里偶拾一点文字碎片，说某年某月的某一天，大概是祭孔的日子吧，张作霖脱去戎装，换上长袍马褂，跑到辖区各个学校，给老师们鞠躬作揖，说自己没什么文化，教育下一代，全靠诸位老师辛苦了。别看是只言片语，却从此让我对军阀另眼相看。多年的留心，我发现像张作霖这样关心教育的军阀，还不止他一人，主政山东的韩复榘(jǔ)算一个，主政山西的阎锡山也算一个。

韩复榘以大老粗著称，也是搞笑大王。一次，韩复榘到济南一所学校给学生们作报告，他说："同志们、老头子们、老太太们、大学生们，二学生们、三学生们、大姑娘们：你们好，俺也好，咱们大家都好。今天天气很好，俺十二万分地高兴，俺特地从山东赶到济南来，俺是没啥文化的，是从枪杆子里爬出来的……今天谁没来听演讲？没有来的请举手。好，都到齐了。今天俺的报告有四个问题：第一个问题，俺讲了你们也听不懂，俺就不打算讲了。第二个问题很长，要讲4个小时，今天时间来不及，俺就不讲了。第三个问题(他用手摸了摸上衣口袋)，对不起，俺的讲话稿没带来，还在秘书处，俺也不讲了。下面接着讲第四个问题，就是讲讲怎么做事。俺想，一个人做事，先要决定他的大前提，比如咱的马，只有后面两个蹄子，没有前面两个蹄子，它会走吗？"

最后一句，虽然也很调皮，但却让韩复榘歪打正着，说到了点子上。比如说用人问题，韩复榘就有个大前提，用正人不用歪人。他走马上任山东省政府主席后，便把一些术士、僧道类人物，统统请出了衙门，取而代之的是新派文人，如大名鼎鼎的何思源、梁漱溟等。

这里说说时任山东省教育厅厅长的何思源。何思源是蒋介石的人，他能出任山东省教育厅厅长，乃出于蒋介石的一手安排。这并不等于说，何思源出任该职，完全靠人际关系，他本人是有真才实学的。

韩复榘是由河南省政府主席平调山东的，新省府班底，基本上都是他从河南带来的，只有何思源来自南京方面。韩复榘也许是为了给何思源这位钦定的人物一个下马威，就声言要省财政削减教育经费。何思源闻之，怒气冲冲地找到韩复榘，说教育经费不但不能减少，以后每年还要增加。何思源指出："这不是我个人的事，事关后代青年。主席要我干，就得这样安排；不叫我干，我就走人！"身为一省最高行政长官的韩复榘，不仅没有被触怒，反倒起身安慰何思源，说："省财政绝不欠你的教育经费，尽请放心！"

韩复榘在山东主政 7 年，山东的教育事业不仅不落人后，且发展迅猛。就是教育工作本身，韩复榘也总是放手让何思源去做，他从不横加干涉，更未向教育界安排过一个亲信。这也许就是让何思源敬佩的地方。1938 年，蒋介石为铲除异己，杀了韩复榘，成为民国第一冤案。此前，蒋介石为搜罗韩复榘的罪名，曾召见何思源，开口便问："韩复榘欠你多少教育经费？他又是怎样卖鸦片的？"何思源面对诱导，不是落井下石，而是直言相告："韩复榘从未欠过教育经费，也并没有出卖过鸦片。"这何止是一句证言，直接就是对韩复榘人格的标榜与尊重。这尊重，来自于韩复榘对教育事业的言而有信。

接下来，咱们再说说阎锡山。他与韩复榘最大的不同，就是主政一省的时间特别长，他执掌山西达 38 年。阎锡山曾留学国外，深受西方文化的影响，特别是在治学方面，卓有成效。因此，山西当年的教育，被称为中国教育的典范。阎锡山办教育，最值得一提的是，他在搞好山西经济的基础上，率先在全省实行中小学免费义务教育。自 1942 年开始，山西全省适龄儿童入学率，每年都能达到 80％以上，这在当时的世界上也是首屈一指的。更何况，中国那时正值抗日战争时期。在一个战争频仍、离乱不断的环境下，一省的入学率还能达到这么高，作为后人的我们，除了感佩，还是感佩。

军阀不一定都是坏的，也不一定都是好的。但我坚信，懂得办教育的军阀，起码是一个可爱的人，或者说他具有可爱的一面。

唐朝的柳宗元在一篇名为《封建论》的文章里提及了一个值得我们深思的问题，那就是"治"的问题。当我们一再沉浸于制度改革、教育改革的时候，是不是应该好好想想"人治"的问题？制度是死的，只有有了合适的人才，能让制度活起来——就像下棋，一个关键的棋子落对了，全盘就活了。每个人都去做适合于他做的，而且是他应该做的事，那我们的社会必定充满生机！　　　　(王立淇)

曾国藩的读书特点是：日课有程，持之以恒；博求约守，不拘门户；提要钩玄，善于概括；挈长补短，与时变化。

曾国藩如何读书　晟　肱

曾国藩，清代名臣，他既是镇压太平天国将士的刽子手，又是一个治学严谨、博览群书的理论家和古文学家。

曾国藩是湖南湘乡县(今双峰县)人，清嘉庆十六年(1811年)出生于一个穷山僻谷的耕读人家。他一生勤奋好学，以"勤""恒"两字激励自己，教育子侄。谓"百种弊病皆从懒生，懒则事事松弛"。他抓住一切读书的机会，死前一日犹手不释卷。

曾国藩在道光二十二年(1842年)冬，曾给自己订下了每天读书的12条规矩，它们是：

一、主敬：整齐严肃，清明在躬，如日之升；

二、静坐：每日不拘何时，静坐四刻，正位凝命，如鼎之镇；

三、早起：黎明即起，醒后不沾恋；

四、读书不二：一书未完，不看他书；

五、读史：念二十三史，每日圈点十页，虽有事不间断；

六、谨言：刻刻留心，第一工夫；

七、养气：气藏丹田，无不可对人言之事；

八、保身：节劳，节欲，节饮食；

九、日知其所无：每日读书，记录心得语；

十、月无忘其所能：每月作诗文数首，以验积理的多寡，养气之盛否；

十一、作字：饭后写字半时；

十二、夜不出门。

曾国藩的这 12 条读书规矩，前 3 条是为读书做准备的。第四、五、九、十、十一条是读书的方法；而第六、七、八、十二条看起来似乎与读书关系不大，实质上是要求自己集中精力读好书，因而这看似关系不大的规矩，却是保证读书质量的重要手段。

咸丰八年（1858 年）曾国藩在军务繁忙之际，犹定申、酉、戌、亥四个时辰温旧书，读新书，偿外债（指诗文债、字债），写笔记。同治元年（1862 年），他任两江总督，白天忙于军政事务，夜里仍温读诗文。他自道光十九年（1839 年）正月初一起写日记，至同治十一年（1872 年）二月初二止从未间断，数十年如一日。

他不仅勤于读书，而且善于读书，深得要领，曾说："万卷虽多，而提要钩玄不过数语。"其见解可谓精辟至极。曾国藩读书注重消化归纳，从而提出自己的精当见解。

他很重视做读书笔记，除经史外，常随手摘记，使得他的读书精深有用。曾国藩曾说："凡奇僻之字，雅故之训，不手抄则不能记。"曾国藩喜欢读史，曾写成《历代大事记》数卷，以此作为重要的读书方法。

曾国藩的读书特点是：日课有程，持之以恒；博求约守，不拘门户；提要钩玄，善于概括；挈长补短，与时变化。曾国藩的这些读书经验对今天的读书人来说，仍有积极的借鉴作用。

对于我们自身以外的世界，书是最深刻的记忆，它使我们有机会看到时光飞逝之后留下的点点痕迹。当我们捧起书，轻轻拂去历史的灰尘，展现在眼前的，就是岁月的缩影。对于我们自身来说，书又像是一首歌，拥有它，我们就可以在一蓑烟雨任平生的岁月里肆意地浅吟、低唱。

（王立淇）

斯人已逝，赵元任伤感地写道："十载凑双簧，无词今后难成曲；数人弱一人，教我如何不想他。"

刘半农：教我如何不想他
林天宏

同为"新文化运动"的领军人物，鲁迅曾这样比较过刘半农与陈独秀、胡适的区别："如果将韬略比做武器仓库的话，陈独秀的风格是仓库门大开，里面放着几支枪几把刀，让别人看得清清楚楚，外面则竖一面大旗，旗上写着：'内皆武器，来者小心！'胡适的做法，是库门紧关，门上贴一张小纸条，说'内无武器，请勿疑虑！'这两位都是高人，一般人见了，都望而生畏，不上前。可刘半农没有什么韬略，他没有武库，就赤条条的一个人，冲锋陷阵，愣头愣脑。所以，陈、胡二位，让人佩服，刘半农却让人感到亲近……"

的确，读时人回忆刘半农的各类文章，其性格之诙谐幽默，不拘小节，跃然纸上。

刘半农在巴黎留学时，正值一战后，欧洲经济萧条，货币贬值。留学生的日子难熬，刘半农便将书房命名为"花子窝"。好友赵元任夫妇曾前往看望，临别时拍全家福留念。刘半农竟指挥众人，坐在地板上，伸出手来做乞讨状。

归国后，刘半农从事民间文学研究。他在报上刊出启事，广泛征求方言中各种骂人的话，赵元任和钱玄同见报后登门拜访，分别操中国各地方言，把刘半农大骂一顿。骂过后，彼此抚掌大笑不已。

刘半农爱好音乐，他曾与赵元任合作，由刘作词，赵谱曲，创作出20世纪30年代最为流行的歌曲《教我如何不想他》。一日，刘半农前往赵元任家饮茶，适逢不少青年学生也在赵家小聚。他们简直不敢相信这个憨态可掬的土老头就是刘半农，遂有失态之举。刘半农便当场作首打油诗，自我解嘲道："教我如何不想他，可否相共吃杯茶？原来这样一老朽，教我如何再想他？"

于是，时人评品这个"矮个子，方头颅，生气勃勃"的江苏人，送其一字"浅"。

"浅"有二意，一为"胸无城府，浅如清溪"。出国留学前，昔日上海滩文友在酒家宴送，席间对诗，满是卿卿我我旧辞藻。刘半农无法忍受，讽刺道："真是一群鸳鸯蝴蝶"，酒宴遂不欢而散。

还有一次，时任《世界日报》总编辑的成舍我向刘半农约稿。刘半农问，我写的都是骂人的，你敢登吗？成舍我回道，只要你敢写我就敢登。刘半农便写了一篇《南无阿弥陀佛戴传贤》，直斥"考试院院长"戴传贤只念佛不做事。戴传贤看到后大为光火，又不敢拿刘半农出气，只好将《世界日报》停刊3天。

刘半农之"浅"，还在于其所学颇杂。他曾自言："学问即爱好，爱好即学问。"其专业是实验语音学，但也从事语法研究、汉字改革；作为诗人，他著有《瓦釜集》和《扬鞭集》；作为散文家，又著有《半农杂文》；他还客串翻译，出版过《茶花女》、《国外民歌译》及《法国短篇小说集》；他也从事民间文学研究，搜集民谣，编纂《中国俗曲总目稿》；他甚至还是摄影家，参加了中国最早的摄影社团"光社"，并写有专著《半农谈影》，被赞誉为中国现代摄影理论的开拓者和奠基人之一。

刘半农治学半生，最为"出格"的举动，便是采访名妓赛金花。其时，身为北大名教授，前去采访一个名声不佳的妓女，被市井传得沸沸扬扬，但刘却不为所动。通过多次采访，结合历史研究，刘半农拂去了蒙在赛金花身上的历史迷雾。刘半农去世后，赛金花一袭黑衣，专门前往追悼，一时传为奇谈。有后人评论："……五四那一辈，认真者往往认真过分，只认死理；潇洒者，又往往难有所成。像刘半农这样的人物，实在教人无比怀念。"

1934 年 6 月下旬，为了调查蒙古族牧区民俗，刘半农远足塞外，夜宿百灵庙的一间村草房。其他人都睡在土炕上，而他自备一行军床，于房中支架独卧，故作僵硬状，并开玩笑说："我这是停枢中堂啊！"听者为之大笑，却不料一语成谶（chèn）。考察途中，刘半农被虱子叮咬，染回归热，回京后耽误治疗，当年 7 月中旬离世。

在众友吊唁的挽联中，以刘半农生前挚交赵元任的最为贴切。多年来，赵、刘二人一个作词，一个谱曲，珠联璧合，而今，斯人已逝，赵元任伤感地写道："十载凑双簧，无词今后难成曲；数人弱一人，教我如何不想他。"

人生悟语

　　世间的生命，千姿百态，或纤纤细草，或繁花似锦，或苍松翠柏……然而方生方死，一切生物均从灿烂走向消亡。哪怕生命的本真就是昙花一现，那曾经绚烂的色彩，那曾经沁人的馨香，也足以叫人怀念。这就是所谓的人生价值吧。　　　　　（王立淇）

如果说一个女人是一朵花,那么外表便是她的形,思想便是她的色,精神便是她的香。

冰心:世纪小女子, 谈笑有鸿儒 王昌连

冰心与胡适

1919 年,中国文坛上突然冒出了一位"冰心女士"。这年 9 月 18 日至 22 日的《晨报》以连载的形式,发表了署名为冰心的一篇"问题小说"——《两个家庭》,"冰心"这个名字最先出现在中国文坛上。接着,短短 4 年间,冰心创作了短篇小说 30 多篇,散文近 50 篇,诗 380 余首,还出版了诗集《繁星》与《春水》。

"冰心"很快名声大振,这一时期,大家还不知道"冰心"就是燕京大学的女学生谢婉莹。冰心说:在燕大时,大家只知道她叫谢婉莹,那时大家都看报纸、杂志上登的冰心女士的文章,人人称羡,可不知道此人就是她。老师周作人讲新文学课时,还把冰心的作品作为范文来分析,说现在文坛上流行"冰心体",却不知道冰心就是他的学生,正坐在教室听讲呢!

问她为什么要保密,冰心笑了,缓缓地说:"那是新文化运动初期,写东西的人很少。而我念的是理预科,数、理、化成绩都很好,一心只想学医……因为胆小,怕人家笑话,就取了个笔名'冰心'。这一写,写滑了手,这也是被'逼上梁山'的啊!"

胡适知道谁是冰心,而且是冰心夫妇订婚时的证婚人之一。

1929 年 6 月 15 日,冰心与吴文藻在燕京大学的校长楼结婚,证婚

人是校长司徒雷登。

婚后不久，冰心再次来到燕京大学校长楼，参加纪念燕大建校10周年的活动。触景生情，冰心提议将校长楼命名为"临湖轩"，大家一致称好，并请在场的北京大学文学院院长胡适题写了"临湖轩"三个大字，事后制成匾悬挂在大厅。

"临湖轩"有了名字，那么这个"湖"呢？大家争执不休，钱穆灵机一动，建议称为"未名湖"。

1949年8月，时在日本的冰心写信给胡适说："文藻还瘦，还忙，不过精神还好。小女宗黎高了一点，多说了几句日本话，她从来不记得北平，因为她八个月大时就离开了。但她口口声声要回北平去，说想哥哥姐姐，想祖国，我不知'祖国'两字，在她心里是什么滋味。"

这是一封意味深长的信，也反映了冰心一家与胡适私人关系的亲近。其后，冰心不宜谈胡适，胡适也不宜谈冰心。直到1991年胡适诞辰100周年之际，冰心才撰文首次向新中国的广大读者公开谈论胡适。她说：作为五四时代的大学生，胡适先生是我们敬仰的"一代大师"。

朱门一入深似海，从此秋郎是路人

冰心和梁实秋最初是以文敌相见。1923年7月，也就是梁实秋即将赴美国留学前夕，他在《创造》周报上发表了一篇评论文章，对冰心的《繁星》与《春水》两部小诗集进行了批评。

在前往美国的轮船上，经许地山介绍，冰心认识了梁实秋。可能是冰心没给梁好脸色，也可能是因为自己"骂"过冰心，梁后来说，冰心给他的第一印象是"一个不容易亲近的人，冷冷的好像要拒人于千里之外的感觉"。

五四青年都有一种英雄气概，谁怕谁呀，于是就有了下面这段经典对话：梁实秋问冰心去美国修习什么专业，她简短地回答两个字"文学"。然后问梁实秋学什么专业，他回答说"文学批评"。他们的谈话到此打住，连"半句多"也没有。

梁实秋与吴文藻是清华的同班同学，冰心在船上开始与吴文藻谈恋爱，与梁实秋的交往也就多了起来。梁实秋是个大才子，还是一个很讨人喜欢、特别是很讨女人喜欢的人。冰心与梁实秋很快就化"敌"为友了，他们与几个要好的同学在一起海阔天空，谈笑风生，还兴致勃勃地办了一份文学壁报，题名"海啸"。

1925 年 3 月 28 日，波士顿地区的中国留学生公演英语版的中国传统剧《琵琶记》。剧中，梁实秋饰男主角蔡中郎，冰心饰蔡中郎的新欢宰相之女，另一女学生谢文秋饰蔡中郎的发妻赵五娘。三人中只有梁实秋以前演过戏。但才女毕竟不同于一般人，在舞台上有板有眼，别有情趣，演出获得了很大的成功。

在牛津大学读学位的许地山知道后，立即写了一封信表示祝贺，还调侃梁实秋说："实秋真有福，先在舞台上做了娇婿。"后来，谢文秋与朱世明订婚，冰心对梁实秋开玩笑说："朱门一入深似海，从此秋郎是路人！"

说者无心，听者有意，1927 年 5 月至 8 月，已婚青年梁实秋以"秋郎"为笔名在《时事新报》、《青光》副刊上发表了百来篇小品。

抗日战争时期，冰心夫妇和梁实秋在重庆相聚。梁实秋没有带家人来重庆，而是和同学合买了一处住房，题名为"雅舍"。

1941 年，一群文人在"雅舍"为梁实秋的生日摆寿宴。宴后，梁实秋一定要冰心在他的一本簿册上题字。冰心略加思索后写道："一个人应当像一朵花，不论男人或女人。花有色、香、味，人有才、情、趣，三者缺一，便不能做人家的一个好朋友。我的朋友之中，男人中只有实秋最像一朵花。"

这时，围在书桌旁边的其他男士大为不满，都叫着说："实秋最像一朵花，那我们都不够朋友了？"于是冰心说："少安毋躁，我还没有写完。"接着笔锋急转，继续写道："虽然是一朵鸡冠花，培植尚未成功，实秋仍需努力！"

抗战胜利后，吴文藻被中国政府派往日本工作。冰心跟随夫君也到了日本，并成为东京大学第一个女教授。

在日本，冰心得知梁实秋正在收集各种版本的杜诗，就不惜高价帮他买了日本的版本。后得知梁实秋去了台湾,立即给他写信,让他办理手续前往日本,她和吴文藻将为他一家安置在日本的生活。这份友情让梁实秋极为感动,终生感激。

1951年,台湾纷传吴文藻、冰心夫妇双双自杀。梁实秋在台湾听到消息后,写了悼文《哀冰心》。1968年,台湾再次盛传"冰心和吴文藻双双服毒自杀",梁实秋又写了悼文《忆冰心》。

1984年,梁实秋的学生胡百华与梁实秋的长女梁文茜一起拜访了冰心。他们把梁实秋与第二个妻子韩菁清的照片送到冰心手中时,冰心指着照片上年轻漂亮的韩菁清说:"他这一辈子就是过不了这一关!"

1987年11月3日,梁实秋在台北病逝。梁文茜对冰心说:"父亲去世时一点痛苦都没有,您不要难过。"

"我怎能不难过呢?我们之间的友谊,不比寻常啊!"冰心怀着深情写了《悼念梁实秋先生》,接着又应约写了《忆实秋》:

"多么不幸!就在昨天梁文茜对我说她父亲可能最近回来看看的时候,他就在前一天与世长辞了!实秋,你还是幸福的,被人悼念,总比写悼念别人的文章的人少流一些眼泪,不是么?"

素园陈瘦竹,老舍谢冰心

抗日战争时期,老舍在重庆作过一首嵌名诗:"素园陈瘦竹,老舍谢冰心。"素园指作家韦素园,其他三人均为原名。这是一种游戏诗,但也极富深情、深意。

冰心是被宋美龄以"同窗学友"的名义亲自邀请到重庆来的,本有政府安排的住宅。冰心工作一段后,觉得不适应,就千方百计地辞了职,继续从事自由写作。就在歌乐山的半山腰购买了一座土坯房,也就是"老舍"。虽然是平民住宅,但环境甚美,严严实实地被松树林包围着,树林中依稀夹着一些竹子,称得上"素园陈瘦竹"。这处"素园"浓阴蔽日,密林挡风,冬暖夏凉,还可远眺嘉陵江,冰心很喜欢,就把这幢房子命名为"潜庐"。

与冰心大不一样，老舍是抗战文学的主要领导人。除了勤奋创作外，老舍还要联络各方，组织各种活动，并上前线采访和慰问将士。仅1939年下半年就先后到了五个战区，行程两万多里。

为了工作，也为了友情，老舍经常来冰心的"潜庐"，喝了酒后就躺在走廊上的帆布床上休息，惬意极了。在极其繁重而且充满激烈斗争的领导抗战文艺的岁月里，这种时光更为难得，老舍自然要谢冰心了。

冰心难忘这段愉快的日子，她在1987年12月写的《又想起了老舍先生》中说：

> 老舍和我们来往最密的时期，是在抗战时代的重庆。我们都觉得他是我们朋友中最爽朗、幽默、质朴、热情的一个。我常笑对他说："您来了，不像'清风入座'，乃是一阵热浪，席卷了我们一家人的心。"那时他正扛着重庆的"文协"大旗，他却总不提那些使他受苦蒙难的事。他来了，就和孩子们打闹，同文藻喝酒，酒后就在我们土屋的廊上，躺在帆布床里，沉默地望着滔滔东去的嘉陵江，一直躺到月亮上来才走。

舒乙在《老舍的关坎和爱好》中对上述情景有更具体的记述：

> 平时，冰心管教孩子甚严，给孩子们分花生、铁蚕豆什么的，是按颗按粒数的，比如，每次每人只能吃5粒，但老舍一到，就全放开了，"咱们今天不数数儿，随便！"但孩子们还是要问母亲："我们能吃多少？"冰心说："两个！"这时，老舍就插话了："不行不行，要说20个，200个！"

有一次，孩子们居然与老舍讨论起老舍的作品来。孩子们问，为什么您的书中好人都姓李？老舍则把脸一绷说，我就是喜欢姓李的！你们以后要做好人，下次，我再写书，书里的好人就都姓吴！

如果说一个女人是一朵花，那么外表便是她的形，思想便是她的色，精神便是她的香。拥有出水芙蓉般美丽外表的女人是一朵姿态娇艳的花，拥有春日樱花般缤纷思想的女人是一朵清丽脱俗的花，拥有秋日雏菊般明朗精神的女人是一朵傲立风霜的花。

(王立淇)

为"保寺名节"而不做官，做了官，却看成一种迫不得已的"牺牲"——今天的人们谁还会如此想？

胡适为何不愿做官 王 静

胡适一生曾经多次拒绝做官。20 世纪 30 年代初，汪精卫请胡适做教育部部长，胡适没有答应。1947 年，蒋介石要改组政府，想请胡适出任"国民政府委员"兼"考试院院长"，胡适也没有答应。1948 年和 1954 年，蒋介石都曾鼓动胡适出来竞选"总统"，胡适依然拒绝。

应当说这种邀请和拒绝并非时下常说的那种作秀。且不说以胡适当时的名望，即使只是摆设也能够给人撑面子。蒋不仅三番五次请胡吃饭，恳切长谈，还委托胡的好友傅斯年、"外交部长"王世杰等人劝说。1948 年让胡适竞选"总统"，即使单从蒋的利益出发也确含真诚之意。因为在蒋看来，按照"宪法"约定，总统并无多大权力，还会受到很大约束，所以不如让胡适担任"总统"，自己做"行政院长"更划算些。蒋甚至在国民党中央执行委员会临时全会上公开提出"总统"候选人的五项条件,明眼人都知道那是为胡适量身定做的。

而为了不做官,胡适也是费尽唇舌推辞再三,当蒋终于作出"国家不到万不得已的时候,我决不勉强你"的承诺时,胡适高兴地对傅斯年说:"放学了!"为了推掉国府委员,胡适甚至"托人情拉关系"。他给王世杰去信,"老兄若能替我出点大力,免了我,真是感恩不尽",又几次通过教育部部长朱家骅向蒋转达自己的想法:"为己为国,都无益处。"

有意思的是周围的人居然也不认为当官好,傅斯年就坚决反对。蒋本希望傅能为自己做说客,傅斯年却当即就替胡适拒绝。当怀疑胡适有所动摇时,立即着急地写信劝胡适要"保持名节"。北京大学的同仁甚至联合致电朱家骅,反对蒋对胡的"征调":"适之先生在北大,对整个教育界之安定力量异常重大。……务请婉为上达,力为挽回",简直就是坏人家的"好事"。还有胡适那位仅仅读了几年私塾、初通文字的小脚夫人江冬秀,居然也并不期冀夫荣妻贵。总是劝胡适远离政治,好好研究学问,与胡适送别时还说,"千万不可做官,做官我们不好相见了!"

以上种种在今天的很多人看来是难以理解的。与古代文人"学而优则仕"的传统不同,更与现代人"成功人生"的目标追求相悖。想想,那时的知识分子还是比较纯粹的吧。

他们为民族文化的危机而深深忧虑,以再造中国新文化为自己一生的历史使命。他们饱受西方思想文化熏陶,崇尚自由、独立。自由、独立的价值在他们眼中远远高于地位、名声以及金钱、利益,非到万不得已,不肯改变。胡适在给傅斯年的信中说,如果接受"蒋先生的厚意",不但"毁了我 30 年养成的独立地位",还会"成了政府的尾巴"。作为自由主义知识分子,他们珍视自由、独立,并非仅仅出于个人的信仰追求,而是着眼于国家利益。他们认为,只有保持自由、独立,才能真正对国家有所贡献。胡适在给王世杰的信中说,"终觉得我不应该加入政府。……理由无他,仍是要请政府为国家留一两个能独立说话的人,在紧要关头究竟有点用处。""我在野,——我们在野,——是国家的、政府的一种力量,对外国、对国内都可以帮政府的忙,支持他,替他说公平话,给他做面子……"傅斯年一直立志自己参

政而决不从政,以保持在野的身份与言论的自由,可以批评政府的弊端。胡适他们认为报效国家的方式是:"为国家做诤臣,为政府做诤友。"所以,他们与政府保持独立,并不是对立。当国家危难之时,他们并不袖手旁观。抗战爆发期间,为争取美国的经济援助,胡适便义不容辞地出任驻美大使。他在当晚的日记中写道:"21年的独立自由的生活,今天起,为国家牺牲了。"

为"保持名节"而不做官,做了官,却看成一种迫不得已的"牺牲"——今天的人们谁还会如此想?即便真有谁会如此说,其中几分虚伪几分真诚怕也难以分辨。总感觉,胡适那一代知识分子的精神追求、人格修养和处事准则,已成为一个时代的遥远绝响,令今人难以企及。

人 生 悟 语

知识分子的魅力,不仅仅来自于对未知世界的探索与贡献,更来自于人格的高洁与独立。因为在这个世界上,有比金钱、权势更重要的东西,那就是如璞玉一般的良知与自由。一旦拥有,布衣一介也足矣。在这物欲横流的时代,我们是多么需要一阵独立高洁的清风的洗礼啊。

(王立淇)

孝宗终其一世身边只有张皇后一人,再无一个嫔妃,创造了古往今来一个特殊的纪录,也算是朱祐樘作为一代明君的佐证之一。

明孝宗:唯一只有一个老婆的皇帝 于青

中国皇帝的一大特点就是老婆多。但也有一个一生只娶一个老婆的皇帝，他就是明孝宗——朱祐樘（yòu táng），其唯一的妻子就是张皇后。朱祐樘之所以实行"一夫一妻"制，和他的苦难童年有着莫大关系。

朱祐樘（1470～1505），是明朝的第九代皇帝，宪宗的第三子。宪宗在位23年，生前宠幸贵妃万氏。这万贵妃比宪宗大了10多岁，自小侍候宪宗，万妃长得并不美，史称其是腰如水桶，面貌活脱脱一个大妈。可在宪宗面前却是"三千宠爱在一身，六宫粉黛无颜色"。

宪宗的母亲周太后曾奇怪地问宪宗为什么宠爱万氏，宪宗答曰，有万氏在，睡得才安稳。后人有说宪宗患有疝气病，而万贵妃擅长按摩，宪宗所以离不开她。万贵妃年轻时曾经怀孕过一次，可惜流产掉了，以后因为年龄的问题再也未能生育。万贵妃因此伤心欲绝，把一腔愤怒都发泄到了其他妃子身上，凡怀孕的妃子都被她暗中下毒或找罪名杀死，连太子也未能逃出毒手。

到宪宗成化六年，宪宗连一个子嗣都没有了。成化三年，宪宗曾宠幸过一个身份低微的宫人纪氏。纪氏怀孕后被万氏得知，派人加害。纪氏的人缘很好，派来的宫人不忍下手，回报万妃时就谎称是肚内长了瘤子而不是怀孕，这样纪氏偷偷生下了后来的皇子朱祐樘。在一众宫女的呵护下，小皇子长到了6岁，这件事在后宫广为流传，可万贵妃始终不知。

宪宗的儿子接连死去，宪宗为此神伤不已。宪宗九年的一日，年已三十的宪宗召太监张敏替自己梳理头发，宪宗望着镜中自己憔瘁的面庞，忧虑地对张敏说年纪大了，可还没有太子。张敏马上拜服于地，讲出了纪氏生子的事。一旁的司礼监太监怀恩也为张敏作证。宪宗听罢大喜，即召人迎接小皇子。

小皇子十分乖觉，见到宪宗即叩首称父亲。宪宗随即传喻内阁，告知皇子出生之事并大赦天下。万贵妃闻讯哭得死去活来，恨得牙根紧咬，发誓报复，并很快下毒手害死了纪氏。太监张敏知道自己最终定然不免一死，也吞金自尽了。年轻的祐樘却命大福大，很快（1475年）被立为太子并被周太后抱回后宫抚养，万贵妃几次欲加害均未得逞。祐樘在周太后的呵护下苦壮成长，读书写字，讲经研武，终于为以后成为一代明君打下了坚实的基础。

一次，万妃请太子去其宫内玩，呈上点心若干，祐樘不食，曰恐有毒。万妃大怒，思忖宪宗百年后自己定然难逃一死，便大肆在宪宗面前诋毁祐樘。这时宪宗已有好几个皇子了，在废立太子上还是游刃有余的。在万妃和太监梁芳的一再劝说下，宪宗终于决定易储，召来司礼太监怀恩拟旨，不料怀恩以头碰地，死拒不从，宪宗无奈，罢了怀恩的司礼监掌印，欲继续易储。在风雨飘摇之际，东岳泰山地震，钦天监奏报地震与太子有关，宪宗迷信，怕惹得天怒人怨，总算搁下了易储的念头。

万妃谋夺储位不成，于宪宗二十三年春一病不起，不久就郁郁而终了。宪宗得信，颓然叹道，万妃去了，我也活不长了，是年4月，宪宗果然患病，7月召太子辅政，8月宪宗驾崩，孝宗朱祐樘继位，年号弘治。孝宗自幼经历坎坷，九死一生，所以即位后廉洁而贤明，尤其是在私生活方面，终其一世身边只有张皇后一人，再无一个嫔妃。孝宗和张皇后是患难之交，一对恩爱夫妻。两人每天必定是同起同卧，读诗作画，听琴观舞，谈古论今，朝夕与共。这不经意间的举动，创造了古往今来一个特殊的纪录，也算是朱祐樘作为一代明君的佐证之一。

人 生 悟 语

你是珍珠，就必须拥有大海；你是雄鹰，就必须拥有蓝天。因为，只有大海的广博胸襟才能孕育珍珠的美丽；因为，只有蓝天的辽阔情怀才能哺育雄鹰的矫健。孔子，没有那个充满动荡的时代，不会成为一个圣人；屈原，没有那个昏庸的朝廷，不会成为一个诗人；李白，没有那个盛极一时的唐代，也不能成就这个诗仙。

(王立淇)

1936 年 8 月,中国足球队参加第十一届柏林奥运会,成为第一支亮相国际赛场的国家足球队,然而,这支"中国足球第一队"的奥运之行却充满艰辛。

第一支走向 世界的中国足球队 威 子

少有人知,七十多年前,中国足球就已经走向世界——1936 年 8 月,中国足球队参加第 11 届柏林奥运会,成为第一支亮相国际赛场的中国国家足球队,然而,这支"中国足球第一队"的奥运之行却充满艰辛。

称号:"中国铁军"

中国足球队抵达柏林之前,人称"铁军",是一支欧美足球强国不摸底细的"神秘之师"。1913 年,首届远东运动会(即亚运会前身)在菲律宾马尼拉举行,这是中国足球队首次参加正式国际比赛,最终获得亚军。从此,中国足球在亚洲鲜遇对手,1913 年至 1934 年,远东运动会共召开了 10 届,除第一届获得亚军,其余均为冠军。每逢中国队与日本队交战,动辄打出 5 比 1、4 比 0 的大比分,让日本足球队颜面尽失。

有一年,远东运动会在上海举行,中国队 5 比 0 大胜日本队获冠军,上海报纸赞道:"中国足球"铁军"之誉,益行蜚声中外。"随后在日本举行的远东运动会,中国队 5 比 1 战胜日本队再次获得冠军,日本报纸的号外标题为:"中国足球铁军,堂堂十年连胜"。从此,"中国铁军"的赞誉不胫而走,

10 届比赛,9 次冠军,以这样的成绩出征奥运会,欧美强国自然不敢怠慢。

教练:对足球一窍不通

尽管中国足球队横扫亚洲无敌手,但一直苦于没有机会与世界强队接触,此番能远征柏林,自然令国人极为重视。另外,在中国代表团参加奥运会的各类运动项目中,大家一致公认,唯有足球尚能一搏,所以,当时的体育主管部门对足球队的选拔工作非常重视,"凡我中国足球选手,务求网罗无遗,以期组成一支全国精华荟萃的劲旅"。当时的中华全国体育协进会特地成立了足球选拔委员会,经过 3 个月的选拔,1936 年 4 月,中国足球队 22 人名单正式公布,"亚洲球王"李惠堂和香港歌星谭咏麟的父亲谭江柏名列其中。

不过,球队中也有滥竽充数者,担任教练的颜成坤对足球一窍不通,充其量只能算得上一个球迷,只是想借机出国游览,凭借南华体育会主席、香港中华巴士公司经理的头衔,他如愿谋得这个事关全队胜败的职位。

转战:只为 5 万元

赴柏林参赛整个奥运代表团需法币 (当时的货币名称)22 万元,而国民政府表示,财政困难,无法支付。为解燃眉之急,中华全国体育协进会集体出动,分别向国民政府中央各院部,各省市地方政府寻求支持,经过一番"化缘",共筹集资金 17 万,可仍缺 5 万元,协进会决定,足球队自筹资金,提前两个月到东南亚各国进行表演赛,以门票收入作为参加奥运会的费用。

1936 年 5 月,他们从上海出发,转战越南、印尼、缅甸、印度等国,在两个月的 27 场比赛中,24 胜 3 平,使"中国铁军"名声远扬,不少当地华侨甚至焚香拜佛,欢迎国队的到来。为了节约经费,在两个月的旅途中，乘船时，大家选择最低等的舱位，住宿则找最便宜的旅馆里最便宜的房间。有时，全体队员共住一间大通间，床位不够，还需打地铺。吃饭，则是自己买菜自己下厨。当时，还有个不成文的规定，获胜一方可获得更多的门票收入，所以，主力队员一场不落地把 27 场比赛踢完，即使有伤病，也咬牙坚持。

整个东南亚之旅，足球队共获近 20 万港币的收入，到达印度的孟买后，足球队给因经费短缺而滞留国内的奥运会代表团汇去 5 万元，解决了经费问题。

比赛：半场好球

当时的奥运会足球赛制，是一开始就直接抽签踢淘汰赛，若首场告负便打道回府。一路历尽艰辛，中国队偏偏首场对阵英国队。要知道英国队是当时的"足球王国"。比赛前一天下午，捷克队的英国籍教练在训练场遇到中国队后，极其蔑视地问道："你们中国人还是每天拖着大辫子抽大烟吗？我觉得你们会输给英国队 6 个球。"

1936 年 8 月 6 日下午 5 点半，中国队与英国队在柏林康姆逊球场狭路相逢，观众多达万人，他们都是冲着世界劲旅英国队来的。比赛一开始，早已洞悉中国队虚实的英国队便严密看防李惠堂，使其绝技难以施展。上半场，中国队攻势凌厉，一次下底传中后的破门，可惜被裁判吹为越位。两队 0 比 0，中场休息时，西方记者纷纷在广播中感叹，中国队出人意料，不同凡响。下半场，由于在东南亚连续征战，再加上抵达柏林后舟车劳顿，中国队逐渐体力不支，最终以 0 比 2 告负，就此结束了中国足球在世界赛场的"首演"。

败后：李惠堂受邀

尽管输给英国队，但英国人心知肚明，中国人体力不支，但脚下技术、战术素养丝毫不弱，英国报纸也对中国队评价极高，于是，欧洲各

国邀请中国队前去比赛的电报接连飞来。

在法国巴黎,中国队战平法国职业联赛中的强队巴黎红星队,李惠堂技惊四座。赛后的晚宴上,红星队的总经理拿着工作合同直接找到李惠堂,让他留在巴黎,并许以优厚待遇。当时,国际奥委会禁止职业球员参加奥运会,李惠堂一口回绝道:"我还要继续代表中国参加奥运会。"

在伦敦,中国队战平英国职业联赛冠军哥灵顿队,再度折服"足球王国"。观战的英国阿森纳队主教练特地赶到球场边赞扬中国球员,"你们的球艺不错,要是体力好,阿森纳队必拜下风。"随后,他指着李惠堂,惋惜地说道:"要是你再年轻 10 岁就好了,我一定把你留在阿森纳队,无论如何也不让你回中国。"

返程:蓬头垢面

回国时,足球队的管理人员借口从未坐过举世闻名的豪华轮船英国玛丽皇后号,竟然丢下全体队员,自己从英国赶往美国,转道香港回国,队员们只好在人生地不熟的国外日夜兼程地赶路,先从伦敦乘船到法国,再从法国转了几次火车到罗马。

为了准时赶上由罗马到利物浦的火车,在罗马火车站露宿一夜后,全体队员蓬头垢面地赶上最后一趟去利物浦的火车,难民般地由利物浦赶回中国,结束了这次意义深远,却遗憾颇多的奥运之行。

人 生 悟 语

人生的意义和价值是多种多样的。有的人在现实中生活得非常惨淡,但是拨开历史的迷雾之后却留下了一个深深的脚印;有的人在现实生活中光彩夺目,可时过境迁之后,如此这般的光鲜就化作了一粒粒的尘土。二者孰轻孰重?聪明如你,一定认真权衡。

(王立淇)

对于我们自身以外的世界，书是最深刻的记忆，它使我们有机会看到时光飞逝之后留下的点点痕迹。当我们捧起书，轻轻拂去历史的灰尘，展现在眼前的，就是岁月的缩影。对于我们自身来说，书又像是一首歌，拥有它，我们就可以在一蓑烟雨任平生的岁月里肆意地浅吟、低唱。

有一朵花叫自己

第八辑

我们总能惊喜地发现，越是无人关注的角落里，小草生长得越是坚强而茂盛。芸芸众生何尝不是如此，大家在每个人各自的世界里日出日落，晨出暮归。生活平淡得不能再平淡，生命平常得不能再平常。但所有人都有属于自己的梦想，于是，在最低的尘埃里，每个人都努力开出一朵叫"自己"的花……

现在让我闭着眼走一遍升旗路线，我绝不会走错。我们 36 个人站在一起，心往一处想，劲往一处使，那种感觉太好了。

国旗班：迎着朝阳
向我们走来
张蕾磊　范珅珅

当天空释放出第一抹光亮，人们心中的热情也随之涌动，人群如潮水般向升旗台聚拢……

这是世界上著名的开放式广场，这里见证了 1949 年 10 月 1 日那光辉而伟大的历史时刻。从此，10 月 1 日对每个中国人来说，都具有特殊的含意。在那一天，涌动在国民心中的民族自豪感会特别强烈，在那个具有历史感和极具象征意义的广场，亲眼看到五星红旗伴着雄浑高昂的国歌升起，成了我们共同的梦想！

"十一"，凌晨 4 点

凌晨 4 点，在天安门端门和午门之间的东朝房里，藏涛和战友们在哨音中准时起床，迅速洗漱完毕，他们穿好马靴，换上武警礼宾服，扎紧腰带，在端门外的空地上训练一小时，升旗前的热身训练是为了让战士们有更饱满的精神状态参加升旗仪式。两年下来藏涛对整套动作已经非常熟悉了，整个 9 月，他和战友们都在强化训练踩准军乐队的鼓点，每个重鼓点都必须压在左脚上。这是他第一次参加"十一""大"升旗，藏涛还是有点紧张，一遍遍地重复着练习了数万次的动作：齐步、正步、举枪礼……"参加国庆升旗是每个国旗班成员的梦想，兵役时间就两年，不转志愿兵的话，最多能参加两次国庆升旗，我们成天拼命地练习，就是为了竞争上岗。"有的战士预演的时候太用劲，把白手套都崩裂了，赶紧找副新手套。

藏涛忙着"踩点"的时候，升旗手丁成飞和两名战友已经站在升旗台上了。丁成飞3点半起床，之前他在国旗区站岗两小时。他们原本是从天安门出发，经过华表一带，然后到达国旗区，但是看升旗的人已经把路堵得死死的，他们不得不绕道文化宫南门。事实上，9月30日下午降旗的时候，方队就被人群挤得变形，人们争相和国旗班照相。从傍晚开始，人们就陆陆续续地集中到广场中央，只为第二天早上能在最好的位置观看国旗冉冉升起。夜晚的寒冷挡不住心中的热情，灰色的天幕遮不住心中的期盼，当天空释放出第一抹光亮，人们心中的热情也随之涌动，人群如潮水般向升旗台聚拢！

10月1日，护卫队比平常时间提前5分钟在天安门前列队，等待领导的口令。他们身后是60人的军乐团，已经调整好各自的乐器，静静等待着。一声"齐步走"的口令后，顿时鼓乐齐鸣，《歌唱祖国》的乐曲响了起来，国旗护卫队齐步走出城门。走在前面的是3名旗手，中间是擎旗手，左右是护旗手，后面是领队警官手持军刀，护旗方队紧随其后。走下金水桥，国旗护卫队立即换正步，同时3声脆响，队员们由托枪改为端枪。

升旗手丁成飞面朝天安门，背对看升旗的群众。他的眼睛盯着天安门方向，护卫队走出来的时候，他听到人群的涌动声，观礼台上的人们纷纷起立。护卫队正步走过长安街，此时天蒙蒙亮，长安街上的华灯刚刚熄灭，广场上照相机的闪光灯闪成白花花的一片，比有路灯的时候还耀眼了许多。

当五星红旗冉冉升起，雄壮的国歌在天安门广场奏响，国旗护卫队的战士们分别向国旗行举手礼和持枪礼，广场上的数十万人行注目礼……一夜未眠的等待，只为此刻！每个人的灵魂都在这一刻接受着庄严的洗礼。当国歌奏响，全场高歌，那份骄傲与自豪，让在场的每个人想流泪，那是自豪的泪、骄傲的泪、激动的泪。当国旗在空中高高飘扬的时候,大家的心中都有了一份承诺,用自己的努力,让它飘得更高更绚烂!

每天的国旗都有一个永久编号

365 天里,国旗升起时都是崭新的,由总护旗手负责换旗,旧旗交给天安门管理委员会收藏。

任聪说:"擎旗手和护旗手不只负责升降国旗,还必须保护和保养国旗。每天降完旗回来,我们会认真检查,看国旗是不是有损坏。每天的国旗都是从旗库拿出来的,我们却要花一个多小时才能完成检查。因为我们是一根线、一根纱的检查,我们必须把方方面面的困难和问题都想到,才能保证万无一失。每天检查完国旗再洗漱完就已经是 12 点左右了,第二天早上 5 点多还要起来准备升旗。我们不感觉累,以此为乐。"

"苦并幸福着",是国旗班战士们的真实写照。国旗护卫队的战士每年从武警北京总队上万名新兵中"海选",经过 3 个月的军事训练后挑选出来的战士到护卫队,然后还需要强化训练 4 个月,经过考核后才能成为一名真正的国旗护卫队队员。在这期间,他们需要连闯 4 道关,每过一关都要流几个月的汗,蜕几层皮,掉几斤肉。

第一道关是"站功"。这是国旗哨兵的基本功,不少新兵刚入队时,站不到半个小时就头晕眼花,昏倒在地。要达到站得直、站得稳、站得久的要求,平时训练一般要站 3～4 个小时。战士们腰间插上木质的"十字架",领口别上大头针,一站就是大半天;顶着大风练站稳,迎着太阳练不眨眼,甚至抓来蚂蚁放在脸上爬来爬去,练面部表情和毅力。为了练就良好的形体,从升旗手到护旗兵,睡觉时都不用枕头,平躺在硬板床上,保持腰杆笔挺,头正颈直。

第二道关是练"走功"。由 32 人组成的"托枪方队",要横看成列纵看成行,步幅、摆臂、目光都要求保持一致。为了过好这一关,战士们白天绑上沙袋练踢腿,用尺子量步幅,每一步都是 75 厘米,用秒表卡步速，每分钟112～116步，一踢就是成百上千次，踢正步要求三步出汗。

第三道关是练"持枪功"。护旗兵用的是镀铬礼宾枪，夏天手出汗容易滑落，冬季冰冷的手捏不住枪。为了达到操枪一个声音，一条直线，战士们就在枪托下吊上砖头练臂力，腋下夹上石子练定位，直到手掌拍肿了、虎口震裂了、右肩磕紫了，才算闯过这道关了。

第四道关练"眼功"。眼功是国旗卫士内在神韵与外在仪表的双重体现。只要看到每一个战士执勤时的眼神，你就会对"炯炯有神"四个字有深刻的理解。为了具备这样一双眼睛，战士们在风沙弥漫的环境里练习沙打不眯眼，在困乏的夜色中保持全神贯注。

所有的付出，只为能亲手升起鲜艳的五星红旗，可以每天在国旗下守卫着她。也正是这些艰苦的训练，成就了如今的"奇兵团"。人们把天安门广场的国旗升降仪式概括出"五绝"。一绝：升旗。每一次，从国歌奏响第一个音符、擎旗手以优美的动作将国旗展开抛出，到国歌的最后一个音符终止，都是2分07秒，国旗也准时到达30米高的旗杆顶端；二绝：护旗。国旗护卫队从金水桥行到国旗杆基的围栏，走的正步是138步，落地都是同一个声音，丝毫不差；三绝：敬礼。随着一声"敬礼"的口令，升旗手按电钮，护卫队行持枪礼，军乐队奏国歌都是同一个节拍；四绝：礼毕。国旗升到旗杆顶端与"礼毕"口令，36名托半自动步枪的卫士齐刷刷把枪放下，都是同一时刻。五绝：收旗。1990年通过的《国旗法》规定，升旗时，必须将国旗升至杆顶；降旗时，不得使国旗落地。为此，国旗卫士们在降国旗时，练就了过硬的收旗动作，当国旗在2分07秒的时间内降到国旗杆底座时，一名卫士迅速用双手将国旗托住，而后另一名卫士将旗面均匀地打成折叠状，此动作精确在13把至15把之间。

受宠的孩子变成兵

除了升国旗，国旗班的战士们还担负着国旗区的哨岗任务。夏不穿单，冬不穿棉是站岗的着装要求。夏天的天安门广场地表温度高达

68.2 摄氏度，几分钟衣服就汗透了；冬天北风吹过，呢子的礼宾大衣有十几斤重，"穿着不好受"。

他们的一天安排得满满当当，升旗、训练、上哨值勤、学习。赶上老兵复员、新兵没来的时候，上哨就安排得比较频繁，人手紧的时候，一天只能睡三四个小时。"我们的生物钟现在改不过来了，要让我们睡多了还真适应不了，平时能睡五分钟就睡五分钟。"

训练在战士们身上留下了深刻的烙印，即使换上便衣他们也从不勾头、哈腰。这些十八九岁的战士们，从军前在家里都是受宠的孩子，过着饭来张口衣来伸手的日子。进了国旗护卫队，他们在汗水加泪水中度日，个个脱胎换骨。

10 月份，北京进入初冬后，老兵们就要准备复员了。11 月的时候，院子里的音响天天放着《梦驼铃》，让人特别伤感。前一天晚上老兵还都坐在床边，照常洗衣服，第二天早上起来就没影了，营房里干干净净的。说起这些，藏涛等欷歔不已。那段时间，他们早上起来取枪都是踮着脚尖走，因为靴子钉着铁掌走路很响，怕影响老兵睡觉。

"我们去升旗，老兵们穿着摘了军衔的军服，在队伍后面跟着看。其中一个人喊了句敬礼，老兵们都行军礼，那种执著和难舍，让人心里真不是滋味。老兵们对我们，好像兄长，有过对我们恨铁不成钢的焦急，也曾经和我们一起摸爬滚打品尝成功的喜悦。如今，朝夕相处的兄弟，转眼就要分别，曾经在一起的日子，现在看来都那么珍贵，我们一辈子都忘不了。我知道在方队中应该目不转睛，不能有任何多余的表情，但是我心里波涛汹涌啊。"藏涛说。每个人告别军营的时候，都有着一份深深的依恋。那依恋里，有泪，有笑，有青春的记忆，有流汗的艰辛。都说军人有着一份铮铮铁骨，这热血，是不抛弃不放弃的信念，这赤诚，是耐寂寞耐苦痛的坚持。在军营的绿色世界里，他们一起铸就了刚强，明白了牺牲，懂得了坚持，学会了忍耐。

"现在让我闭着眼走一遍升旗路线，我绝不会走错。我们 36 个人站在一起，心往一处想，劲往一处使，那种感觉太好了。我在这里做的事太少，真想一辈子在这里升旗！"国旗班的战士慢慢地说。

迎着朝阳这一天中最充满希望的时刻,承载着对祖国的无限深情,他们把伟大的五星红旗冉冉升起。无论严寒,无论酷暑,无论雨雪,无论风霜,他们始终守卫着五星红旗的荣誉。正是这一份坚定与执著,实现了他们对祖国的承诺;正是他们的那份骄傲与自豪,让人们领略了中国的风采。或许,心中拥有一份信念,你我也能成为那炽热阳光里的无限色彩。

(刘秋波)

奥运志愿者的口号是"我参与、我奉献、我快乐"。但真的每一位志愿者都快乐吗?

奥运志愿者是怎样炼成的

张 哲 詹莹莹等

志愿者的身影一直伴随着现代奥运,8 年前的悉尼奥运会招募志愿者 4.7 万名,4 年前的雅典奥运会约为 6 万名。

现在,北京是 170 万,超过这个城市人口的 1/10。这包括远超以往的 10 万赛会志愿者, 以及中国首创的 40 万城市志愿者、100 万社会志愿者和 20 万拉拉队志愿者。

这毫无疑问是奥运史上最浩大的志愿者工程,在历时两年的招募中, 全球共有超过 112 万人报名赛会志愿者,207 万人报名城市志愿者,其间层层的选拔、培训,甚至实战检验,不亚于披沙拣金。

考试,专家齐上阵

宁夏医学院附属医院医师刘诤, 现在的身份是奥运公路自行车赛运行支持的"人事助理",也就是"志愿者的志愿者"。

最初刘诤希望做一名奥运医疗志愿者,但得知奥组委不在北京以外地区招募医生后,他还是决定来北京,并且主动给宁夏志愿者队当起了队医。

在网上报名后,第一轮筛选是政审。刘诤上大学时就曾获得过全国志愿者奖章,"科室和医院都非常支持"。

政审之后是英文口语测试,再之后会有一轮严格的综合素质面试,面试官包括心理专家、英语专家、外事礼仪专家等,还有自治区团委的干部和政协官员。

面试中甚至设计了类似公司求职时常见的小陷阱,比如地上有纸片或垃圾,看面试人的反应,等等。袁晨琛碰到的是一个地上"特别明显的、想错过都不可能的"打火机。她捡起打火机跟面试官们核对,算是一个好的开始。

心理专家的问题包括:近期做过哪些不好的梦?生活里有哪些不愉快的事情? 平常怎么为自己减压? 刘诤对这个环节也表示理解,"为了确保志愿者身心健康嘛"。

更为严格的选拔发生在北京的高校,因为报名者众多,学校不得不先以审慎而精确的程序选拔。在清华大学,校方必须考查包括学分成绩、英语水平、志愿通识考试成绩、入学服务时间等,各项所占比重均科学设计,累加总分后进行排名、公示,并最终按照名额取排名靠前的同学。

这还只是长征第一步,接下来的将是奥组委的面试和为期数月、名目繁多的培训,以及一系列测试赛的实战演练选拔。只有过关斩将者才能幸运地眺望鸟巢。"就算不能成为赛会志愿者,学校还有两个奥运会训练场馆,也需要志愿者,也算为奥运服务。"清华大学一位学生说。

奥运高校总动员

志愿者为奥运服务,谁为志愿者服务?

北京奥组委志愿者部邹长刘剑强调：一切将"遵照惯例，发挥体制优势"。40万城市志愿者和100万社会志愿者的招募和管理，便是最好的注脚。他们散布在北京城的每个角落，维持交通或接受咨询，并没有特别严格的选拔程序。

一位在医院门口值勤的社会志愿者说："我和单位的同事轮流来上班。"而作为激励和回报，他们中的部分人享有一定的物质补贴。

而赛会志愿者方面，本届奥运志愿者工作采取了"馆校对接"的工作机制，即奥运场馆与主责高校挂钩，成建制地使用高校志愿者。比如：北京大学的志愿者主责为鸟巢和乒乓球馆，清华大学的志愿者主责为水立方等等。

不仅如此，京外和境外的志愿者还被指定由北京的对口高校接待。北京大学为此腾空了42号学生宿舍楼。这使得正值暑期的高校校园，一刻不得平静。

北京大学团委志愿者工作部部长彭放的电脑里罗列着每天庞杂的工作流程——围绕着2775名赛会志愿者和365名城市志愿者，"两大阵营"（前方、后方）和"五条战线"（交通服务保障、赛时激励保障、赛时接待、宣传、遗产转化等）的各个环节让他应接不暇，只能每天睡在办公室的沙发上。

彭放不是一个人在战斗。校园BBS开设了志愿者的专版，团委派人每天答复志愿者的各种疑问和诉求。校园里的所有部门也都运转起来了：教务部为志愿者调整了暑期课程和考试时间；保卫部在加强校门安保和人员审查；由于志愿者常常很晚才能回校，浴室开门的时间延长到凌晨两点半；食堂要为志愿者们准备夜宵，开水房的工作时间要延长，甚至看管宿舍的楼长们也不得不调整作息时间。

而为了解决志愿者暑期留校孤单的问题，首都师范大学已经决定在暑期内举办7场文艺晚会，原本在暑假停播的校园广播，也将持续播音。

"除了我们本身的近3000名志愿者，还有许许多多围着奥运志愿工作在做事的人。"北京大学团委书记韩流说。

这些"服务志愿者的志愿者"正被称做"志愿者的平方"。有些奥运志愿者同时也是志愿工作小组的成员,于是他们常互相戏称为"志愿者的二次多项式"。

"如果把这些'志愿者平方',甚至'三次方'都算上,北大大概有近5000人在为奥运服务。"韩流说。

今天,你快乐吗?

奥运志愿者的口号是"我参与、我奉献、我快乐"。但真的每一位志愿者都快乐吗?

北京大学团委推出针对奥运志愿者的"快乐指数调查",问题为:"今天你快乐吗?"曾有极个别同学亮出了低分。

北大团委副书记姚静仪说:"确实反映了有志愿者在工作中面临困难和问题,或者别人的不理解。"

比如说,在鸟巢交通口服务的同学,有人曾一天站在岗位上10个小时,烈日酷暑下,就只见到了3辆车却没有任何机会进入场馆。

首都师范大学志愿者刘臻男的工作岗位是"交通场站随车服务志愿者"。这是一个24小时服务的团队,分三班倒休,上班上车,下班才下车。工作"比想象中艰苦得多","三班倒"弄得自己生物钟混乱,而且有时候赶不上饭点。

目前,除了一些小毛巾、清凉油等物品,志愿者最好的物质激励恐怕就是奥运微笑圈——分5种颜色,由奥运志愿者佩戴、承诺为奥运服务的塑胶手环。志愿者从事十余天的志愿服务才能得到1个微笑圈,集齐5个微笑圈可以换1个志愿者徽章,集齐5个一套的志愿者徽章才可以换取一个志愿者纪念封。

北大团委书记韩流说:很多同学在志愿者岗位上慢慢领悟到,他们跟奥运产生的唯一关系,可能就是付出,"奥运志愿者的本质还是志愿者"。

首都师大的栗睿老师也曾经被很多这样默默工作的志愿者感动:

"十八九岁的孩子，我觉得这个年龄段是应该保留这种东西的……这种东西，算激情吗？也可能是一种荣誉感吧。"

"和白求恩一样"

奥组委公开资料显示，奥运境外志愿者来自 98 个国家和地区，其中香港志愿者 299 人，澳门志愿者 95 人，台湾志愿者 91 人，外籍志愿者 935 人。

加拿大的志愿者 Philippe Morissette（后简称 Phil）没有住在学校里，他的中国朋友给他介绍了一户人家居住。这家人得知 Phil 是来中国做奥运志愿者后非常开心，称可以免费接待，但 Phil 还是执意每个月付房租 1000 元。

作为麦吉尔大学金融学系的大二学生，2007 年 11 月，他在网上报名申请成为北京奥运志愿者。没有经过什么考试，只有两轮的填表，以及签证等背景资料审查。

美国南卡罗来纳大学新闻学院四年级的学生 SarahScott 则在申请后还经过了本校教授以及奥运会主新闻中心（MPC）的中国官员的两轮面试，才最终成为一名奥运志愿者。加上护照等一系列问题的审查，"这是一个漫长的过程"。

Sarah 说："我还从来没有来过中国，也没有参加过奥运会。作为一个新闻学的学生，有机会同时进行新闻实践和接触高水准的运动，这太难得了。"

在得知自己被录用为奥运志愿者之后，Phil 在加拿大以每小时 20 加元（约 140 元人民币）的价格请了家教，来加强学习中文。

奥运期间，Phil 在奥运主新闻中心（MPC）的服务台工作，每天应对来自世界各地的记者们。

他说有的记者有点儿挑剔或者脾气不好，但总体的工作让他很愉快。他感觉中国的奥运志愿者"非常受人尊敬，是很好的岗位"，甚至有一次他坐出租车，司机得知他来做奥运志愿者都不收他的钱，这让他印象"非常深刻"。

"中国人都很喜欢跟我说白求恩和大山,我告诉他们,我和白求恩一样,都是志愿者。"

人 生 悟 语

奥运志愿者是一个充满爱的群体,他们的爱是怎样炼成的?爱是王子与公主的亲吻;爱是母亲对孩子的抚摩;爱是不尽的流水;爱是不灭的火焰;爱没有终点。爱是别人给我的,也是我给别人的。学会享受爱,更要学会付出爱。爱把世界联结,爱把宇宙改变。 (刘秋波)

可可西里10年,刘宇军由一个自然生态的记录者,逐渐变成一个西部生态的保护者。

刘宇军:可可西里 16年的"死亡"之恋 路 梅

"死人沟"狂追"高原少女"

1991年,刘宇军第一次进藏,是以中央电视台国际部《动物世界》摄影记者的身份进藏拍摄,那次他身临其境地感受到西藏的神秘与美丽。之后,每逢忆起西藏,他就像在思念梦中情人一样,如醉如痴,久久难以释怀。爱好摄影的他非常渴望能再一次走进那片神秘的世界,去拍摄高原上稀有的动物,特别是美丽的藏羚羊。

时隔不久,机会终于来了。世界有蹄类动物权威专家、美国纽约动物学会世界濒危物种研究室主任乔治·夏勒博士提出了一项科学考察项目，那就是探究藏羚羊的繁殖地。得知此消息，刘宇军联系上考察队负责人希望随行，最后获准参加了这支由 11 人组成的考察队，成为唯一的摄影记者。然而，这次再进西藏却是另一番与死神共舞的艰险历程。

藏羚羊是可可西里最优美高贵的"少女"。每年 6 月，在平均海拔 5000 米以上的西藏北部高原无人区，大批藏羚羊就开始神秘迁徙：几乎所有大大小小的母羚羊都成群结队，翻山涉水，历经艰险，到一个遥远的地方，生下腹中的幼崽。两个月后，羊妈妈们又带着成群的孩子返回到在原地等待的公羊群中间。这个神秘的繁殖地究竟在哪里，却是一个困扰了生物界二百多年的世界之谜。

1992 年，科考队驱车向藏北行进到无人区最边缘的地方。这里平均海拔 5000 米以上，空气约含氧量只有平原的 50％，人已很难在这里生存，被称为人类生命的禁区。进去的人很少能活着回来，但科考队仍然继续挺进。

科考队整整寻找了一个月，却没有发现任何藏羚羊的踪影。回程的路极难走，汽车居然一连陷进雪地 12 次。当最后一次陷车时，一直心有不甘的刘宇军登上吉普车的车顶四处眺望。突然，他发现远处有群好像热浪一般的影子在晃动。再一细看，那正是一群正在疾走的藏羚羊！队员们立即驱车追赶。在连续追踪了 20 多天后，又一座海拔 6400 米的大雪山拦住了他们的去路，追踪只好戛然而止了。

刘宇军实在不愿让这群历尽千辛万苦才找到的藏羚羊就这样消失。于是，他和队长顾滨滇教授扛着行李和摄像器材想徒步翻越这座死火山。当晚，两人在这座雪山上紧紧地挨在一起，相互温暖着过夜。

第二天醒来，他们发现雪已把他们全部埋住了。他们全身都被冻僵，只有两只眼睛还能活动。他俩赶快活动身体关节，让体能尽快恢复后，继续北上。当他们走出山沟时，一条从昆仑山上流下来的冰河挡住了去路，河边布满了藏羚羊的足迹。显然，藏羚羊已涉水北上了。但他们徒步是绝对不能趟过河水的。无奈，他俩只能原路返回。

此后，刘宇军每年都要进藏，继续寻找藏羚羊的踪迹，这似乎成了他生命中的一种责任，一种使命。这一找就是 10 年。这期间，他已从内地落户到深圳。

百年谜破解

1992 年 9 月，科考以失败告终。分手前，59 岁的夏勒博士拿出一张手绘的地形图交给刘宇军说，希望你能够坚持下去。刘宇军心想，一个外国科学家尚且如此，我作为一个中国人，解开这个科学之谜当然责无旁贷。他轻声地告诉夏勒：我不会放弃，找不到藏羚羊繁殖地，我死不瞑目。

事实上，也正是夏勒博士的那张手绘图让刘宇军找到了突破口！图下角的一行用英文写的小字引起他的注意："也可能在青海。"这大概是夏勒一次思考的记录，但他本人也许并没有考虑成熟，所以没有特别交代。多年来的失败引起了刘宇军的反思，会不会真的在青海？

1997 年 12 月，刘宇军掉头杀向青海，并与当地的青海省治多县西部工委书记奇卡·扎巴多杰成为好朋友。扎巴多杰说青海可可西里无人区的卓乃湖与藏羚羊的主要栖息地——美马错在纬度、地貌、气候及生态环境方面十分相似，很有可能就是刘宇军要找的地方。于是，他俩相约，来年 7 月藏羚羊繁殖期，到卓乃湖寻找藏羚羊。

1998 年 6 月，刘宇军带着两名助手再次来到青海，由扎巴多杰带路向卓乃湖前进。7 月 9 日，这是他一生都难以忘记的日子。他们驱车正在大雪中行进，突然发现前面有几千只藏羚羊在奔走，而且它们都怀着沉甸甸的大肚子——10 年苦寻的目标已经近在眼前了！

当翻过一个高坡，往下张望的时候，他们简直不敢相信自己的眼睛，山坡下的卓乃湖雪原上，有两千多只母藏羚羊，几乎隔十几米就有一只刚出生的小藏羚羊，它们有的在学着走路，有的已吃饱正呼呼大睡，有的正在和妈妈玩耍，那真是一幅美丽的图画。由于已有许多母藏羚羊产下了宝宝，雪地上到处都是胎盘，母藏羚羊产崽时流出的血及

胎盘上带出来的血水把大片雪地都染红了，"雪白"之中那夺目的"血红"，使得这里显得是那么的壮观而神圣。这就是困扰了生物界二百多年的世界之谜——藏羚羊的繁殖之地。

刘宇军成为第一个用摄像机拍到藏羚羊繁殖地的人。他用10年的艰辛揭开了这一世界之谜。

1999年，他跟随"野牦牛队"进行了解散前的最后一次巡山。60分钟的电视纪录片《我和藏羚羊——冰河从这里流过》由此诞生。接着，刘宇军带着科学家再次对藏羚羊繁殖地做了论证：在远离藏羚羊南方栖息地1000多公里的青海可可西里无人区海拔5000米左右的卓乃湖一带，就是藏羚羊巨大而又天然的"秘密产房"。它们每年6月开始从南方北上，在7月阳光最充足的时候到达目的地，生下小羊，待体力恢复，大概半个月后，这数千只母藏羚羊带着在这里生下来的小藏羚羊便踏上了返回藏北生活、栖息地的归途。在那里，有许多公藏羚羊在等着它们回去。这些母藏羚羊每一只都像经过了一场鏖战，身上的毛都脱落光了，如大难归来一般。成千上万的公藏羚羊排成行，在那里迎接它们的妻儿回归。在雪山上，公藏羚羊那些长角排成的"角阵"，像古战场上万千士兵的枪矛一般，十分壮观。

与死神接吻

世界之谜解开了，但刘宇军遗憾的是他的许多朋友为此付出了生命的代价，有的已永远倒在了那片土地上。1991年，西藏大学的一位教授带着7名武警战士为科考队探路遇到雪崩，5名战士牺牲。2000年4月，在去藏东的科考路上，刘宇军前面的一辆吉普车因路滑，一下掉进了悬崖，车上的4个人全部牺牲，其中包括当地一位县公安局副局长。科考队队长顾滨源教授因长年高原缺氧而半身瘫痪……而他自己又何尝不曾与死神擦肩而过？十多年的进藏，无数次在可可西里无人的生命禁区中苦苦寻找的探险，其艰辛难以用文字言表！

有一次，刘宇军为了从多角度拍摄青藏高原，他在飞机上高空拍

摄，结果一不小心从飞机上掉了下来，摔得头破血流，昏迷不醒！还有一次，他拍摄一只在冰河里玩耍的棕熊而被它追赶，扛着摄像机的刘宇军眼看就要被熊追上，这时，另两位藏族朋友赶紧开车过去，连拉带扯地将他拉上车去，这家伙才没有抓到他。要知道如果给这家伙抓到，它那巨大的力气会把人撕个稀巴烂。

刘宇军指着一幅摄有一具刚被天敌啃咬过的藏羚羊残骸告诉记者，在这里他也差点成了残骸。那次，当刘宇军发现了这具藏羚羊的残骸后，推测可能还会有其他动物来吃。于是，他在附近用砂石堆起一个简单的掩体，上面用雨布罩住摄像机和人，只露出摄像镜头，然后他就静静地在这里等待。结果等来了3只狼。这3只狼不久就发现了这个披着大雨布，举着个摄像机怪模怪样的"动物"，但是它们不能够确定这是不是"食物"，也不敢轻举妄动，只是围了起来，一声接一声地嗥叫，大概是想等"狼多势众"后再动手。刘宇军心里有些害怕，因为他手中只有一把匕首。考察队有规矩，为保护动物起见，队员不许带枪。刘宇军心想，如果真引来一群狼，那他绝对会变成它们的美餐了。于是，他大吼一声，哗啦一下掀开雨布，握着匕首冲着狼就冲了过去。结果，那3只狼竟被吓得连头都不回地逃得无影无踪了。

可可西里10年，刘宇军由一个自然生态的记录者，逐渐变成一个西部生态的保护者。

他说，扼住盗猎者的通道，这是比寻找藏羚羊的繁殖地更难的事情！对于高原上的动物、植物他都非常热爱，即使是曾经伤害他的凶猛动物，他都不会心怀敌意。有一次他和深圳的记者杨振一起在高原上开车，一只野牦牛走到车前，把他们的车掀了个底朝天，让车掉到了沟里，然后得意洋洋地走了。刘宇军说起这头曾经让他陷入困境的野牦牛时，他面带微笑地说："它不该顶我的！"言辞之间，就好像一个长辈在说一个可爱而又调皮的孩子。

出于对栖居着的土地的热爱,他们选择了常人无法想象的艰难生活。在与那些冷酷的"猎杀者"及严酷的自然搏斗面前,我们看清了什么是卑微,什么是高尚。他们拼死保卫的,不仅仅是美丽的生命和生存的家园,他们保卫的,更是一种信念、一种永恒的精神家园。简单而淳朴的爱,表现出的却是一个小人物的大爱。 (刘秋波)

每年春天,她都会收到第一个救助的女孩寄来的干花,已经寄了三年。陈自立说,她最喜欢在花香中与人交谈。生命的答复其实是这个世界上最好、最美的礼物。

陈自立的向日葵宣言：
让生命朝着太阳盛开 ——米深蓝

吃过晚饭,陈自立又坐在了电脑前。这两天,她一直为远在四川的一位名叫"天使寂寞心'的女孩担心。

8点25分,"天使寂寞心"的头像终于亮起来了,陈自立也终于松了口气,这是她救助的第十个人了。今天晚上,这个四川女孩终于放弃了自己的自杀计划。

"天使寂寞心"的第一句话就是,谢谢你,自立姐姐。

自杀是最不负责任的逃避

陈自立是地道的四川人,皮肤非常好。大学时,电子工程专业里,她这样漂亮的女孩很少,因此,她身边多了很多追求者。

陈自立大三那年，一名高她两届的老乡实习结束，面临毕业，突然间把她约出来表白。陈自立吓了一跳，她委婉地拒绝了。

没想到，第二天就传来了男孩自杀的消息。虽然后来他被抢救过来，但是这件事在学校里造成了很不好的影响，校方差点儿就对她做出劝退的决定。

陈自立后来才了解到，那个男生因为找工作失利受打击太大，本来想从她这里得到一些爱情上的补偿，但没想到又是一个打击，一时想不开，就选择了自杀。

2004年陈自立大学毕业后，在北京一家电子进出口公司上班。有个女同事刚刚生完孩子，得了产后抑郁症，心情极为不好。恰恰在这个时候，她负责的一笔单子出了问题，老板大发雷霆，会议上狠狠地批评了她。

当时女同事低着头，一句话也没说。谁知第二天一上班，陈自立就得知，那个女同事自杀了。

那天晚上，陈自立翻来覆去，想的就是这件事。每个人只有一次生活在人世间的机会，可为什么有那么多人毫不留恋这个美好的世界，非要离去呢？

她烦躁至极，就起床上网。无意间在网上发现了许多表达要自杀的帖子，发现这个世界上竟然有那么多不快乐的人。有个网友说，不活了，明天就去自杀。她马上在下面跟帖，生活多美好，明天，你站在窗前看一遍日出，再考虑你的决定吧。

第二天，还是不放心，打开了记下来的那个地址。没想到帖子的主人在后面回了话，他说，心情真的好多了，感谢你，你知道吗？我从来没注意过这些事物，我原本要在今天去买安眠药的。

陈自立突然就涌起了一个念头，为什么不利用业余时间帮助这些悲观的人呢？

向日葵宣言

2005年11月5日，陈自立已经是第五次被自杀论坛封ID了，最后一个被封的 ID 是"向日葵宣言"。那个阴郁得有些吓人的论坛，里面几乎全是想要自杀的人，一个个发泄着自己的不满。陈自立仿佛看到那些 ID 后面沮丧而忧郁的脸孔。

但没想到，这些人也会愤怒。就在陈自立发了一个帖子，赞美生命美好之后，辱骂之词铺天盖地。说得轻些的，说她是站着说话不腰疼，说的重些的干脆就直接开骂，一些十分难听的话跟在她的帖子之后。

陈自立更没有想到的是，当她试图再次登录时，她的 ID 被版主封掉了。

但是陈自立心想：万事大不过一个命字，自己能救别人的生命，又何妨再试一次呢？于是，她注册了另外一个 ID 重新进入，在那些绝望者的帖子后面跟帖，但没想到，不久又被封掉。

注册最后一个 ID"向日葵宣言"时，陈自立聪明了，她不再跟在别人后面发帖子，而是使用了站内短信的方式；也不再是先从宣扬生命的美好入手，而是从倾听、理解的角度出发，来劝解那些绝望的人。

2006 年 4 月，陈自立终于成功地说服了论坛上第一个想要自杀的人。那是个被男友抛弃的女孩子，分手之后突然发现怀了男友的孩子，而且因此丢掉了工作。绝望之际，她跑到这个论坛上，在一个讨论自杀方式的帖子里跟帖，说自己的生命其实只剩下了短短的三天时间。

陈自立给她发站内短信，一开始，女孩并不接受。陈自立就骗她，说自己与她有着同样的遭遇，于是女孩加了她的 QQ。整整有一个星期的时间，陈自立上线就和她聊，聊生活，聊生命，聊感情。女孩似乎敏感地察觉到了什么，她问陈自立，你是不是我的熟人？

陈自立回答她，不是，但我是一个尊重生命的人。

女孩沉默了。陈自立又给她发过去一些励志故事，女孩始终没说话。最后，才匆匆回了一句，如果你真是陌生人，我真的很感激你。陈自立要了女孩的电话号码，用座机给女孩打了个电话来证实自己确实是陌生人。

女孩终于被陈自立感动，她说，我没想到，一个陌生人都会如此尊重我的生命，我真的没有理由不尊重自己的生命。而后女孩在那家自杀论坛上发布了自己心灵转变的过程，其中提到了陈自立的 ID。没想到，第二天，这个 ID 就被版主封掉了。

陈自立愤怒了，她找到了那家网站的电话。电话接通后，她有些歇斯底里地怒吼，你们都是些什么人？还有没有一点儿良知，看着那么多无辜的生命在你们眼皮下面讨论如何离开人世，你们不觉得惭愧吗？

陈自立吼完了，电话那边静默了很久，一个好听的男声终于传来：小姐，你想不想听一听我的故事？

原来，那个男人正是一手策划这个论坛的人。他是个自闭症患者，每天就躲在家里编程做网站，没有朋友，没有爱人，没有感情。他被人骗过，所以不相信人；他绝望过，所以也不相信生命。

陈自立听着他的故事，突然就沉默了，怒火竟然转为了怜惜。她在QQ 上加了这个陌生男人为好友，开始认真地听他讲自己的故事。

这一次，陈自立整整花了三个月的时间，才说服了这个男人，他关掉论坛，并在显要位置挂上了尊重生命的 Flash，而且是他自己做的。一个月后，他打电话给陈自立，兴奋地说自己找到了一份工作，原来走出去，第一步真的十分重要。

每天最重要的两小时

自从陈自立升任了外贸部的经理助理之后，时间仿佛一下子少了很多，而且工作压力很大。但是她每天依然要抽出时间来，在网上搜寻那些有自杀倾向的人，发现了，就尝试着以各种方法劝慰。这已经是2007 年的春天了，她每次打开电脑，都疲惫不堪。她在自己电脑桌面上写了一行字，陈自立，你的两小时，可能是某个人的一辈子。

也有很不愉快的事情。比如，她把自己的电话留给了一些自杀者，没想到那些人却打电话过来骂她，说她吃饱了撑的，说她根本就是没事找事，有的甚至说她行尸走肉。这一切，陈自立都忍了，但最令她不能忍受的是，对于她做的事，男朋友竟然也不理解。

他说，诗人不是想自杀吗？他们死得很美，自杀远没有你想象的那么可怕和恐怖，甚至是一种超脱。

就因为这一句话，2007 年夏天，在麦当劳餐厅里，男友被陈自立泼了一脸的可乐。那杯可乐，也彻底断送了两年来的所有感情。男友怒气冲冲地离去，回头狠狠地骂了陈自立一句：神经病。

陈自立当众大哭。

她回去后，就把自己的经历简单地写了下来，最后，是很强烈的三个问句：我这样尊重别人的生命错了吗？我为一个生命留在这个世上想尽办法神经吗？我为了别人不再悲伤做了很多事，是傻瓜吗？

她把这篇文章，发在了人气很旺的猫扑网上。

第二天，一早上网，昨天那个帖子下面，有很多网友的回帖，感激、信任、友好、声援、爱和光荣一时间充满了整个页面。一个女孩甚至这样写：我突然哭了，为一个如此尊重生命的陌生人，为一个最值得这个世界欣慰的人喜极而泣。

陈自立也哭了，大家的心情都是一样的。她决心依旧保持自己的每天两个小时的上网时间，不管别人怎么看。失恋的伤痛，她很快就解脱了出来。她想，既然自己是帮助别人走出伤痛，那么有什么理由任由自己处在悲伤之中？

生命的答复

截止到 2008 年 4 月，陈自立总共在网上挽救了 11 名自杀者。把每一个决定自杀的人从死亡的边缘拉回来，恐怕只有她自己知道是一件多么困难的事。她的电脑 D 盘里有 21 个文件夹，这些文件夹分门别类存放着 500 多个文件，其中励志类的小故事 100 多个，图片 50 多张，搞笑、幽默的段子 200 多个，还有心理辅导教材几十套……

这些是她工作之余的财富，也是她救人的工具。她说，很多道理其实归结起来，都会回到最朴素的原点，生命诚可贵。

每年春天，她都会收到第一个救助的女孩寄来的干花，已经寄了三年。陈自立说，她最喜欢在花香中与人交谈。她有时也会告诉别人，生命的答复其实是这个世界上最好、最美的礼物。

人生悟语

　　记得鲁迅先生说过这么一句话："因为我要过活。你懂吗？这也是生活呀。我要看来看去的看一下。"是的，我要过活！我看到的东西太少，而我没有看到的东西还很多！就算我的未来比希腊悲剧还要悲剧，我还是要过活，而且要认认真真地过活！　　（刘秋波）

　　顾长卫在纸上画了一座房子，动情地说："我们四个人就是这房子的四根柱子，一个也不能缺！少一根柱子，这房子就会倒。"

养母蒋雯丽：
命中注定我爱你　学　军

给孤女一个家，母亲慈爱的心分成两半

　　2006年3月，蒋雯丽拍摄完电视剧《玉卿嫂》后，与韩红、孙悦、郭峰等明星到北京一家孤儿院看望孤儿。当蒋雯丽把带来的小礼品分发给一个叫小凡的女孩时，她怯生生地看着蒋雯丽，突然冒出一句："我能叫您妈妈吗？"蒋雯丽愣了片刻，微笑着点点头。小凡清脆地甜甜地叫了声"妈妈"，蒋雯丽怜爱地将孩子搂入怀里。

　　小凡扎着可爱的"朝天撅"，面容清秀，一双眸子清澈见底。孤儿院的员工告诉蒋雯丽，小凡出生不久父母就不幸去世了。这些年，每当有陌生女人来这里，她就跑上去叫"妈妈"，见到陌生男人就叫"爸爸"。听说了小凡的悲惨身世，蒋雯丽心里满是酸涩和痛楚。

回到家,小凡那双落寞幽怨的眼睛一直在蒋雯丽脑海里挥之不去。几个小时的相处,小凡已成了她放不下的牵挂。晚饭后,蒋雯丽伤感地把小凡的情况告诉丈夫,并说自己想收养小凡。顾长卫非常支持她的想法,说:"太好了,这样我们就儿女双全了!"4岁多的儿子和和得知家里要来一个妹妹,拍着手跳着说:"以后天天有人和我玩喽!"大小两个男人支持,蒋雯丽泪眼婆娑。

半个月后,征得孤儿院同意,蒋雯丽和顾长卫办理了收养手续,将小凡接回家。和和兴奋极了,把自己心爱的玩具搬进妹妹房间,蹦蹦跳跳地跟着妈妈给小凡整理床铺,欢声笑语满屋飘荡,蒋雯丽心头涌满欣慰和幸福。

自打把小凡接回家,蒋雯丽就把慈爱的心分成两半,一半给儿子,一半给小凡。想到小凡从记事起就没有享受过母爱,吃饭时,蒋雯丽总是先给小凡夹菜,然后才给儿子夹;家里买了好吃的,她也要给小凡多分一些;有时俩孩子争抢电视遥控器,蒋雯丽总是让儿子把遥控器交给小凡……

孩子的心细腻而敏感,和和开始不满了。在他单纯的意识里,是小凡夺去了他的爸爸妈妈,他开始疏远小凡。蒋雯丽发现了儿子排斥小凡的迹象,但并没有放在心上,她想,两个孩子天天在一起,闹点别扭在所难免。

5月的一天晚上,小凡回房间睡觉,突然吓得大声尖叫。蒋雯丽慌忙赶过去,原来被子里藏着两条毛毛虫。蒋雯丽百思不得其解,一回头看见儿子得意的笑脸,顿时明白了七八分。她问儿子:"你为什么要欺负妹妹?"和和嘟着嘴说:"妈妈,我不喜欢小凡,您把她送回孤儿院吧。"儿子的话太出乎意料了,蒋雯丽陌生地看着儿子,一时不知说什么好……

爱心消除狭隘,明星妈妈再接养女回家

蒋雯丽冷静地想了想,把儿子叫到自己房间,跟他说小凡的身世:

"小凡出生不久就成了孤儿，因为营养不良身体差，害了肺炎，还差点没命……你呢，我和你爸爸把全部的爱倾注在你身上，跟小凡相比，你多么幸运！正因为这样，妈妈才多给小凡一点爱，你为什么不明白呢？"顾和和听着低下了头。

母子俩的对话，被门外的小凡听得一清二楚，她推开虚掩的门，摇着蒋雯丽的手说："妈妈，您别批评哥哥了！"说完，小凡看着和和的眼睛央求："哥哥，别让妈妈送我走好吗？我以后不惹你生气了。"和和幼小的心灵被感动了，真诚地说："以后我再也不欺负你了，更不会让妈妈送你走！"心里的疙瘩解开了，和和也开始像父母一样爱护妹妹，处处显示了小男子汉的风度。

12月8日，蒋雯丽和丈夫闹别扭，顾长卫摔门而去，蒋雯丽坐在沙发上啜泣。小凡走过来紧挨着她，小心翼翼地问："妈妈，您为什么总和爸爸吵架？"蒋雯丽怎能告诉小凡吵架的原因？她呵斥道："大人的事，你少添乱！"小凡躲回自己房间委屈地流泪。

次日是星期六，和和跟小伙伴去外面玩了。蒋雯丽买菜回家，发现自己的化妆品被凌乱地扔在梳妆台上，小凡正在照镜子，把脸抹得雪白，嘴唇和指甲上涂得通红。蒋雯丽气不打一处来，大声说："你这孩子太不像话了，你还嫌妈妈不够烦吗！"小凡从没见过妈妈发这么大火，吓得哭了。

下午，蒋雯丽正在美术馆看画展，突然接到孤儿院的电话，对方语气里满是埋怨："小凡怎么自己跑回来了？你们不想收养她，应该亲自把她送回来呀！"蒋雯丽心里一惊，这才意识到，自己这段时间确实冷落了小凡。小凡比同龄孩子脆弱敏感，肯定以为妈妈不爱她了，才有这样的举动。蒋雯丽马上赶到孤儿院。

见小凡脸上满是泪水，蒋雯丽将她紧紧搂在怀里。小凡抽噎着说："妈妈，这里经常有一些小朋友被收养一两年就被送回来。你们是不是讨厌我，要把我送回孤儿院？"蒋雯丽的心如利刃划过般疼痛，她说："你是我们的好女儿，我们爱你还来不及，怎么舍得把你送回来？小凡，对不起，爸爸妈妈没有照顾好你，让你受委屈了。妈妈保证以后再也不

和爸爸吵架了。"

　　蒋雯丽将小凡带回家，把小凡离家出走的前因后果原原本本地告诉顾长卫。顾长卫内心震撼了，家庭不和睦，对每个家庭成员都是致命的伤害，小凡尤其承受着更大的心理压力。顾长卫在纸上画了一座房子，动情地说："我们四个人就是这房子的四根柱子，一个也不能缺！少一根柱子，这房子就会倒。'小凡仰着小脸问："爸爸，您愿意永远和我在一起吗？"顾长卫抚摸着小凡的脑袋，语气里满是慈爱："当然愿意！孩子，从你走进我们家那天起，我们就紧紧联系在一起了。"

　　小凡离家出走一事让夫妻俩尽释前嫌。

让爱永驻我家，"影后"最精彩的角色是养母

　　2007 年 4 月，由顾长卫执导、蒋雯丽主演的电影《立春》，回到北京郊区怀柔影视基地拍摄。近两个月没见到小凡，蒋雯丽格外想念她。回北京那天恰逢周末，夫妻俩把小凡接到剧组团聚。在《立春》里，蒋雯丽饰演女主角王彩玲：身材臃肿，满脸脓疱，嘴里还有一颗骇人的龅牙。看见妈妈这副丑模丑样，小凡哭了。蒋雯丽安慰她："孩子，妈妈是化装才变丑的，卸了妆妈妈还是原样。"小凡抽噎着说："我也知道是化装，可就是难受。妈妈，等您老了，我天天守在您身边照顾您。"蒋雯丽还没入戏，就被小凡感动得流下泪来。

　　因为角色需要，蒋雯丽整整增肥 15 公斤。一个月后，影片顺利杀青。

再过几个月，蒋雯丽又要在另一部戏里饰演女主角。根据剧情，这次蒋雯丽得减肥，为此，她每天只能吃定量的水果和蔬菜，常常饿得头昏眼花。那段时间，蒋雯丽看见食物就想扑上去饱吃一顿。懂事的小凡与和和怕勾起妈妈的食欲，从不当着妈妈面吃巧克力等美食。

顾长卫有时外出，就让两个孩子监督妈妈。两个孩子整天跟在妈妈后面，妈妈走到哪里，他俩就跟到哪里。一天，蒋雯丽看见冰箱里的奶油面包，伸手就要拿出来吃，小凡大声制止："妈妈，您平时教我们要有恒心，您自己为什么做不到？"蒋雯丽只好把面包又放回去。

这年10月底，在第二届罗马国际电影节上，蒋雯丽凭借影片《立春》里的精彩表演成功封后。当蒋雯丽在电话里把喜讯告诉两个孩子时，和和兴奋地说："妈妈，我和妹妹要送给你一件神秘的礼物。"儿子的话吊起了蒋雯丽的胃口。

10月29日，蒋雯丽和顾长卫风尘仆仆地回到北京。当他们走进家门时，和和一脸诡秘地把一个大纸箱推到他们面前。蒋雯丽问儿子："小凡呢？"话音未落，小凡突然从大纸箱里钻出来，手里挥舞着一面小旗，上面歪歪扭扭地写着："热烈祝贺爸爸妈妈获奖归来！"一双儿女调皮的举动，让蒋雯丽夫妇乐不可支。

2008年3月9日，小凡从电视里得知，河南一个11岁的白血病男孩正在北京一家医院接受治疗，因为没有筹足骨髓移植的手术费，随时面临死亡的威胁。小凡红着眼眶说："妈妈，我想去医院，把压岁钱捐给他。"蒋雯丽非常支持女儿的想法，她和小凡凑了一笔钱，当天下午，母女俩来到医院，将这笔钱交给了白血病男孩的父母。

从医院出来，小凡牵着妈妈的手，行走在北京3月的春光里。小凡仰起小脸，由衷地说："妈妈，我要谢谢您和爸爸，让我有个温暖的家！"蒋雯丽真诚地说道："孩子，我们还要感谢你呢！是你丰富了我们的人生，让我们觉得生活更有意义！"和煦的春风吻着蒋雯丽和小凡的脸，幸福与甜蜜在母女俩心头激荡……

在这个社会旦，感动我们的不是一个人拥有金钱的多少，也不是他头上的光环有多炫目和耀眼。真正拨动我们心弦的，是这个人爱的付出和实践。让爱常驻我们心间吧，心中有爱，温暖了别人，也丰富了我们的人生。

（刘秋波）

回首当年，魏宏远一脸平静："这段风雨打拼的日子，是我生命中宝贵的财富，它教会了我历练和奋斗、豁达和随和。"

复旦残疾博士魏宏远：
知识使我获得了尊严

老 槐

在复旦大学这所百年学府，博士生魏宏远尽情呼吸着自由的学术空气。谁能想到，这位身材矮小、双腿残疾的青年，曾经经历过那么多坎坷和不幸……

童 年

1975 年，魏宏远出生在为蒙古呼伦贝尔大草原的一个偏僻、荒凉的小村庄。那里自然环境恶劣，最冷时气温接近零下 40 度。当地很多人患有大骨节病，骨关节变形，肌肉萎缩，行走困难，疼痛难忍。

5 岁那年，母亲病逝，父亲用了十多年才还清了为母亲看病所借的外债。由于子女太多，父亲照顾不过来，魏宏远被寄养到河南舞阳的一个远房亲戚家。亲戚家已有 3 个孩子，家境不好，每天最多吃两顿饭。

宏远常常挨饿,天不亮就要到集市上拾菜叶,还要捡柴、割草、放羊、喂兔子。

"我的童年就像契诃夫笔下的凡卡,当时最大的愿望就是能吃一顿饱饭。"魏宏远说。

魏宏远蓬头垢面,身上生满虱子,冬天手脚冻得流脓,身上满是大片的疤痕。由于严重营养不良,魏宏远身材矮小,成年后身高不足1.5米,而且膝关节外翻,两腿畸形,走路不协调。丧亲、贫困、病痛、残疾和饥饿,人生的种种不幸,他都遇到了。

1990年,魏宏远参加中考,考分远远高出省重点高中录取线。他欣喜异常,可是体检后,却没有一所学校愿意接收他。

在好心人指点下,魏宏远叩开了县教育局局长办公室的门。他要诉说满腹的委屈,因为紧张,甚至有点儿语无伦次。"我想上学",局长总算听懂了他的话。

拿着局长写的推荐信,魏宏远找到一所普通高中。校长同意接收,但只能是"高价插班生"。带着重新走进校园的喜悦和兴奋,他开始埋头苦读。

高考转眼就来了,3年前痛彻心扉的一幕再次上演:魏宏远的考分远远超过了报考院校的录取线,却由于身体残疾再次失去了读书机会。

为了生存,也为了改变家庭的贫困,18岁的魏宏远试着在街头摆起了地摊。每天清晨,在舞阳县城一条简陋的小街道上,都能看到矮小残疾的魏宏远吃力地架着推车,推车上装着满满的蔬菜。卖菜生意不好时,他又卖烧饼、馒头。勤劳和机灵为他招揽了不少生意,每个月净赚近400元,这些钱不仅能支付家里的所有生活开销,还略有剩余。

摆地摊竞争激烈,摊贩之间常常发生摩擦和冲突,几乎每天都有人吵架甚至打架。魏宏远小心翼翼地躲避着,不知受过多少人的呵斥和驱赶。一次,仅仅因为自己的小推车"侵占"了另外一个摊主的地盘,他的小推车就被掀翻了,蔬菜撒了一地。魏宏远泪流满面,埋头默默捡拾

起散落的蔬菜。还有一次，几个地痞来到摊位前，吃了烧饼不给钱，还嘲弄他，说他的形象不适合做生意……

我 的 大 学

风雨如晦的日子里，魏宏远没有自暴自弃，而是在积极寻求新的机会。他尝试过维修家电、种植蘑菇等很多活计，却因为缺乏资金、不懂技术，都无功而返。

"街头摆摊的艰辛对我来说并不可怕，可那份歧视的屈辱以及尊严的缺失却使我难以忍受。"生性好强的魏宏远说。一辈子做街头小贩，魏宏远不甘心，可是前行的路又在哪里呢？他一直没有忘记一件事情，那就是读书。尽管此时梦想已很遥远，但他还是满怀热情地憧憬着，他相信知识可以改变命运。

1996 年暑假的一天，魏宏远遇到了河南临颍县第一高中的谌素娥老师。谌老师是全国特级教师，不仅课讲得好，更是个热心肠。看着他孤独无助、因委屈而泛着点点泪光的表情，一种怜悯之情和强烈的责任感顿时涌上心头，谌老师果断地告诉他："跟我学一年吧，我一定把你送进大学。"

"谌老师，我这样，还能上学吗，会有大学录取我吗？"魏宏远疑虑重重。

"孩子，不读书一点儿可能都没有，只有读书了，才有可能！"谌老师目光坚毅。事实上，谌老师太了解这个孩子了，学习成绩优秀，非常乐观、自尊、自强。尽管身体有残疾，但只要有集体活动，他都主动参加，看不出一点儿自暴自弃。

"在成长的道路中，对我伤害最大的不是歧视和嘲笑，而是内心的绝望；对我影响最深的不是家庭的贫困和身体的缺陷，而是无路可走的恐惧。"魏宏远说。

在谌老师的帮助下，魏宏远重新回到课堂。他倍加珍惜读书的机会，每天都像是在拼命，晚上回到宿舍还打着手电继续看书。一年的勤奋换来高考骄人的成绩,魏宏远被兰州大学录取了。在河南省当年报考兰州大学的所有考生中,他的总分名列第二。

选择兰州大学,是因为这所西部名校学费低。然而,为了第一年的学费,家里还是卖掉了所有最值钱的东西:一头大猪、六头小猪和一头小牛犊,也少不了又四处举债。只身赶赴兰州的火车上,魏宏远知道自己"榨干"了贫困的家,心里沉甸甸的。

交完第一年全部费用,魏宏远的口袋里只剩下了几十块钱,但是与上大学的喜悦相比,这点儿困难根本算不上什么。他有摆地摊的阅历和经验,坚信任何一个地方都可以谋生,都可以发挥自己的能力。

学费贷款,生活费自赚;五天上课,周末两天兼职,魏宏远四年就是这样度过的。大学生活丰富而又劳碌,却一点儿不寒酸。他要在保证学业的前提下,争取赚更多的钱安排好学习和生活。做家教、发传单、卖彩票、发放调查问卷、做新闻通讯员……他做过的兼职,十个指头都数不过来。

很多人被魏宏远的精神所感动,设法给他帮助。他说:"别人帮助你是因为你值得帮助,我得到别人的关怀,也会同样去关怀别人。一个大写的人,必须有一颗感恩的心!"

大学毕业,魏宏远回到了母校临颍县第一高中,做了一名语文教师。在教室里,他依然是身材最矮小的人,却是学识最渊博的人,而他特殊的经历更像是一本教材,学生们从他身上感受到了一种力量。他讲课幽默风趣,班级成绩遥遥领先。夜晚,他的房间灯熄得最晚;他常常手不释卷,几乎忘记了所有的节假日。

在学术的殿堂里

担任高中教师三年期间,魏宏远组建了自己的家庭。妻子善良本分,他感受着生活的阳光和温暖,也听到了内心的呼唤:他想汲取更多知识,领略更美的风景。

完成上海大学硕士研究生课程后,魏宏远将目光投向了在海内

外享有崇高声誉的百年名校——复旦大学。他要报考复旦大学的博士。

面试那天，魏宏远残疾的身体还是让现场的专家们吃了一惊。导师提出很多难度颇大的专业问题，魏宏远侃侃而谈、对答如流。接着，导师又问他报考博士的目的，魏宏远稍稍愣了一下，仿佛一下回到了当初求学无门的岁月，他含泪回忆自己的经历，最后回答说："知识改变了我的命运，知识使我获得尊严，知识也给我带来无限的快乐！我这一生注定将与知识为伴。"

魏宏远被录取了，他很快又投入到繁重的学术研究中。不久，一篇篇视角独特的论文公开发表，他尽情享受着知识的芬芳和乐趣。导师也对这位经历坎坷、勤勉努力的弟子青睐有加，称赞他"献身学术的志向坚定，而且无浮躁之气，知识结构的自我完善能力与研究能力皆相当突出，必将成为一名有良好发展前景的学者"。

2008 年年初，魏宏远获得了复旦大学最高奖学金——笹川良一奖学金。根据规则，学校首先要对全校一等奖学金获得者按照一定比例重新遴选，然后再经过答辩，由专家组现场评出前 15 名获奖者。在精英云集、竞争激烈的评选现场，魏宏远的答辩引起许多人的注目，赢得专家们的一致好评，赢得总分第三名。兰州大学也盛情邀请他毕业后回母校任教。

从地摊小贩到复旦大学的优秀博士生，魏宏远的生活轨迹在变，生活方式却没变。他一直坚持边求学边打工，让自己高负荷运转。如今，他依然靠兼职收入养活家庭，担负起为人夫、为人父的责任。

回首当年，魏宏远一脸平静："这段风雨打拼的日子，是我生命中宝贵的财富，它教会了我历练和奋斗、豁达和随和。"而提及这么多年来给予自己帮助的人，他却难以抑制心头的感激和感动："我没有完好的躯体和富有的家庭，是不幸的。可是遇到了临颍一高的谌素娥老师，以及兰州大学、上海大学、复旦大学一些如父母、兄长般待我的恩师，我又是幸运的。是他们用爱心为我铺就一条通向成功的道路……"

人生悟语

当代有一位杰出的作家，名字叫做史铁生，他的身体是残缺的，然而他却用最饱含深情的墨汁，写出了最为健全而深刻的思想。他体验到的是生命的苦难，表达出的却是生命的阳光。他用睿智的语言，给了我们健全人以活着的希望。应该惭愧的，是我们。

（刘秋波）

不同的提问，不同的角度，结果迥然不同。例如，同样一个问题——"为什么我这么穷"，如果改成"我怎么才能变得富裕起来"，结果就会大不一样。

滕有玺：挣脱贫穷的梦魇 沙 楚

滕有玺出生在江苏阜宁县农村，家中兄弟姐妹七人，他是最小的一个。从记事起，贫穷就在他的生命中烙下了深深印记。由于穷，山芋管饱曾经是他幼年时最大的梦想；由于穷，点不起油灯，他没上过一次晚自习；由于穷，他总是穿哥哥们的旧棉鞋，破旧且不保暖……

与大多数农村孩子一样，读书高考跳出"农门"是滕有玺改变命运的唯一希望。为了读得起书，同龄人玩耍时，滕有玺拿起了镰刀，跟着大人上苇滩割芦苇。

寒冬腊月，苇滩里的水结冰了，脚踩上去，薄冰裂开，脚浸在冰水里钻心刺骨。割芦苇是体力活，出汗多，北风一吹汗水又成了冰屑。汗不停地出，热汗又融化了冰屑；融化了的冰屑又与刚流出的汗水混在一起，被刺骨北风又吹成了冰屑。一次次水成冰、冰成水、水又成冰。一天下来，里外衣服全湿透了，结成了冰，仿佛套了一件厚重的盔甲。就这样每天起早摸黑，整整一个寒假，才能勉强凑足一年的学杂费。

"贫穷就像梦魇一样缠绕着我，学习中那些带'穷'的字句，像一把把无形的刀割着我的心，就连常见的'穷乡僻壤'、'穷山恶水'、'穷困潦倒'、'穷途末路'等成语，也让我毛骨悚然。唯有'穷则思变'给我鼓舞，给我力量！就这样，我把所有希望都寄托在'高考'这根救命稻草上。"

北大、清华是滕有玺的目标，贫困却令他与梦想失之交臂。"父亲当时 70 多岁，干不动活了，我是靠哥哥姐姐资助才完成学业的，不能再增加他们的负担了，"他说。师范学院学杂费全免，还有生活补贴，滕有玺最终选择了扬州师范学院化学系。

进了大学之后，贫穷的梦魇依然未能摆脱，甚至因此差点错过了读研的机会。"复习考研时，由于营养不良和连续熬夜，我受凉感冒了。为了省钱，我没有去医院，自己找了几颗药，以为可以扛过去。谁知病情加重，转成了肺炎，不得不住进医院。"住院半个月，滕有玺落下了政治复习。结果，总分远远超出录取线，政治成绩却差了 3 分。

如果没有陈文建老师极力推荐，如果不是苏州大学曹阳教授爱才心切，争取到一个特批名额，滕有玺或许就永远被挡在苏州大学门外了。

寻找"脱穷"的秘诀

1997 年研究生毕业后，滕有玺进入苏州固锝电子股份有限公司。当时，这只是一家 300 人的校办企业，却有着成为"世界二极体行业第一"的雄心。

"进公司后，他从一名普通技术员做起，从部门助理、部门经理、部长一步步走来，直到成为主管生产的厂长、公司的副总经理和监事会主席。这么多年，无论在哪个岗位，他都力争第一，做到最好。"苏州固锝电子股份有限公司董事长吴念博如此评价他。

285

滕有玺的第一个目标是做好一名技术员。别人练习一遍,他练习三遍;别人白天学,他白天、晚上都学;别人按照老师讲的做,他还要问为什么。

为了做到"第一名",滕有玺四处向大师学习:到南京参加陈安之举办的总裁班,兼修营销;赴新加坡听安东尼·罗宾的"释放心中的巨能"课程;前往深圳参加杰·亚伯拉罕的"亿万美元周末营销研习会";到上海听汤姆·霍普金斯讲"如何当亿万富豪"……即便是刚结婚、收入不是很高的时候,他也要借钱外出听课。

不仅如此,滕有玺更舍得花钱投资自己的"大脑"——买书。"参加工作后,我搬了三次家:第一次搬家时,家具装了一板车,书却装了一卡车;第二次搬家时,书装了两卡车;时隔不久第三次买房搬家,书已经要装两卡车半了。"他说,"这些书绝不是买来摆样子的,每一本我都认真读过,每一次阅读都有自己的收获。"

终于有一天,他忽然发现自己已经摆脱了贫穷,过上了很多人梦想的生活:拥有自己的事业、别墅、车、一家上市公司的股份……这一年,滕有玺 38 岁。

"在我个人的经历中,刚开始一直通过各种方法、路径去寻找'特别的高招',但屡屡碰壁。直到有一天,我才恍然大悟,其实'脱穷'的秘诀非常简单。"回顾自己的奋斗历程,滕有玺总结出"脱穷"的秘诀是掌握六大要素:不断积累的知识,解决实际问题的能力,决定发展高度的素质,面对问题的悟性,持之以恒的实践和要做就做到最好的信念。

成功"脱穷"之后,滕有玺决心写一本书,把自己成长的历程、感悟、个人改变的方法及实践结果整理出来,帮助更多的人走向富裕。

问对问题太重要

穷人与富人最大的差别是什么?是资金、人脉、学识,抑或是各种因素的综合……滕有玺的答案是"不同的思维方式和思维习惯"。在他看来,只要在每件事上都"问对问题",即便没有高学历、好背景、好爸爸、

好专业、好工作，人人也都可以成功。

不同的提问，不同的角度，结果迥然不同。例如，同一个问题——"为什么我这么穷"，如果改成"我怎么才能变得富裕起来"，结果就会大不一样。

好的提问，好的回答，会把人带向好的方向。譬如，你希望自己多学些知识，就会问自己："我要如何善用这个机会，来让自己的未来变得更好呢？"这样一问，你很快就会振奋起来。当你为某件事难过时，不妨这么问自己："10年后，这件事情还这么重要吗？"这样一问，心情就能很快改变。与别人相处不愉快时，你可以这样自问："还有没有办法可以影响这个人，我要怎么做才好呢？"这么一想，很快就能找到双方的差异，进而化解这种差异，找到对话的方法。

对自己提出一个问题，大脑都会准备一个答案。问答之间，就会找到你想要的解决方法。在前行的路上，滕有玺问了自己很多问题：

确定人生目标时，他问自己："如何成为世界第一？"

寻找工作时，他问自己："如何快速在将要从事的行业中实现我的价值？"

失败时，他问自己："发生这件事，对我有什么好处？"

取得成绩时，他问自己："还有哪些可以改善，让我做得更好？"

训练推销能力时，他问自己："我要给予什么？我要给人带来什么好处？提供什么有价值的东西？"

选择终身伴侣时，他问自己："如何给她一生幸福？"

寻找朋友时，他问自己："与他在一起，我们是否快乐而有进步？"

研究世界第一名时，他问自己："什么导致了我和他们的差距，如何复制他们的模式？"

思考"脱穷"时，他问自己："我要如何帮助和我曾经一样的穷人，以最小的投入来帮助他们快速'脱穷'？"

……

这就是滕有玺的思考习惯。他说，每次问这些问题，都能让自己成长、进步。如果每次问的是另外的问题，而且方向是错误的，肯定无法

287

取得今天的成绩。问错了问题，对人生也好，事业也罢，得到的答案必然不正确，就会事倍功半，甚至一无所获。

人 生 悟 语

　　成功是每一个人的梦想，而如何走向成功，人们却有着不同的回答。但是，无论走向成功的路多么的不同，总有一些东西是不变的：动力，成功需要一种不竭的动力，哪怕再苦它都能推动你前进；勤奋，动力是终极因素，而勤奋就是这一终极因素的外化；反思，人生需要不断的反思，只有反思才能不断发现问题，而只有发现问题，才能及时给自己创造解决问题的机会。　　(刘秋波)

　　李晓峰更愿意称自己为运动员，他是正式签约的职业运动员，成为世界上最好的运动员是他的梦想，为国争光是他的梦想。这决不是游戏人生！

魔兽争霸世界冠军李晓峰：
游戏之王的非常人生　钟 钟

　　李晓峰，2005 年和 2006 年的 WCG(世界电子竞技大赛)世界总决赛魔兽争霸项目冠军。这个略带腼腆的邻家大男孩，说得更多的不是辉煌战绩，而是踩着荆棘一路走来洒下的汗与泪。虽然只有 23 岁，他却用老人般的沧桑口吻说："职业玩家的路不好走，我不希望年轻人走这条路。"

读书郎的灰色天空

　　1985 年，李晓峰出生于河南汝州市一个平民家庭。母亲从酒厂下

岗了，父亲是汝州市第一人民医院的普通医生，不高的收入要养活包括祖父母和弟妹在内的 7 口人。巨大的压力让父亲脾气暴躁，喜欢玩游戏的李晓峰成了他的发泄对象。

少年李晓峰跟同龄孩子一样喜欢玩魂斗罗、超级玛丽和沙罗曼蛇。初中时，他的表弟向他介绍了游戏史上的经典星际争霸，从此他沉迷流连，义无反顾地踏上了竞争残酷的电子竞技之旅。

痴迷游戏让望子成龙的父亲失望透了，于是父亲对他采用棍棒教育。为此他多次离家出走，小小的少年在小小的县城里无目的地乱转。

李晓峰没考上最好的高中，父亲通过熟人让他去洛阳的一个大专学医，省下读高中的三年时间，提早替父亲分担养家责任。虽然不喜欢当医生，他还是无奈地去了，作为家中长子，他理解父亲生活不易。到了学校后，一个初中生怎么也跟不上大学里的英语课程，老师是用纯英文讲课的。一次英语老师让他回答问题，他尴尬地左顾右盼，内心充满了恐惧。

那时候他经常玩游戏，参加网吧里的比赛，打到冠军可以获得一二百元的奖金。钱虽然不多，但成功的感觉带给他现实世界缺失的自信。游戏网上很多人认可他，对他寄予莫大的希冀。在这个陌生的城市里，他会跑几十里路去网吧打星际，他在那儿感到安全和温暖。他的痴迷带动室友也爱上了星际，通宵的网吧生活成了他大学生活的一部分。

不管家人如何反对，李晓峰还是每天把一半的时间用在了游戏练习上。

2002 年初，西安黄肯庄附近有一家网吧举办比赛，虽然奖金只有500 元，但是会有很多星际争霸高手参加。当时的李晓峰在河南商丘的战网上小有名气，是全国著名的 Home 战队主力之一，他想去参加比赛但没有路费。他跟父亲做交易："如果比赛失败的话，我就再也不打游戏了。"他要到了 300 元。

比赛前李晓峰充满了信心，也被很多人视为夺冠热门，却在第一轮和第三轮两次败给一个比较有名的选手 lionjin。两次失败将他挡在了32 强外，梦想被现实无情地碾碎。

李晓峰信守对父亲的承诺,回到家乡进了医院实习。期间,他在药房开过药,在手术室里递过钳子,晚上跟医生查过房。

有一次手术时,正是夏天,天气很热,晕血的李晓峰看见病人大出血,他越看越愣,大脑缺氧,身体休克,神游物外。午后的阳光下灰尘在缓慢飘移,他的人生出现了几秒钟的空白。他晕倒了,他怎么也适应不了这种"刀光剑影"的生活。

当游戏成为职业

当 Sky 的名字正式出现在全国舞台,已经是一年之后的事情了。李晓峰的身份是 2003 年西安分赛区星际争霸的冠军,然而到了全国大赛第二轮,他又被淘汰了。"我的成长经历就好像小乌龟爬井,上 5 米掉 4 米。"那时候他们没有收入,每天只吃一顿饭,白天网吧要营业,只能在晚上训练,睡觉的地方是网吧后面的一个小仓库。进仓库的入口有一米高,里边有一张只能睡上铺的架子床,他每天和一个胖胖的朋友挤在那张床上,这种艰难的日子持续了 3 个月。

2004 年,李晓峰得知北京 Hunter 俱乐部正在招聘职业电子竞技选手,每月一千元包吃住,他想去试一试。父亲不再逼迫他做医生,同时为了让他感知世事的艰难也就同意了。他离开河南去了北京发展,成为职业玩家。他很珍惜这个机会,每天苦苦练习 14 个小时以上,功夫不负有心人,他拿到了 ACON4 北京赛区的冠军。

尽管许多人羡慕那些以"玩"为职业的电子竞技明星们,但他很清楚,"没成为全职游戏玩家之前,是你玩游戏;之后,是游戏在玩你"。

网游玩家与电竞选手,圈外人很难区分清楚——同样在电脑面前长坐不起,同样瘦弱的身体,同样青春的岁月,但是那些沉溺于网游的少年绝不可能与电竞选手相提并论。电子竞技侧重于锻炼和提高参与者的思维能力、反应能力、身体协调能力和意志力,一场电子竞技一般在 10 分钟至 30 分钟内结束;而网游是软件开发者预先设计好的、没有尽头的游戏,其秘诀和关口完全掌握在游戏设计者手中,参与者不

能充分发挥个人能力。

在天赋型选手和刻苦型选手中，李晓峰认为自己属于后者，"因为我真的没感觉出自己有什么天赋，我总是经常忘掉一些东西，需要老半天才能想起来。所以在弓子竞技的日常训练里我是一直做笔记的"。他确实非常刻苦，每天早上 10 点左右起床，有时间会跑步放松一下，然后便是每天保证 10 小时以上的训练。训练期间的调节一般为做俯卧撑锻炼身体或读英语充电，训练结束时一般是晚上两三点钟了。这样的训练其实和传统竞技类体育选手的训练方式是一样的，最大的区别可能就是传统的运动员是身体训练累了就打打游戏，而电子竞技选手则是游戏训练累了就锻炼一下身体。

李晓峰更愿意称自己为运动员，他是正式签约的职业运动员，成为世界上最好的运动员是他的梦想，为国争光是他的梦想。这决不是游戏人生！

美 梦 成 真

WCG 是全球范围内最具规模的电子竞技比赛，被誉为电竞界的"奥林匹克盛会"。

在比赛前李晓峰压力巨大，有一次不停地练习了 7 个小时，练完之后手就感觉不能动了，但是为了世界冠军的梦想他还是坚持练习。像自虐狂般的练习可以让自己得到些许安慰，因为他已尽全力，他把巨大的压力转化为了动力，真正到了比赛现场，不能练习的时候，他反而放松了。

2005 年，李晓峰首夺 WCG 魔兽争霸 3 项目的冠军，为中国在 WCG 总决赛上拿到第一枚个人项目金牌。2006 年 10 月 18 日至 22 日，WCG 总决赛在意大利举行，来自 70 个国家和地区的 700 多名选手参加了总决赛。中国内地赛区经层层选拔，共有 14 名电竞选手参加总决赛的魔兽争霸 3、FIFA2006、星际争霸和反恐精英 4 个项目的比赛。李晓峰再次夺得冠军。

电子竞技在 2003 年 11 月被国家体育总局定为第 99 项体育项目，但大众媒体对网络游戏的不支持，使这项堂堂正正的体育项目的市场宣传乏力。如此氛围下，李晓峰用实力向世界和中国证明，电子竞技也可以成为民族骄傲。他身披五星红旗站在领奖台上为中国人接过魔兽世界冠军的奖杯，伴随着闪光灯、掌声，WCG 神殿上奏响了中国国歌……

李晓峰看上去还是一个腼腆的邻家少年，但在接受采访时面对成堆的照相机镜头，却表现得较为自然。这几年的"游戏"人生，让他找回了自信，变得健谈起来。"我打魔兽，最擅长的是使用人族，因为我喜欢稳重又不失进攻性的种族，我的游戏风格就是带着强烈的进攻欲望。"

人 生 悟 语

你总是恍恍惚惚没有精神，总是以为一根香烟点燃的只是寂寞人生。你看不到他胸中的责任，也看不到他为了责任而备尝艰辛。可事实总会无情地告诉你，无论你看到了还是没看到，那都是不一样的游戏人生。

（刘秋波）

她打算重回流水线，一是为了完成东莞女工生活状况实地调查；二是为了继续写诗，因为"没了疼痛感，诗歌便没了灵魂"。

郑小琼:诗歌从来不卑微 佚 名

打工生活中所有的辛酸和苦痛，以及漂泊异乡的孤独感，使她的思乡之情如野草般疯长,凝恬下来,变成一行行灵动的诗句。

"在珠江三角洲,每年有四万根以上因工伤而造成的断指。我常想,如果把它们摆成一条直线会有多长,而我笔下瘦弱的文字却不能将任何一根断指接起来。但是,我必须把感受写下来……"2007年5月21日,在人民文学奖颁奖台上,郑小琼谈着获奖作品《铁·塑料厂》的创作动机。这位衣着朴素、身材瘦小的27岁打工妹,表情羞涩地跻身在当今文坛大腕们中间,最不起眼,获得的掌声却最长久,最热烈。

"纵然身处泥淖,我也能仰望天空"

白炽灯下/我的青春似萧萧落木/散落如铁屑/片片坠地/满地斑驳/抬头看见/铁/在肉体里生长……——《铁》

郑小琼出生在四川南充一个贫瘠得连正式名字都没有的小村庄,"附近的村子就叫一村、二村……我家住在十二村。"她说。

1996年,她考上了南充卫校。在那个年代,考上卫校,毕业后分配到某个医院,就意味着端上了铁饭碗。于是,她带着全村人羡慕的眼光和家人美好的期待,来到了卫校。

4年,为了供她读书,家里欠下了近万元债务。毕业后,学校不再包分配,她只得去了一家乡村诊所。那段不堪回首的经历,她一直拒绝回忆。那家乡村诊所,"根本就是骗人的,一点效果都没有,害人啊,良心不安啊!"

郑小琼不顾家人反对,像无数农村青年一样,卷起行囊,背井离乡,踏上了漫漫打工路。2001年来到广东东莞,冷酷的现实立即给了她迎头痛击:先被一家黑心工厂扣押了4个月工资;换到一家家具厂后,没日没夜地干,月底工资卡上却赫然只有284元。

"那时候找工作挺难的,招两三个人,就有两百多人排队。先让你跑步,做仰卧起坐,看看你体力怎么样,反正叫你做什么你就得做什么,人都没有尊严了。"回忆往事,郑小琼还有些愤愤不平。

她还去过玩具厂、磁带厂……频繁换厂的结果,就是生活更加举步维艰。时常挨饿,还要提心吊胆地躲避有人搜查暂住证,"有时候老乡把你反锁在出租屋里,查房的就猛敲铁皮房门,看你在不在,外面又下着雨……有些家里带着的小孩,'哇'的一声吓得哭起来……特别是那个手电筒'刷'的一下照着你,那种感觉……"梦魇般的日子,"好像所有的理想一下子全没了"。

几番辗转,郑小琼来到一个叫黄麻岭的小镇,进了一家五金厂。这里所有的东西都是冰冷的,但对她来说却是一座火山,让她迸发出无尽的灵感。工厂实行全封闭式管理,每人每周只允许出厂门三次,购置生活用品或办私事。有一次老乡来看她,等到下班,两人只能隔着铁门说上几句话,因为那周她已经出去了三次。

她每天早上 7 点半上班,12 点下班,下午 1:45 上班,5:45 下班,6:30 加班,一直到 9:30 下班。每月 5 号,她可以领 1000 块钱左右的工资。

在郑小琼看来,"这是挺好的工作了"。她一待就是 5 年。

五金厂的流水线上,人只是一种工具。所有人都没有名字,只有工号。在这里,没人知道她叫郑小琼,人们只会喊:"喂,245 号。"她每天的工作就是在铁片上用超声波轧孔,从机台上取下两斤多重的铁块,摆好、按开关、打轧,然后取下再摆,不断地重复。每天要将一两斤重的铁片起起落落一万多次。第一天干下来,她的手被磨得血肉模糊。下工后,钻心的疼痛加上疲惫,她几乎不能走路。

"打工的痛感让我写诗"

每天/我漫步在记忆的池塘/乡愁的中央/居然是/站立的荷/飘出淡淡的清香——《荷》

郁闷的时候,郑小琼就将自己封闭起来,一下班便趴在铁架床上,写乡愁,诉苦闷。打工中所有的辛酸和苦痛,以及漂泊异乡的孤独感,使她的思乡之情如野草般疯长，凝固下来，变成一行行灵动的诗句。

从最初涂鸦式的宣泄，到慢慢显出诗歌的模样。郑小琼试着把一首小诗《荷》投到东莞《大岭报》，不料竟很快发表，这让她"一下子看到了生活的亮色与寄托"，从此一发不可收拾。

寻寻觅觅终于找到灵魂出口的郑小琼，诗情不可遏制，但只能偷偷进行。一次，她上班时埋头写诗，被罚 50 元钱。对她来说，50 元绝不是个小数目，但写诗的激情早已战胜了罚款的不快，她顾不了那么多了！一旦灵感涌来，不管在食堂、车间甚或是厕所，她都会随手记在小纸片上。晚上回到宿舍，再倚着床头在产品合格纸或报表背面誊写整齐。她狂热地写下去，诗稿很快就积累了一尺多高。偷偷写诗的她，被工友们戏称为"地下党"。

她爱写浓浓的乡愁，也写生活的残酷与疼痛。有个工友在打轧的时候，手上动作慢了一点，手指立刻被打了下来。她自己不知道，还在继续做事。然后就奇怪，怎么有血啊？一看只有一个指甲盖在流水线上，其他部分都被压成了肉酱，看不到了。

郑小琼急了，赶紧去找老板。老板说：哦？严不严重？去找厂里的采购员吧，坐他的摩托车去医院。采购员在外面，半小时后才能回来。老板的车就停在旁边，但他漠然地摇摇头，不愿让工人的血弄脏自己的车。

10 分钟、20 分钟、30 分钟，地上血流成摊，采购员终于回来了。经过简单包扎，血止住了，伤者却执意不肯住院，因为这样能向工厂要求多赔点钱。好的时候，能有一两千块；可不走运的时候，老板不愿赔，只能从保险里面拿，还要扣医药费。半夜里，工友一再疼醒，压抑不住的呻吟刺着小琼的心。

在五金厂打工的 5 年，每月都会遇到机器轧掉半截手指或指甲盖的惨剧，郑小琼敏感的心总是涨满了疼痛。一种神圣的使命感驱使着她将这些感受写下来，"这些感受不仅仅是我的，也是我的工友们的。文字尽管对现实无能为力，但是我们已经见证了什么。我必须把它们记录下来"。

后来，断指的故事被郑小琼在各种场合一再提起。她自己也有类似经历，那次只打掉了一个拇指盖，但也足够痛彻心扉。如果当时机器轧得重一些，拇指或许就断了。怀着终生难忘的恐惧，她开始创作"打工手记"散文——"我远离车间了，远离手指随时让机器吞掉的危险，危险的阴影却经常在睡梦中来临，我不止十次梦见我左手的食指让机器吞掉了……"（《铁》）

"疼痛感让我写诗"，她如此朴素地解释自己的创作。

她仿佛专为文字而生

那个疲倦的外乡人 / 小心而胆怯 / 你从来没有见过这么胆小的人 / 像躲在浓阴下的灯光一样——《黄麻岭》

沉默寡言的郑小琼自小就喜欢静静地读书、写日记，一个人，深入内心。在家具厂时，她每天守在很大很凌乱的仓库里，分发胶布之类的东西。有机会，她就躲着工头偷偷翻看厂里的书和报刊。

一些以诗为媒而结识的编辑被她执著的精神打动，连续几年给她寄书。闲时，郑小琼除了写诗就是如饥似渴地看书，历史、宗教、哲学，甚至《孙子兵法》她也囫囵吞咽下去。广泛而扎实的阅读让她的心灵与诗歌一起，变得深刻、丰富，充满力量。

她写诗，也写散文、小说和评论，产量和质量都很高，勤奋得令人吃惊。她的作品遍地开花，甚至刊发在文坛顶级刊物《人民文学》和《诗刊》上。她反映打工生活的诗作，尖锐而苍茫，大气而纯真，"像灼烧着的铁一样"，深深震撼了读者，并迅速引起文坛前辈的瞩目，鲜花与掌声接踵而来。

在获得人民文学"新浪潮散文奖"之前，郑小琼在诗坛已小有名气。她获得过"首届独立民间诗歌新人奖"，2005 年还参加了被称为"诗歌界的黄埔军校"的"青春诗会"。

尽管已经"声名远播"，稿费也多起来，但郑小琼的"保密"工作做

得很好。工友们都不知道自己唤做"245号"的平凡女孩竟是一位"诗人"。

郑小琼的信件,包括各地文学刊物寄来的样刊、汇款和读者来信,都是先寄到朋友那里,她每月去拿一次。她怕工友知道自己写诗,会问能赚多少钱;怕老板知道自己"不务正业",会逐她出厂。她常无奈地说:"诗人太神圣,诗人其实什么也做不了。"

2006年,郑小琼辞去五金厂的工作,返回故乡。眼前的村庄却不再是千百次梦回的故乡——只有五六十岁以上的老人,带着十来岁以下的孩童,还在守望着这片被工业化严重污染了的土地。

郑小琼重新回到东莞,依旧打工,写诗。获得人民文学奖之后,多家媒体向她伸出了橄榄枝,东莞市作协也邀请她成为签约作家,但郑小琼都婉言谢绝了。人们诧异不解,她却匆匆赶回工厂。

她坚持要留在现场,她需要来自底层的真切体验。她打算重回流水线,一是为了完成东莞女工生活状况实地调查;二是为了继续写诗,因为"没了疼痛感,诗歌便没了灵魂"。

❀ 人 生 悟 语 ❀

一只沉默的蜘蛛,孤独地站在四围茫茫的大地上。这只沉默而富有耐心的蜘蛛啊,是怎样突破那了无边际的大地,是怎样竭力的思索、勘察,直至找到可以结网的地方。终于,它射出了丝线,不倦地加快了步伐,不懈地织网。这平凡的经历和平凡的一生,却折射出动人的力量。

(刘秋波)

天池泣不成声,紧紧地抱住我,像他娘一样把一行泪流进我的脖子里。

世上最完美的爹娘 菊花遍地开

结婚那天,妈问我:坐在角落里那两个要饭模样的人是谁?

我看过去的时候,有个老头正盯着我,旁边还有个老太太,发现我看着他们时赶忙低下头。我不认识他们但觉得他们也不像要饭的,因为衣服是新的连折印都看得出来。妈说像要饭的是因为他们佝偻着身子,老头的身边倚了根拐杖的缘故。妈说天池是个孤儿,那边没亲戚来,如果不认识就轰他们走吧。

我说不会,叫来天池问一下吧。天池慌里慌张把我的手捧花都碰掉了,最后支支吾吾地说是他们家堂叔和堂婶。我瞪了妈妈一眼:差点儿把亲戚赶走。

妈说,天池,你不是孤儿吗? 哪来的亲戚呢?

天池怕妈,低头说是他家远房的亲戚,好长时间不来往了。但结婚是大事,家里一个亲戚没来心里觉着是个遗憾,所以……

我靠着天池的肩埋怨他有亲戚来也不早说,应该把他们调一桌,既然是亲戚就不能坐在备用桌上。天池拦着说就让他们坐那儿吧,坐别桌他们吃着也不自在。

直到开席,那桌上也就坐了堂叔和堂婶。敬谢席酒经过那桌,天池犹豫了一下拉着我从他们身边擦了过去,看到他们的头埋得很低,我想了想把天池给拽了回去:堂叔、堂婶,我们给您二老敬酒了!

两人抬起头有点儿不相信地盯着我。二老的头发都是花白的，看上去应该有七八十岁的样子，堂婶的眼睛很空洞，脸虽对着我但眼神闪忽不定。我拿手不确定地在她眼前晃了晃，没反应。原来堂婶是个盲人。

堂叔、堂婶，这是俺媳妇小洁，俺们现在给你们敬酒呢！天池在用乡音提醒他们。

哦、哦。堂叔歪歪斜斜地站了起来，左手扶着堂婶的肩右手颤巍巍地端起酒杯，手指上都是黄黄的茧，厚厚的指甲缝里留着黑黑的泥。面朝黄土背朝天的日子让他们过早地累弯了腰。我惊讶地发现，堂叔的右腿是空的。

堂婶是盲人，堂叔是瘸子，怎样的一对夫妻啊！

别站了，你们坐下吧。我走过去扶住他们。堂叔又摇晃着坐下了，无缘由地堂婶眼里忽然就吧嗒吧嗒直掉泪，堂叔无言地拍着她的背。

本想劝他们两句，但天池拉着我离开了。

第一年除夕，天池说胃疼，没吃晚饭就回房睡觉去了。我让妈妈熬点儿大米粥也跟着进了房。天池躺在床上，眼里还憋着泪。

我惊讶地问天池原因，天池闷了半天说，他想起堂叔和堂婶还有他死去的爹娘。他怕在桌上忍不住悲伤，惹爸妈不高兴才推说胃疼。

我搂着他说：真是个傻孩子，想他们我们过完年看他们去就成了。天池说算了，那条山路特别难走。你会累着的，等以后路通了我们生了小孩再带你去看他们吧。

第二年的中秋期间，我正巧在外出差，中秋节那晚，我们煲电话粥直到把手机聊得发烫没电为止。

躺在宾馆的床上，看着窗外圆圆的月亮，我怎么也睡不着。想到天池估计也没睡着，说不定正在网上神游，于是我申请了一个 QQ 号名叫"读你"想捉弄一下天池。把他加为好友后，我问他：这样一个万家团圆的好日子，你为什么还在网上闲逛呢？

他说：老婆在外出差，想她睡不着觉所以就上网看看。接着他问我：你怎么也在网上闲逛呢？

我说：我在外打工，现在想爸爸和妈妈。刚刚和男朋友通完电话还是睡不着，就上网了。

我也想我爹和娘，只是，亲在外，子欲养而不能。你叫"读你"，今天就听听我的心里话吧！

我有点儿莫明其妙，天池怎么说这样的话？于是，我意外地知道了天池一直隐藏在内心的事情——

30年前，我爹快五十了还没娶亲，因为他腿瘸加上家里又穷，没有姑娘愿意嫁他。后来，庄上来了个要饭的老头还挽着个瞎眼的女人。老头病得很重，爹看他们可怜就让他们在自己家歇息。没想到一住下那老头就没起来过，后来老头的女儿就是那瞎眼的女人嫁给了我爹。

第二年生下了我。

我家的日子过得很清苦，可我从来没饿过一顿。爹和娘种不了田，没有收入就帮别人家剥玉米粒，一天剥下来十指全是血泡，第二天缠上布条再剥。为了供我上学，家里养了3只鸡，两只鸡生蛋卖钱，留下一只生蛋给我吃。娘说她在城里要饭时听说城里的娃上学都吃鸡蛋，咱家娃也吃，将来比城里的娃更聪明。

但他们从来都不吃，有回我看见娘把蛋打进锅里后用嘴舔着蛋壳里剩下的蛋清，我搂着娘号啕大哭，说什么也不肯吃鸡蛋了。爹知道原委后气得要用棍子打娘。最后我妥协，前提就是我们三人一块儿吃。虽然他们同意了，但每次也就象征性地用牙齿碰一下。

庄上的人从来不叫我名字，都叫我瘸瞎子家的。爹娘一听有人这样叫我必定会跟那人拼命。

那年中考，瘸瞎子家的考了全县第一的喜讯让爹娘着实风光了一把。镇上替我们家出了所有的学杂费，送我上学的那天爹第一次出了山。上车的那会儿，我眼泪扑簌簌地直掉，爹一手拄着拐一手替我擦泪：进了城要好好学，以后就在城里找工作娶媳妇。别人问起你爹娘你就说你是孤儿，没爹娘，不然别人会看不起你，特别是娶不上媳妇，人家会嫌弃你。误了你娶媳妇，我都无脸去见老祖宗。

爹！我让爹别再说了，这是什么话，自己还没成家呢，咋就不认爹娘呢？娘也说这是真话，要听。以后，你带了城里媳妇回家就说俺们是你的堂叔和堂婶。娘说完就在那儿抹泪。

我听完天池的诉说后眼泪也扑簌簌地往下掉，残疾不是他们的错，那是老天对他们的不公。但他们却生了一个完美的天池给我。这个傻天池，这样的爹娘，无法再完美了。我很生气，他怎么就这么小看我呢？

那后来，你就告诉你媳妇他们是你堂叔和堂婶？我敲过去这句话。

我曾经谈过一个女朋友，当我认为时机差不多的时候，就带她回了趟家。谁知到家后，她晚饭都没留下吃就走了，我追出去，她说，和这样的人过日子她一天都过不下去。

后来，我遇上了第二个女朋友，就是我现在的老婆。我很爱她，做梦都怕失去她，她们家又很有钱，亲戚都是些上等人家，有了前车之鉴，我很害怕，只能不孝了。但是一到逢年过节我就想他们，心里堵得慌，难受。

那你从来就没有告诉过你老婆？也许她不计较这些呢？

我没说过，也不敢说……

天将放亮时，我敲开了部门经理的门，告诉他下面的事情请他全权处理，我有点儿非常重要的事情要尽快办。然后简单收拾一下行李就直奔火车站。还好，赶得上头班列车。

那条山路确实很难走。刚开始腿上还有点儿劲，后来脚上磨起了泡我就再也走不动了。正是中午时分，太阳又晒得厉害，我只有喘气的份儿。背来的水差不多快喝完了，我也不知道下面还有多少路程要走。但一想到天池的爹娘此时还在家劳作着，腿上忽地一下就来了劲，站起来继续往前走。

当老村长把我领到天池家门口的时候，那一片烧得红红的晚霞正照在他们家门口的老枣树上。枣树下坐着堂叔，哦不，是天池的爹，爹比结婚时看到的老多了，手上剥着玉米，拐杖安静地倚在他那条残缺的腿上。娘跪在地上准备收晒好的玉米，手正一把一把地往里撸。

我一步一步地往他们跟前走着，爹看到了我，手中的玉米掉在了地上，嘴巴张得老大，吃凉地问：你，你咋过来了？

娘在一旁摸索着问：他爹，谁来啦？

天、天池家的。

啊！在、在哪？娘惊慌失措地找着我的方向。

我弯腰放下行李，然后一把抓住她的手，对着他们，带着深深的痛重重地跪了下去：爹！娘！我来接你们回家了！

爹干咳了两下，泪无声地从他爬满皱纹的脸上流下来。

俺就说，俺的娃没白养啊！娘把双手在自个儿身上来回地搓，然后一把抱住我，一行行的泪水从她空洞的眼里热热地流进我的脖子里……

当天池打开门，看到一左一右站在我身边的爹和娘时吃惊不小，怔怔地愣在那，一语未发。

我说：天池，我是读你的人。我把咱爹娘接回来了。这么完美的爹娘，你怎么舍得把他们丢在山里？

天池泣不成声，紧紧地抱住我，像他娘一样把一行泪流进我的脖子里。

人 生 悟 语

　　父爱如山，母爱如水。有山有水的地方就是一个爱意无边的世界。父亲的胸膛是这世界最坚实的脊梁，母亲的怀抱是这世界最平静的港湾。父母的笑容是我们最大的安慰，父母的痛苦是我们最深的忧伤。依恋着父母，就是依恋着我们生命中永远的故乡。

（刘秋波）

这次⼤地震中的"80 后",在人们的语言中,变成了希望、勇敢、坚强、奋起、善良、无私忘我、有情怀、有作为、有爱心的人群。似乎一夜之间,他们都成了最可爱的人。

"80 后",共和国 年轻的脊梁

佚 名

You yi dao Hua juo zi ji

如果没有这场灾难,他们是一群在旁人看来"活得轻松"的人——享受改革开放的成果,在父辈的庇护下快乐成长;如果没有这场灾难,他们被看做是一群"被惯坏"的"小皇帝"——大多是独生子女,他们集全家几代人的关爱于一身,强调自我价值和个性张扬;如果没有这场灾难,他们是一群被质疑的人——许多人吃着洋快餐长大,喜欢在虚拟网络游戏中快意恩仇……

一直以来,1980 年以后出生的青少年,是让社会宠爱和疑虑的群体。然而,当"5·12"汶川大地震发生时,灾难中这个年轻的群体经受了人生中最严峻的考验。在废墟的烟尘中,他们勇敢、忘我、独立和坚强的青春形象,令人刮目、流泪,更令人喝彩。

原来有情怀,原来很勇敢,原来懂大爱,原来能作为。民有难,国有殇,在汶川地震的惨烈和悲壮中,"80 后"这个群体谱写出了感天动地的新篇章,得到了社会的重新检视和评价,并注定会以此进入共和国记忆之中。

废墟之上的成人礼

一场震惊世界的四川汶川特大地震,迅速成为中国志愿者的集结地。在这群庞大的志愿者队伍中，"80后"以绝对的数量优势，撑起了志愿者的天空。这些年轻的身影，在抗震救灾中所表现出来的奉献、友爱、无私无畏的精神令世人感动。北京昌平区疾病预防控制中心的胖小伙郑朝阳，每天背着60多斤的消毒器材，穿梭在九州体育馆高密度的人群中。几天下来，后背被高温运作的机器烘出了疹子，手套摘到一半就随着汗水一起滑落到地上，但即使是这样他也毫无退缩的念头。

尹春龙，一个身高仅1.6米的瘦弱小伙子，地震前正在老家资阳摘蘑菇。5月15日，他徒步近10个小时进入了重灾区汶川映秀镇，在废墟中连续"搏命"40个小时，用双手将两个分别被埋在地下150个小时和179个小时的人从死神手中夺回。

而在这次抗震救灾中，冲在最前头、活跃在最危险地区的是我们的人民子弟兵。在这支英勇的部队里，有许许多多年轻的"80后"的身影，抢修公路、火速救人、空投食物、恢复通信，处处都有他们坚强而坚定的足迹。在绵竹的一所小学里，学校的主教学楼已经坍塌了大半，几乎有100多个孩子被压在了下面。消防战士费尽千辛万苦在废墟中已经抢救出了十几个孩子和三十多具遗体。然而就在抢救到最关键的时候，教学楼的废墟因为余震和机吊操作突然发生了移动，随时有可能再次发生坍塌。消防指挥员下了死命令，让战士们马上撤出来。然而就在此时，几个刚从废墟中出来的战士大叫又发现了孩子，于是转头又要往里钻。这时坍塌发生了，还没钻进去的战士马上把前面的战士死死拽住。一个刚从废墟中救出了一个孩子的19岁战士荆利杰跪下来大哭："你们让我再去救一个，求求你们让我再去救一个！我还能再救一个！"

申龙和王佳明都是北川中学高三的学生。5月12日地震发生时，他们班正在上生物课。面对突如其来的地震，这两个年轻人不顾个人安危，帮助老师快速组织同学们撤离。随后他们又和同学们一起开展营救，用手掏、用木棒撬，很快在废墟中救出4名同学。他们在短短的一个小时内开通了两条路，一条专门走担架，一条供救援人员进入。在王佳明和申龙等同学的努力下，总共救出20多名师生。第二天早上，他们继续帮救援部队抬帐篷、向受灾群众分发食物。在向绵阳转移时，由于所有老师仍在救灾，申龙、王佳明担任了临时班主任，组织同学们安全抵达目的地。

这些20来岁的青年人，用这种坚强的、不可复制的方式实现了自己的成人礼，他们长大了。

爱他人，是一种生活方式

"摘下我的翅膀，送给你飞翔。"当汶川县映秀镇的群众徒手搬开垮塌的镇小学教学楼的一角时，被眼前的一幕惊呆了：一名男子跪仆在废墟上，双臂紧紧搂着两个孩子，两个孩子还活着，而他已经气绝！这就是该校29岁的老师张米亚。"摘下我的翅膀，送给你飞翔。"多才多艺、最爱唱歌的张米亚老师用生命诠释了这句歌词，用血肉之躯为他的学生牢牢把守住了生命之门。像这样的年轻教师还有很多，袁文婷、向倩、汤宏、王周明、苟晓超、瞿万容……这些"80后"的一代，用自己的生命告诉人们，爱他人比爱自己更重要。

除了在地震现场忘我牺牲和奋战外，祖国各地都有"80后"们抗震救灾的身影，在大的自然灾害面前，他们表现得从容镇定。他们参与的方式具有强烈的个性化风格，务实且有理性色彩。

以追求个性自由而备受青少年追捧的"80后"代表性人物韩寒，在地震刚刚发生不久，就在自己的博客中声明，他要通过亲赴灾区而不是捐款的方式，表达对灾区的援助。在他的博客中，人们可以看到，他自己出资组建了一支队伍，在大规模救援队伍进入前就已经踏进了条件艰险的灾区。他为江油的受灾群众送去了一些药物和其他物资，同时在自己的博客上告知灾区的实际情况，呼吁大家捐款捐物。几乎同一时间，另一位年轻的新锐作家张悦然，也进入北川县城，其中一半的路都是徒步行进的。在帮助受灾者的同时，这个敏感的女孩真切感受到了死亡的气息。在博客里，她流露出了在进入险境时对父母的思念，"我总是令他们担心，很抱歉"。

那些曾经被担心"缺乏社会责任感，过度沉湎于个人世界"的大学生们,用自己的实际行动赢得了社会的喝彩。四川地震发生的第二天,清华大学、北京大学、北京工业大学、北京理工大学、北京物资学院等高校就纷纷开展了献血活动。清华大学紫荆学生公寓学生服务楼前,排起了蜿蜒数百米的队伍。两个小时内,排队等候献血的师生达到上千人。根据规定,一次献血数量在 200 毫升至 400 毫升之间,而多数学生都选择献 400 毫升。

在火辣太阳下等了许久的 22 岁的湖南大四学生夏劲,终于将自己手中紧紧捏着的 800 元钱塞进了捐款箱。快要毕业的夏劲上个月找到一份工作时,曾对自己第一笔工资的花销有过很多憧憬。"没想到,最后是以这种最有意义的方式捐给了灾区。"

有学者指出,"志愿者"已成为中国青年人的一种生活方式。在过去的几年中,中国青年以前所未有的激情投入到志愿者活动中。无论是贫困山区的支教者,还是走向海外的义工,无论是宣传环境保护,还是参加奥运会志愿者行动,到处都能看到他们的身影。他们是中华民族伟大复兴的实践者和开拓者。每一次在国家和民族的命运经受重大考验的时候,他们的爱国情绪都会得到一次释放。

80后,走在路上

长期以来,"80 后"只是作为中国传媒盛宴上的一道热菜在炒作。他们在一些人们的印象中便成为垮掉的一代。浮躁、急功近利和热衷于自我表现,也许是"80 后"们表现出来的幼稚病。但是,谁又能说这不是每一代青年人所固有的性格特质呢?在这个言论自由、氛围和谐的年代,借助网络和其他可以自由表达的途径,他们以各种方式尽情地彰显着自己,用一言一行锻造出新的话语风格和成长传奇。

然而这次大地震中的"80 后",在人们的语言中,变成了希望、勇敢、坚强、奋起、善良、无私忘我、有情怀、有作为、有爱心的人群。似乎一夜之间,他们都成了最可爱的人。

其实无论是地震之前还是地震之后,"80 后"还是"80 后"。他们没有垮掉，也没有神起。他们带着时代的印记，正在以自己的方式回报着祖国，回报着养育了他们的人民。而从纵向的历史来看，"80后"所要经受的考验，不比以往任何一辈人少。在物质和精神交锋愈来愈激烈的今天，他们对成功的渴求和主人翁的意识更加强烈。自主、自由的先天气质，使他们对于主导整个社会有着更大的兴趣。

每一代人都有自己的性格特质，对于"80后"的定性评价还远没有到盖棺论定的时候。他们当然有自己的缺点，但也有自己的优势。他们还在不断地成长，他们也在不断地加深对自我和世界的认识。他们的脊梁注定将承担起共和国未来的使命，他们的路还很长。

人生悟语

青年是朝阳，青年是希望。朝阳带给大地无限的生机，希望给民族插上腾飞的翅膀。你是否记得，大地震中，用自己的血肉之躯保护了学生的那位年轻教师？你是否记得，地震之后走在废墟上的那些年轻的身影？你是否记得，奥运期间站在炎炎烈日下的那些年轻的志愿者？他们都有一个共同的名字——"80后"。他们用行动宣布："我们是祖国的脊梁！"

(刘秋波)

比尔·盖茨竟然回答说："我是笨鸟先飞。中国文化很深厚，我一辈子也无法学完。而且，我发现学习中文能让人获得快乐。"

陈慧：我给比尔·盖茨当老师

邹丽格

陈慧是中南林业科技大学的一名普通教师，作为中国教育部派往

307

美国推广汉语的老师,2006 年她在美国待了 4 个多月。因为她班上有比尔·盖茨姐姐的两个孩子,所以她认识了比尔·盖茨一家人,还成了比尔·盖茨的中文老师。

她参加了比尔·盖茨家的感恩节

2006 年 7 月,43 岁的陈慧来到美国华盛顿州的圣乔治学校,她将在该校的中学部担任两年的中文教师。

很快,感恩节就要到了。陈慧接到了瑞宾和费力格妈妈的邀请,请她于感恩节那天到他们家做客。这时,陈慧才知道瑞宾和费力格的妈妈就是比尔·盖茨的姐姐。在比尔·盖茨一家人看来,陈慧是个优秀的中文教师,在她的教导下,费力格和瑞宾的中文水平都有了很大的提高。

2006 年 11 月 21 日感恩节,陈慧如约来到比尔·盖茨姐姐的家中。那天,盖茨家族上下三代十几口人齐聚在这里共度感恩节,陈慧是他们邀请来的唯一嘉宾。

走进房门,两位慈眉善目的美国老人从客厅的沙发上站起身来,他们一个是比尔·盖茨的父亲,一个是他的继母。个子高高的老爷子笑眯眯地说道:"Happy Thanks Giving!(感恩节快乐!)"他的妻子则用流利的汉语说道:"欢迎,欢迎。"

比尔·盖茨的继母气质优雅,那天穿了一身大红的衣服,更是增加了节日的气氛。她在西雅图博物馆工作,热爱中国艺术,能讲一口流利的中文,曾到过中国湖南的长沙和韶山等地,还有一个中国名字—"倪蜜"。

晚上 7 时,宴会马上就要开始了,饭前每个人都要说几句感恩谢语,轮到比尔·盖茨说了,他略微沉思了一下,然后深刻地说道:"感谢全家对我的支持……"比尔·盖茨又将头转向陈慧说:"另外,我还要感谢您,是您教会了我说'客气'和'不客气'。为此,对您感到十分马义!"

"十分马义?"陈慧没有听懂,皱了下眉头。

比尔·盖茨立刻便意识到自己说错了，他想了老半天，说："嗯，不是'我对您感到十分马义'而是'我对您感到十分蚂蚁'。"陈慧这才恍然大悟，笑着说："No！既不是'马义'也不是'蚂蚁'，而是'满意'。"

经过陈慧的解释，一屋子人这才明白，原来是比尔·盖茨把"满意"说成了"马义"和"蚂蚁"，随即爆发出一阵开心的笑声。这时，比尔·盖茨脸红红地对陈慧说："你的英文和中文都这么好，您也收我做学生吧。"

陈慧激动地说："十分荣幸，我们一起学习吧！"

动用高科技完成作业的大忙人

一开始，陈慧还以为比尔·盖茨提出跟她学中文，只是在他遇到某个难懂的中文词汇的时候，才会打电话求教她一下。但令她没有想到的是，感恩节后的第三天下午，几个穿着蓝色制服的微软工作人员就来到了她的家里，只见他们七手八脚地从一个纸盒里取出一台崭新的笔记本电脑。原来，这是比尔·盖茨送给陈慧的教学工具，这样他们就可以在电脑上相互交流了。陈慧被比尔·盖茨的诚意打动了。

然而，没过多久，陈慧就发现，要教好比尔·盖茨并不是一件容易的事。因为比尔·盖茨非常忙，他几乎抽不出时间来学习中文。第一次上课时，到了约定的时间，比尔·盖茨还没有出现。就在陈慧估摸着繁忙的比尔·盖茨肯定不能来时，她桌前的电脑上忽然跳出了一个 MSN 的即时对话框。在电脑屏幕上，比尔·盖茨正坐在他的办公室里向陈慧打招呼，他道歉说，只能上 10 分钟的课。

只有 10 分钟的学习时间！灵活的陈慧立即调整了上课的内容。她告诉比尔，中国人最讲究守信。她对着笔记本电脑上的麦克风，用最简洁最通俗的语言，讲解了"一诺千金"和"君子一言，驷马难追"这两个中国成语的读音和含义。

第二天，陈慧正准备出门，却听到有人在敲门，来人是一家通讯公司的业务员。原来，比尔·盖茨为了和陈慧沟通方便，帮她在一家通讯公司办理了联网申请，还特意购买了一款带 GPS 功能的移动卫星手机。当她好奇地打开手机时，一条语音短信突然跳了出来。陈慧犹豫地放在耳边一听，天啊！里面竟传出比尔·盖茨拼读"一诺千金"和"君子一言，驷马难追"的声音。

他说得很缓慢，发音也不那么准，但听得出他很认真。陈慧连忙用英语编写了一条鼓励的短信发给他。不一会儿，陈慧居然又收到了回信："谢谢你，陈女士。我在学习发中文短信。"

陈慧不由得愣住了。她这才明白，原来比尔·盖茨为了学好中文，专门购置了一个能手写汉语的手机。

汉语助盖茨签单成功

2007 年 1 月，比尔·盖茨和一个华裔德国商人洽谈一个合作项目，这个商人觉得自己的经济利益没有达到最大化，使出以退为进的谈判招数，表示要修改以前已经签署的那份框架协议。比尔·盖茨用有点蹩脚的汉语说："先生，您知道'君子一言，驷马难追'吗？我们要守信！"这个商人做梦也没有想到比尔·盖茨还能说几句汉语，知道糊弄不了他，只好妥协。

后来，比尔·盖茨将这件事告诉了陈慧，陈慧不失时机地夸奖他进步很快。比尔·盖茨竟然回答说："我是笨鸟先飞。中国文化很深厚，我一辈子也无法学完。而且，我发现学习中文能让人获得快乐。"

人 生 悟 语

当我们看到肤色各异的人们时，世界就是黄白黑的色彩。当我们的手指停留在世界地图的彩页上时，世界就是陆地与海洋的紧密联盟。当各国的彩旗飘扬在鸟巢明媚的天空中时，世界就是涌动在我们心中的热情与敞开的胸怀。世界离我们并不遥远。

（刘秋波）